Blue Book of Innovation Development in Nanjing 2024-2025

南京市创新发展蓝皮书 2024—2025

周蜀秦 主编

南京出版传媒集团
南京出版社

图书在版编目(CIP)数据

南京市创新发展蓝皮书. 2024—2025 / 周蜀秦主编.
南京 : 南京出版社, 2024. 12. -- ISBN 978-7-5533-5124-7

Ⅰ. F127.531

中国国家版本馆 CIP 数据核字第 2024HE4331 号

书　　名:南京市创新发展蓝皮书 2024—2025
主　　编:周蜀秦
出版发行:南京出版传媒集团
南 京 出 版 社
社址:南京市太平门街 53 号　　邮编:210016
网址:http://www.njcbs.cn　　电子信箱:njcbs1988@163.com
联系电话:025-83283893、83283864(营销)　025-83112257(编务)

出 版 人: 项晓宁
出 品 人: 卢海鸣
责任编辑: 宋莎丽
装帧设计: 石　慧
责任印制: 杨福彬

排　　版: 南京新洲印刷有限公司
印　　刷: 南京玉河印刷厂
开　　本: 787 毫米×1092 毫米　1/16
印　　张: 17.25
字　　数: 318 千字
版　　次: 2024 年 12 月第 1 版
印　　次: 2024 年 12 月第 1 次印刷
书　　号: ISBN 978-7-5533-5124-7
定　　价: 80.00 元

用微信或京东APP扫码购书

用淘宝APP扫码购书

营销分类:社科

序言

党的十八大提出实施创新驱动发展战略以来，习近平总书记围绕创新之于民族、之于国家发展的特殊地位作用发表了一系列重要论述。“实施创新驱动发展战略，是加快转变经济发展方式、提高我国综合国力和国际竞争力的必然要求和战略举措。”“抓创新就是抓发展，谋创新就是谋未来。”习近平总书记的这些论述，对于适应和引领我国经济发展新常态，加快形成以创新为主要引领和支撑的经济体系与发展模式，实现“两个一百年”奋斗目标，实现中华民族伟大复兴的中国梦，具有十分重要的指导意义。

长期以来，国家到地方高度重视创新工作，坚持把创新作为引领发展的第一动力，把科技创新摆在国家发展全局的核心位置。党的二十大报告将科技、教育、人才三大战略摆放在一起集中表达，既坚持了教育、科技、人才是全面建设社会主义现代化国家的基础性、战略性支撑，又强调了三者之间的有机联系，通过协同配合、系统集成，共同塑造发展的新动能新优势，共同服务于创新型国家的建设。

省委十四届七次全会深入学习贯彻落实党的二十届三中全会精神和习近平总书记关于江苏工作重要讲话精神，紧扣推进中国式现代化江苏新实践主题，对江苏进一步全面深化改革作出系统谋划、统筹安排。按照省委部署要求，南京力求找准放大比较优势，推动科技创新、产业创新与区域协调发展，推动创新链产业链资金链人才链“四链”深度融合，加快战略性新兴产业集聚和重点项目建设，不断培育发展新动能。

为分析和总结南京创新发展经验，预测和展望南京创新发展趋势和前景，提出助力南京创新发展的对策建议，2024 年南京市社科联(院)会同南京大学、东南大学、市科技局、市医保局等相关单位，汇集反映南京创新发展的专题案例，主持编撰出版的《南京市创新发展蓝皮书》，为南京市“两会”代表、委员参政议政和推动南京建设引领性国家创新型城市提供参考。

《南京市创新发展蓝皮书(2024—2025)》分为创新战略篇、要素创新篇、产业创新篇、区域创新篇、协同创新篇和他山之石六个部分。创新战略篇聚焦培育新质生产力的核心目标，从宏观政策建议、管理服务体制改革、基础研究特区等方面展开研究，并就城市物联感知与低空新赛道开展重点讨论；要素创新篇主要围绕数字化转型、数字化赋能，展示南京"医保高铁"、数据资产入表方面的成功经验，并对推进南京数据要素市场建设提出对策建议；产业创新篇遴选了南京近年来在智能制造、低碳技术、智慧交通、外资研发、国企转型等方面的创新案例；区域创新篇呈现了江北新区、玄武区、建邺区、秦淮区、南京经济技术开发区、紫金山科技城各区域/板块在智慧政务、地方治理、金融改革、智慧社区、环保产业、科创服务方面的创新经验；协同创新篇着力于对南京都市圈、南京对口支援与协作帮扶的跨区域协同治理创新探索进行总结与展望；他山之石篇重点借鉴了上海打造人民城市最佳实践地、浙江建设未来乡村的创新探索。

本书坚持求真、务实、科学、严谨的原则，立足省市相关部门和高校科研机构的统计数据，依托作者客观细致的科学研究，提出理论对策和战略建议，力求全面展示南京创新发展的工作进展，为党政科学决策、政策有效执行、公众咨询参考提供理论与数据支撑。此外，本书涉及大量统计调查数据，由于来源和口径的不同，请读者引用时仔细审核。

本书的编撰和出版得到了市委、市人大、市政府和市政协的大力支持。我们还要感谢省市各有关部门、在宁高校科研院所和头部企业的高度重视和密切配合，感谢各位作者提供的高质量文章！本书作者除了市社科院和在宁高校的专家学者外，更多的是奋战在南京市创新发展一线的政府部门同志，他们深厚的理论素养、丰富的实践经验为本书如期成书做出了突出贡献。本书是南京社科院推出的系列蓝皮书之一，在联院党组关心指导下，在科研处和各研究所全力支持下，由社会发展研究所和城市创新发展研究所具体承担全书框架设计及稿件的组织工作，在此对参与本书策划、组织、编校和审读等具体工作的各位领导、专家和工作人员一并表示深深的感谢。

科技是第一生产力、人才是第一资源、创新是第一动力。让我们坚持以习近平新时代中国特色社会主义思想为指导，不断将改革创新成果转化为新质生产力，把南京构筑成为汇聚全球智慧资源的创新高地，推动科技创新、产业创新与区域协调发展实现新的更大突破。

周蜀秦

2024 年 12 月

（南京社科院副院长、教授，青海省"千人计划"领军人才，苏南国家自主创新示范区专家咨询委员会委员）

目 录

产业创新篇

区域创新篇

协同创新篇

他山之石

创新战略篇

南京打造具有全球影响力的产业科技创新中心主承载区的对策建议

习近平总书记强调，发展新质生产力是推动高质量发展的内在要求和重要着力点，必须继续做好创新这篇大文章，推动新质生产力加快发展。近年来，南京始终把创新摆在发展全局的核心位置，深入实施创新驱动发展战略，聚焦平台建设、成果转化、企业培育、产业壮大、改革赋能等方向，坚持教育、科技、人才一体化推进，力争在科技创新上率先取得新突破，在科技自立自强上走在前。南京先后获批建设引领性国家创新型城市、国家科技人才评价改革试点城市和国家科创金融改革试验区，正在着力打造具有全球影响力的产业科技创新中心主承载区，争创国家区域科技创新中心。在国家创新型城市排名中位列全国第 4，在“2024 自然指数—科研城市”排名中，位居全球第 5；在世界知识产权组织发布的全球创新指数科技集群排名中，跃升至第 9 位。

一、 主要做法及成效

坚持以关键核心技术攻关和提升产业全球竞争力为主线，以培育战略科技力量和世界一流产业集群为突破，以营造良好创新生态和完善科技创新体制机制为保障，在科技创新策源支撑、一流产业集群培育、产才深度融合发展、科技体制改革先行、创新协同开放合作 5 个方面争当示范引领，加快建设具有全球影响力的产业科技创新中心主承载区。

（一）锻造战略科技力量，科技创新策源引领实现新突破

制定并推动以省两办名义印发支持紫金山实验室重大科技任务攻关若干措施。紫金山实验室建成全国首个6G实验室，发布6G全频段全场景普适信道建模与仿真技术等多个重大创新成果。生物育种钟山实验室克隆了水稻籼粳亚种关键基因。国家第三代半导体技术创新中心（南京）突破了6英寸碳化硅MOSFET批量生产技术。集成电路设计自动化技术创新中心获批国家级技术创新中心。高性能膜材料创新中心获批国家级制造业创新中心。南京现代综合交通实验室攻克了复杂环境下的材料性能定向设计等难题，自主研发的新材料各项性能远超国外。未来网络试验设施、信息高铁综合试验基础设施、百兆瓦级压缩空气储能装置、开源软件供应平台等一批重大科技基础设施加快布局建设。发布全国规模最大的开源软件供应链知识图谱“源图”3.0。“问天Ⅰ”类脑超级计算机发布重要技术成果，突触智能规模达到全球第二。南京智能计算中心获批成为全国首批、全省唯一的国家新一代人工智能公共算力开放创新平台。

（二）培育一流产业集群，现代化产业体系建设实现新进展

形成1个8000亿级和6个千亿级产业集群。生物医药产业营收达2000亿元，4个1类创新药获批进入国内市场，数量位居全国第二。南京高新区（江北新区）生物药品制品制造创新型产业集群获批成为国家创新型产业集群。软件和信息服务、智能电网入选首批国家先进制造业集群，基因与细胞技术产业集群、未来网络创新型产业集群和人工智能（智能网联汽车）创新型产业集群成为省创新型产业集群。获批创建国家人工智能创新应用先导区，入围国家新能源汽车换电模式应用试点。全市省级以上科技企业孵化器获优数量连续四年保持全省第一。南京高华科技、南京英田光学等一批科技型企业为多项国家重点工程提供技术器件支撑。2023年，获批省研发型企业13家，数量位居全省第一。高新技术企业总量突破万家，规上工业企业中高企占比超过50.12%。组织实施市级重大科技专项18项，财政支持总金额9000万元，带动企业投入研发资金9.6亿元。

（三）推动产才融合发展，建设高水平人才集聚平台取得新成效

制定发布南京市新时代人才强市建设行动方案，实施人才支持计划、创新载体、产才融合、合作开发、服务生态等5个专项提升行动。建立南京市校（院）地合作联席会议制度。与北京大学、东南大学、南京大学签署战略合作协议。接续实施“百校对接计划”，赴28家高校院所开展驻点对接，累计促进校地共建平台载体125个。“中科系”8家研究院及孵化企业已集聚各类人才超2000人，其中“双聘”院士13人；累计引进孵化企业160家，总估值超百亿元。已有南京南智先进光电集成技术研究院等17家新型研发机构成为省产研院专业所。建立健全非共识性人才举荐制度，累计举荐人才137名。优化实施紫金山英才计划，推出"2.0版"紫金山英才卡服务，升级创新创业人才服务措施。获批省级人才攻关联合体10个，占全省总数的38.5%。2023年，南京地区新当选院士4人，累计达到95人。国家重点人才工程入选者超千人，全域入选人数居全省第一。

（四）深化体制综合改革，优化创新生态环境展现新气象

完成《南京市科学技术进步条例》修订，制定出台《南京市深化科技体制综合改革实施方案》《南京市科技人才评价改革实施方案》，持续深化我市科技与人才体制机制改革。支持南京大学、南京工业大学、省产研院3家国家试点单位及紫金山实验室、南京邮电大学等8家省级试点单位探索深化科技成果赋权改革。建立惠企政策直达机制，45个科技创新政策全部在"宁企通"平台上线，累计在线申报兑现事项3000余项。推进国家级科创金融改革试验区建设，推出160余款科创金融产品，建设市级科创金融服务驿站，"宁创融"规模增至100亿元，"宁科贷"累计发放贷款超2000亿元，余额562.98亿元；市级科创基金累计投资项目超580个，投资额超52亿元；新增上市公司7家，总数达161家。江北新区获批省级绿色金融创新改革试验区。新工集团入选国家国企改革"双百行动"试点扩围名单。

（五）构建开放合作网络，积极融入全球创新体系呈现新格局

推动南京都市圈科技创新合作，172个事项实现通办，宁淮智能制造产业园、宁滁结对合作取得积极成效。自贸区南京片区10项制度创新成果在全国复制推广、3项成果入选国务院改革试点经验，服务业扩大开放综合试点5项成果入选国家最佳案例。每年举办一批有影响力的国际国内科技创新合作活动，成功举办2023世界智能制造大会、第七届未来网络发展大会、2023世界半导体大会、2023南京国际科技合作交流大会等。推动各海外协同创新中心开展对接活动100余场。与香港理工大学签署共建香港理工大学南京技术创新研究院框架协议。与香港大学、南京大学共建苏港青年创新创业基地。2023年，南京再次入选"魅力中国—外籍人才眼中最具吸引力的中国城市"，入选全国跨境贸易便利化专项行动试点城市，服务外包示范城市综合评价位居全国第二。

二、面临的形势与挑战

当前，南京科技创新工作机遇与挑战并存。从国家创新高地布局来看，北京、上海、粤港澳大湾区建设国际科技创新中心，上海张江、安徽合肥、北京怀柔、粤港澳大湾区等建设综合性国家科学中心，成渝地区、武汉等成为区域科技创新中心，面对国家创新版图逐步向多中心发展、创新资源向中心城市集聚的形势，南京打造具有全球影响力的产业科技创新中心主承载区，就是要在国家科技创新版图中尽快确立坐标，提高城市创新首位度；就是要在新型举国体制下，找准国家战略需求与自身优势的结合点，争取更多重大设施、重大平台、重大政策落户南京，以此进一步提升城市科技创新能级，产出更多创新成果，为科技强国、科技强省作出更大贡献。从区域创新发展来看，2019 年 12 月，习近平总书记在《求是》杂志发表的重要文章中指出，杭州、南京、武汉、郑州、成都、西安等大城市发展势头较好，形成推动高质量发展的区域增长极。作为江苏省省会、东部地区重要中心城市和长三角特大城市，南京打造具有全球影响力的产业科技创新中心主承载区，更有利于以南京为节点，辐射引领区域高质量发展，强化与上海、杭州、合肥紧密联系的关系，在产业链和创新链上，形成优势互补的新格局。从城市科技创新发展阶段来看，南京作为全国唯一的科技体制综合改革试点城市、首个引领性国家创新型城市，拥有依靠科技创新驱动高质量发展的区位优势，有责任、有能力以"勇挑大梁、走在前列"的使命担当，为着力破解关键核心技术难题和体制机制障碍，实现"科技自立自强、产业自主可控"在全省作出先行探索。江苏应在科技自立自强上走在前、在科技创新上取得新突破，但同时也要清醒地认识到，南京科技创新工作还存在一些短板和不足，主要体现在：

一是创新空间布局建设还有较大发力空间。虽然规划了"一芯、两带、双核、多点"创新布局，但与北京怀柔、上海张江等创新承载区相比，麒麟科技城、紫金山科技城等创新功能区还需加快建设。二是战略科技力量汇聚还不够多。虽然布局建设了紫金山实验室、集成电路设计自动化创新中心、第三代半导体技术创新中心等一批重大科创平台，但对标国家区域科技创新中心和综合性国家科学中心等更高层级目标还有一定差距。比如，国家在长三角地区已布局了 19 个重大科技基础设施，其中上海独立建设 6 个，上海北京合建 1 个，上海连云港合建 1 个，合肥独立建设 8 个，南京牵头与 5 个市合建 1 个，浙江独立建设 1 个，宁波独立建设 1 个。三是企业创新主体作用还不够突出。领军型龙头企业偏少，企业研发投入不足，与重点产业链相关的原创性、引领性基础研究仍然薄弱。比如，现有科创板上市企业 16 家，低于北京的 72 家，上海的 83 家，杭州的 28 家，苏州的 50 家。四是创新型产业集群培育力度还需进一步加大。除南京高新区（江北新区）生物药品制品制造创新型产业集群、江宁高新园低碳高效智能电网科技成果转化基地外，还需要培育更多创新型产业集群。而高新区（江北新区）生物药品制品制造创新型产业集群是南京近 10 年来唯一获批的国家级产业集群。五是创新创业环境还需不断加强。在宁高校优势学科与南京主导产业发展匹配度不高，政府应引导各类社会资本集聚跟进，妥善解决多元化、市场化投入科技创新的机制尚不完善等问题。比如，在宁高校 43 个“双一流”学科中，仅有 37％与南京主导产业相匹配，35％与南京优势产业直接关联度不强。

三、对策建议

全面贯彻党的二十大、二十届三中全会精神，以习近平总书记对江苏工作重要讲话重要指示精神为主线，牢牢把握“走在前、做示范”重大要求，紧紧围绕“四个走在前”“四个新”重大任务，坚持求实扎实、四链融合，着力打造具有全球影响力的产业科技创新中心主承载区。以科技体制综合改革为引领，推动创新链、产业链、资金链、人才链循环畅通、深度融合，加快形成新质生产力。

（一）制度变革，深化科技体制改革先行先试

通过科技创新与制度创新“双轮驱动”，厚植全面现代化建设的内在动力和核心优势。深化科技体制机制改革。落实新修订的《南京市科学技术进步条例》。继续支持国家和省级试点单位深化科技成果赋权改革。推进科技人才评价改革试点和国家级科创金融改革试验区建设。试行“揭榜挂帅”“赛马制”“里程碑考核”等新型组织模式。多元化引导加大科技投入，持续优化创新生态，推进创新链、产业链、资金链、人才链深度融合。推进高新区体制机制改革。提升“一区一特色、一部门一课题”改革成效，促进南京高新区、苏南自创区、江苏自贸区“三区联动创新发展”，在推进企业创新积分制、打造特色创新型产业集群等方面形成南京经验。深化国家级科创金融改革试验区建设。做大做强全市产业引导母基金，推动首批省市合作基金投资项目落地运营，加快构建科创基金、人才基金、产业基金同向发力，联动接续机制。制定出台推动科创金融高质量发展政策措施，完善“股贷债保”联动的多元金融赋能机制，推进区域股权市场制度和业务创新试点。加快国家知识产权保护示范区建设，发展知识产权融资，培育优质创新生态。

（二）提升能级，加快推进区域科技创新中心建设

坚持科技是第一生产力、人才是第一资源、创新是第一动力，不断塑造发展新动能新优势。建设高能级创新平台，支持紫金山实验室开展重大科技任务攻关，加快生物育种钟山实验室、综合交通实验室建设，持续推动全国重点实验室新建重组。发挥第三代半导体、EDA、高性能膜材料等国家级创新中心策源功能，支持光电技术创新中心争创国家级平台。深化下一代移动通信、原子极限微制造、基因及细胞仿生等重大科技基础设施预研培育，进一步凝炼重点方向。服务保障物理科学、应用数学、合成生物等基础科学中心和基础研究中心建设。优化创新空间布局，打造滨江产业创新带、环紫金山科技创新带、江北新区产业创新带、临空经济示范区“三带一区”。加快打造紫金山科技城和麒麟科技城，深化与南京大学、东南大学等在宁高校和“中科系”等在宁科研院所的合作，努力在锻造国家战略科技力量、服务高水平科技自立自强上作出更大南京贡献。打造区域人才高地。以环紫金山科创带和江北新区创新带为重点，发挥以“双一流”高校、“中科系”为龙头的高校院所支撑作用，加快构建高水平人才集聚平台，大力引进战略科技领军人才和紧缺型产业人才。支持“双一流”和高水平大学建设，建立健全校（院）地合作联席会议、联合引才聚才等机制，更大力度推动校（院）地融合发展。积极探索专业交叉融合、产业协同育人新模式，打造一批产业学院、产教融合示范基地。

（三）赋能产业，加快现代化产业体系构建

坚持把发展经济的着力点放在实体经济上，持续提升产业链供应链韧性和安全水平。加大创新主体梯次培育力度。促进企业高新化、专精特新化发展，科技型中小企业入库 2.6 万家，高新技术企业突破 1 万家，国家级专精特新“小巨人”企业新增超 70 家。采取“揭榜挂帅”等组织方式，围绕重点产业方向实施 20 个市级重大科技专项。推动战略性新兴产业集群融合发展。紧紧围绕“4266”现代化产业体系，积极打造特钢材料、精细化工等新的国家先进制造业集群，聚力发展工业软件、基础软件和开源生态，推进人工智能底层技术研发和大模型应用孵化，发展合成生物、基因与细胞等优势领域，加快布局智能网联汽车产业，尽快形成万亿级、五千亿级产业集群。落实体系化推进科技成果转化政策，发挥校地对接联系机制作用，常态化开展校地对接合作。落实我市人才新政，集聚更多战略科学家、一流科技领军人才，靶向引进高精尖缺科技人才和产业人才。支持龙头企业、高水平研发机构牵头组建创新联合体，加快布局概念验证中心、中试小试基地，技术合同成交额力争达到 1050 亿元。深入开展强链补链固链行动，着力抓好“链主”企业和产业链重点园区、公共平台培育。加大创新产品示范推广力度，持续开展“宁创”品牌系列活动。

（四）提质增效，促进新型研发机构高效运营

提升新型研发机构经营管理、科技研发、企业孵化 3 大能力，加快形成科技成果转化新突破。推动新型研发机构高水平、平台化发展。支持新型研发机构与产业链骨干企业协同创新，组建创新联合体，重点培育 40 家左右高水平、平台型新型研发机构，新型研发机构及关联带动企业营收力争突破 500 亿元。优化“管家式”政策辅导模式。通过“金服平台”为市级新型研发机构提供融资对接服务，推动从科研成果到科技产品无缝链接式转化。设立专项引导新型研发机构联合龙头企业开展技术攻关和成果转化，分梯次在企业孵化、产业培育方面精准服务。打造创新型产业集群。依托培育若干基础较好、发展较快、掌握“卡脖子”技术的新型研发机构，集聚创新资源，在高新区内重点打造创新型产业集群。

（五）技术创新，树立“双碳”行动绿色典范样板

围绕“快转型”，以推进“双碳”行动为牵引，加快构建绿色技术创新体系和智慧能源利用体系，推动生产生活方式绿色转型，不断增强绿色产业支撑力。增强数实融合新动能。深入实施“智改数转网联”三年行动计划，优化中小企业数字化转型服务供给，分行业打造智能化改造示范标杆，基本实现规上工业企业启动实施全覆盖，推动30家企业开展5G工厂建设，“两化”融合发展水平指数达到74。大力发展“数智云网链”等新兴数字产业，推动农机云、机械装备行业云等落地建设，加快软件谷向数字谷迭代升级。加快发展方式绿色转型。紧扣“双碳”目标，分步骤推进并支持江北新区建设碳中和先行示范区，引导江心洲、南部新城打造“零碳未来城”，为实现“双碳”提供南京经验。

（六）维度拓展，打造多元开放创新生态环境

聚焦创新生态，持续提升对外开放水平，不断增创高质量发展新优势。推进高水平对外开放。实施国家服务业扩大开放综合试点，加快集聚全球高端服务业资源，做大做强总部经济、现代金融、科技服务等生产性服务业。务实推动与创新大国和关键小国的创新合作，加快建设一批海外人才离岸创新创业基地、海外协同创新中心、国际（国别）合作科技园区、外资研发中心等国际科技合作平台建设，构建高水平国际化开放协同创新网络。营造友好金融生态。聚焦打造多层次金融机构服务体系，探索建立科技金融综合评价体系，优化科技金融产品供给体系，完善科技金融基础设施体系，营造金融支持科技创新生态环境体系“五大体系”建设。推动区域协调发展。深度融入长三角一体化发展，协同推进扬子江城市群、长三角科创共同体、沿沪宁产业创新带建设。高质量推动南京都市圈建设，强化南京都市圈科技创新平台联合共创，推进宁淮智能制造产业园等跨界共建园区建设。举办南京都市圈创新合作大会、南京国际科技合作交流大会等活动。

作者：蒋涛（南京市科技信息研究所）

南京高新区管理体制变迁及改革创新思考

围绕国家“大部制”改革的持续推进(高新区相关管理职能从科技部划入工信部)和新时期高新区肩负的新使命、新定位(创新驱动发展的示范区和高质量发展的先行区),就高新区管理体制的变迁、改革与创新这一课题,政界与学界已开展了诸多有益的探讨和实践。自获批成立以来,南京高新区管理体制已经过多轮改革探索,但至今仍面临着越界管理难协调、多重博弈难均衡的现实困境,亟需进一步理顺高新区管理体制,突出“高”“新”发展导向,激发园区创新内生动力,为全市经济社会高质量发展贡献“高新力量”。

一、 南京高新区历史沿革及管理体制变迁

南京高新区自成立以来,大致经历了三个发展阶段,分别是“浦口板块”独立发展阶段、“一区两园”跨区域竞合发展阶段、“一区十五园”市域融合创新发展阶段。

(一) “浦口板块”独立发展阶段(1988—1997 年)

1988 年 4 月,经国家科委批准,南京市建立浦口高(新)技术外向型开发区,这是继北京中关村、上海漕河泾之后,国家批准建立的第三个高(新)技术外向型开发区。1991 年 3 月,国务院批准“南京浦口高(新)技术外向型开发区”为国家高新区,成为首批建立的 26 家国家高新区之一,开发总面积为 16.5 平方公里。同年 11 月,国家科委同意将“南京浦口高(新)技术外向型开发区”更名为“南京高新技术产

业开发区”。1992 年，南京市政府赋予高新区市一级经济管理权限，并正式颁文将珠江路作为“南京科技一条街”的主段，作为高新区的窗口和延伸。1995 年 9 月，国务院批准南京高新区建立“台湾科技工业园”，支持南京高新区与台湾新竹工业园的合作；同年，南京市编制委员会批复高新区，实行一个机构三个牌子，即中共南京高新区工作委员会、南京高新区管委会、南京高新技术经济开发总公司，确立了高新区管理模式框架，建成了管委会、党工委、总公司三合一的管理体制。

这一阶段，由于国家高新区数量不多，高新技术产业发展基础总体薄弱，需要强有力的管理机构创造发展环境，同时借鉴当时国家经开区的管理经验，大多数高新区采取了较封闭的管理模式，探索集中授权管理，初步形成了具有中国特色的“领导小组＋管委会＋公司”管理架构，实行“决策层—管理层—服务层”开放式管理模式，而南京高新区的管理体制正是这一时期的典型代表之一。

（二）“一区两园”跨区域竞合发展阶段（1997—2017 年）

1997 年，国家科委批准同意南京高新区调整区域范围，但总体规划面积仍保留 16.5 平方公里，其中浦口板块面积调整为 6.5 平方公里；在南京经济技术开发区内设南京新港高新技术工业园，在江宁经济技术开发区和民营科技园内设南京江宁高新技术工业园，区域规划面积各为 5 平方公里。在管理体制上，在市级层面设立了南京“一区多园”工作领导小组和管理办公室，江宁和新港在经开区管委会下设高新园管理机构，各分园独立负责各自建设和运营管理。2002 年 5 月，南京江北行政区划调整，高新区按照“整合资源、统筹运作、共同发展”的思路，积极与浦口区进行二合一，加强两区联动。2017 年 5 月，市委市政府将南京高新区管委会整建制并入江北新区管委会一体化运作，继续保留南京高新区管委会牌子和公章。

这一阶段，随着产业规模的迅速扩大，部分国家高新区面临空间紧缺的瓶颈，先后开启了不同类型、不同程度的新一轮管理体制改革，以扩大管理范围，拓展发展空间。南京高新区的管理体制改革亦是在这一背景下进行的，但由于当时的南京高新区、江宁国家高新园和新港国家高新园 3 个板块是独立负责各自建设和运营管理的，而当时“一区多园”领导小组管理办公室则设在市科技部门，“条块分离”使其难以真正发挥“统”的作用（作为 26 家老牌国家高新区之一的南京高新区在科技部国家高新区综合评价排名中曾一度跌落至第 31 位）。

（三）“一区十五园”市域融合创新发展阶段（2017 年—至今）

2017 年 11 月，南京市委市政府出台《南京市科技园区整合设立工作方案》（宁委发〔2017〕34 号），将全市分散的 83 个科技园区整合设立为 15 个高新园区。为“实”化南京高新区管委会，2020 年 3 月，市委市政府进一步改革优化南京高新区管委会，将原有“南京高新技术产业开发区管委会”牌子调整出来，放到市层面统一履行统筹协调和管理服务；5 月，市委市政府成立以市委书记、市长为双组长的“南京高新区发展领导小组”，并下设高新区发展办公室，与南京高新区管委会合署，负责统筹推进高新区有关工作；8 月，组建了新的高新区管委会总部，同时该管委会总部还需承担南京高新区发展领导小组日常工作。至此，南京高新区构建了“南京高新区发展领导小组”下的高新区运行管理体制，形成了“一区十五园”的发展格局。2021 年底，中编办批复南京江北新区党工委、管委会为省委、省政府正厅级派出机关，挂“南京高新技术产业开发区党工委、管委会”牌子。2022 年 6 月江北新区增挂“中共南京高新技术产业开发区工作委员会”和“南京高新技术产业开发区管理委员会”牌子，位于研创园的原高新区总部停运并全部撤离。

在这一轮改革中，南京高新区从 2017 年解决“散”的问题，到 2020 年解决“统”的问题，再到 2022 年重新返回到“散”的状态，带来的变化仅是南京高新区由“一区两园”到“一区十五园”，旧因素引致的南京高新区发展桎梏依旧如前；与此同时，随着当前国家“大部制”改革持续推进、国家发展战略导向要求以及高新区高质量发展需求的宏观环境不断变化，新因素亦会给南京高新区发展带来更多挑战。在新旧因素“双重叠加”影响下，深化南京高新区管理体制改革可以说是迫在眉睫。

二、 南京高新区管理体制当前存在的问题

目前，高新区管理体制在顶层设计方面存在不足，具体工作事务主要是由市科技局牵头推进，其中江北新区作为“分园”之一参与在内；而在行政管理体制上，江北新区（实际的“一区”）已挂“中共南京高新技术产业开发区工作委员会”和“南京高新技术产业开发区管理委员会”牌子。南京高新区“管理体制机制不顺”“体制改革处于静态”的局面引致了诸多问题：

（一）权责不等，边界不清

总体而言，高新区发展质效要想好（有“里子”），在管理权限中，至少应当涉及人、财、物等事项管理权限之一（即人事管理的“帽子”、财务管理的“票子”、品牌管理的“面子”）。当前，南京高新区“一区十五园”的具体工作事务（例如高新区火炬统计、企业创新积分制试点等）主要是由市科技局牵头推进（隐意的“一区”），其中江北新区作为“分园”之一参与在内；而在行政管理体制上，江北新区（实际的“一区”）已挂“中共南京高新技术产业开发区工作委员会”和“南京高新技术产业开发区管理委员会”牌子，这种“尴尬”的管理体制客观上造成了南京高新区在工作落实主体、“南京高新区”牌子使用等方面存在管理机构不明确等问题（例如，高新区对

上争取政策、事项、项目等各类支持时市级主体不明确；省级高新区管理部门对南京高新区管理体制亦表堪忧）。

（二）**授权不够，统筹乏力**

当前，南京高新区“一区十五园”只是在国家高新区火炬统计工作中实现了“统筹管理”，15 个“分园”整体纳入南京高新区火炬统计体系。由于授权不够，市科技部门亦难以充分发挥 15 个高新园区以及相关职能部门的统筹协同作用，加之各个“分园”也都有相互独立的管理机构和园区政策，发展诉求各不相同、利益博弈纷繁复杂、同质竞争不可避免，统筹协调难度大，难以集中优势资源形成区域性品牌效应，影响了南京高新区在国内外的竞争力和影响力。而前期与南京高新区“一区多园”管理模式类似（非全权管理型）的北京中关村管委会、上海张江管委会近年纷纷选择与市科技部门合署办公，实质上是一种体制回归，原因在于高新区在探索新管理体制的过程中，存在与旧体制的摩擦，从而引致高新区已建立的面向市场机制的管理体制逐渐向高度集中的行政体制“回归”，以寻求最大程度的管理授权。

（三）**联动受阻，赋能不足**

当前，南京高新区“一区多园”模式尚未打破原有利益分配格局，涉及“一区”和“多园”管委会之间、市级政府与区级政府之间、“多园”管委会与“多园”所属街道之间等多个主体，不同主体自成体系，在职能分工、管理权限、财政税收和利益分配等方面职责边界未厘清，且缺乏跨行政区划合作的市级统筹规划和指导意见，难以引导“多园”之间实现认知上的统一，形成发展合力（例如，“伙伴园区”一词是在地方政策文件内容表述中由南京首次提出，后续被写入国发〔2020〕7 号文件内容表述中，但由于缺乏明确稳定的利益分享与激励机制，使得南京高新区“伙伴园区”的建设发展并未取得实质进展）。此外，市级层面未能出台全市统一的、在全国范围内具备竞争力的高新园区系列政策，赋能园区创新发展力度不足。

三、 深化南京高新区管理体制改革的若干思考

结合 10 家试点“世界一流高科技园区”及南京高新区当前的管理体制比较（表 1），从建立派出机构、协调机构、领导小组、协调小组、会商制度、创新平台等常规性组织制度，到联合共建、政区合一、经济整合、联合协议等具体实施手段，各高新区针对不同的矛盾与问题在实践中探索了多种形式的管理体制机制，在很大程度上推动了各部门之间围绕创新目标的协同政策创新与制度改革，有效地整合和协调相关资源支持了高新区的创新发展。与此同时，由于当前在国家层面尚未对高新区发展建立制度性协调机制，各地区国家高新区的分散化协调努力仍然难以解决

各个层面不同部门之间固有的政策矛盾和体制冲突。因此，在国家已出台的一系列政策文件指引下（表 2），随着国家“大部制”改革的持续推进，新一轮的高新区发展必然是在制度与市场交互影响下推动，市场环境的一系列变化将促使高新区重新设计和安排制度，这亦是新一轮深化南京高新区管理体制机制的契机所在。据此，结合南京实际，提出深化高新区体制机制改革的若干思考。

表 1　10 家试点“世界一流高科技园区”及南京高新区管理体制比较

园区名称	园区类型	管理模式	组织架构
北京中关村	一区多园型（一区十六园）	非全权管理型（非建设主体型）	北京市科学技术委员会与中关村科技园区管理委员会合署办公，机构名称为“北京市科学技术委员会、中关村科技园区管理委员会”。在管理机制方面，实行“双重领导、以区（县）为主”的领导体制，中关村管委会主要负责对整个高新区的宏观管理，分园管委会负责具体实施中关村管委会会议议定事项，推进园区各项具体工作事项开展
上海张江	一区多园型（一区二十二园）	非全权管理型（非建设主体型）	上海市将张江综合性国家科学中心办公室、张江高新区管委会、张江高科技园区管委会、自贸区张江管理局机构职能整合，重组上海推进科技创新中心建设办公室，作为市政府派出机构，实行“四合一”管理，将科创中心建设、综合性国家科学中心建设、张江示范区建设、张江科学城建设统筹起来，协同推进。在管理机制上，依托上海推进办全体会议，与国家有关部委共同商议科创中心建设重大事项，积极争取国家层面的支持；市层面，则通过推进科创中心建设领导小组会议，统筹科创中心建设的重大事项和年度重点工作。上海市科学技术委员将与张江高科技园区管委会合署办公
深圳高新区	一区多园型（一区二核五园）	半全权管理型	管委会是市政府派出机构，与深圳市科创委合署办公，统筹推进全市国家自主创新示范区和高新技术产业园区规划建设工作
苏州工业园	非一区多园型（类似政区合一）	全权管理型	作为苏州市政府派出机构的园区管理委员会行使行政管理职能，作为开发主体的中新苏州工业园区开发集团股份有限公司承担开发建设等功能。2018 年体制改革后将辖区划分为四大功能板块，功能区承担经济管理和经济发展相关职能，街道、社工委承担社会管理和城市管理职能，需协调事宜由功能区牵头协调

续表

园区名称	园区类型	管理模式	组织架构
杭州高新区	非一区多园型（政区合一，正探索“一区多园”机制创新，建设特别合作园）	全权管理型	高新区与滨江区实行两块牌子、一套班子，全交叉兼职，既按开发区模式运作，又行使地方党委、政府职能
成都高新区	一区多园型（一区四园）	全权管理型	高新区管委会是成都市人民政府的派出机构，是成都高新技术产业开发区的管理机关。设有党工委、人大、政协机构，下辖7个街道，坚持“大部门、扁平化、聘任制”管理模式的“成都模式”
合肥高新区	非一区多园型	全权管理型	高新区管委会是合肥市政府的派出机构，是合肥高新技术产业开发区的管理机关。拥有建设、工商、税务、财政、劳动人事等市级以上经济管理权限。内设10个机构，直属6个机构，下辖5个社区管理服务中心及2个科技园管理中心
西安高新区	非一区多园型	全权管理型	高新区管委会是西安市政府的派出机构，依据《西安市开发区条例》，对高新区行使市级经济事务和部分社会事务管理职权。托管10个街镇，内设19个部门、2个上级派出机构、12个园区管理机构、3个管理服务机构。建立了“充分授权、开放运行、封闭管理”的体制机制
武汉东湖高新区	一区多园型（一区八园）	全权管理型	高新区管委会是湖北省人民政府派出机构，委托武汉市管理，机构规格为正厅级，党工委书记由市委常委担任。内设14个机构，下辖8个街道，并建有8个园区建设服务机构，拥有完全的人事任免权
广州高新区	非一区多园型（政区合一）	全权管理型	高新区与黄埔区实行两块牌子、一套班子，具有独立的经济和社会管理权限，设有党工委、政府、人大、政协四套机构
南京高新区	一区多园型（一区十五园）	非全权管理型（非建设主体型）	高新区管理顶层设计不足，具体工作事务主要是由市科技局牵头推进，其中江北新区作为“分园”之一参与在内；而在行政管理体制上，江北新区（实际的“一区”）已挂“中共南京高新技术产业开发区工作委员会”和“南京高新技术产业开发区管理委员会”牌子

（一）理顺“一区”与国家高新区管理职能部门的关系，确立南京高新区“一区十五园”管理体制

在国家“大部制”改革持续推进的背景下（高新区相关管理职能从科技部划入

工信部，南京高新区将直接承接来自科技和工信条口的双重任务，工作统筹能力亟待提升），需进一步强化市级层面对南京高新区的组织管理与统筹协调，在市级层面成立专门的高新区统筹管理协调机构，履行统筹协调和管理服务南京高新区“一区十五园”的职能，推动各分园区形成发展合力。定期组织召开南京高新区“一区十五园”联席会议，统筹推进高新区创新发展相关事项。探索制定南京高新区“一区十五园”管理条例，规范创新主体、成果转化、人才资源、科技金融、土地利用等方面管理要求。从制度上，进一步确立南京高新区“一区十五园”管理体制，力争南京高新区“一区多园”管理模式获得国家、省有关部门认可。

表 2　关于高新区管理体制的政策要点

时间	发文单位	名称文号	政策要点
2013	科技部	《国家高新技术产业开发区创新驱动战略提升行动实施方案》（国科发火〔2013〕388 号）	提出国家高新区要积极建设服务型政府，形成国家、地方、社会等各方力量联合治理新模式
2017	国务院办公厅	《关于促进开发区改革和创新发展的若干意见》（国办发〔2017〕7 号）	提出开发区要将政企分开、政资分开，行政剥离、市场化运作作为下一步改革的重点方向
2020	国务院	《关于促进国家高新技术产业开发区高质量发展的若干意见》（国发〔2020〕7 号）	提出要建立授权事项清单制度、优化内部管理架构、实行扁平化管理、整合归并内设机构、实行大部门制、合理配置内设机构职能等改革措施，实行扁平化管理，探索岗位管理制度，实行聘用制，建立完善符合实际的分配激励和考核机制，并赋予国家高新区相应的省级和市级经济管理权限

（二）理顺“一区”与南京江北新区的关系，构建南京高新区“双轮驱动、多园互动”治理新机制

进一步厘清“一区”与南京江北新区的职责边界，明确江北新区作为“分园”之中的核心园，参与南京高新区建设发展推进各项工作，形成南京高新区 15 个“分园”良性互动发展机制（即在高新区统筹管理协调机构框架下，南京江北新区管委会为“一区”的核心，市科技部门、市工信部门为“双轮”）。明确高新区统筹协调机构（隐意的“一区”）和南京江北新区管委会（实际的“一区”）的职责定位与分工，构成互补和协同的关系（图 1）。加强“一区”与江北新区在政策制定和执行方面的沟通与协作，确保高新区发展政策的有效性和一致性。建立多园合作机制，促进资源共享，鼓励南京高新区各“分园”在人才、技术、平台等方面的资源共享，提高资源利

用效率。

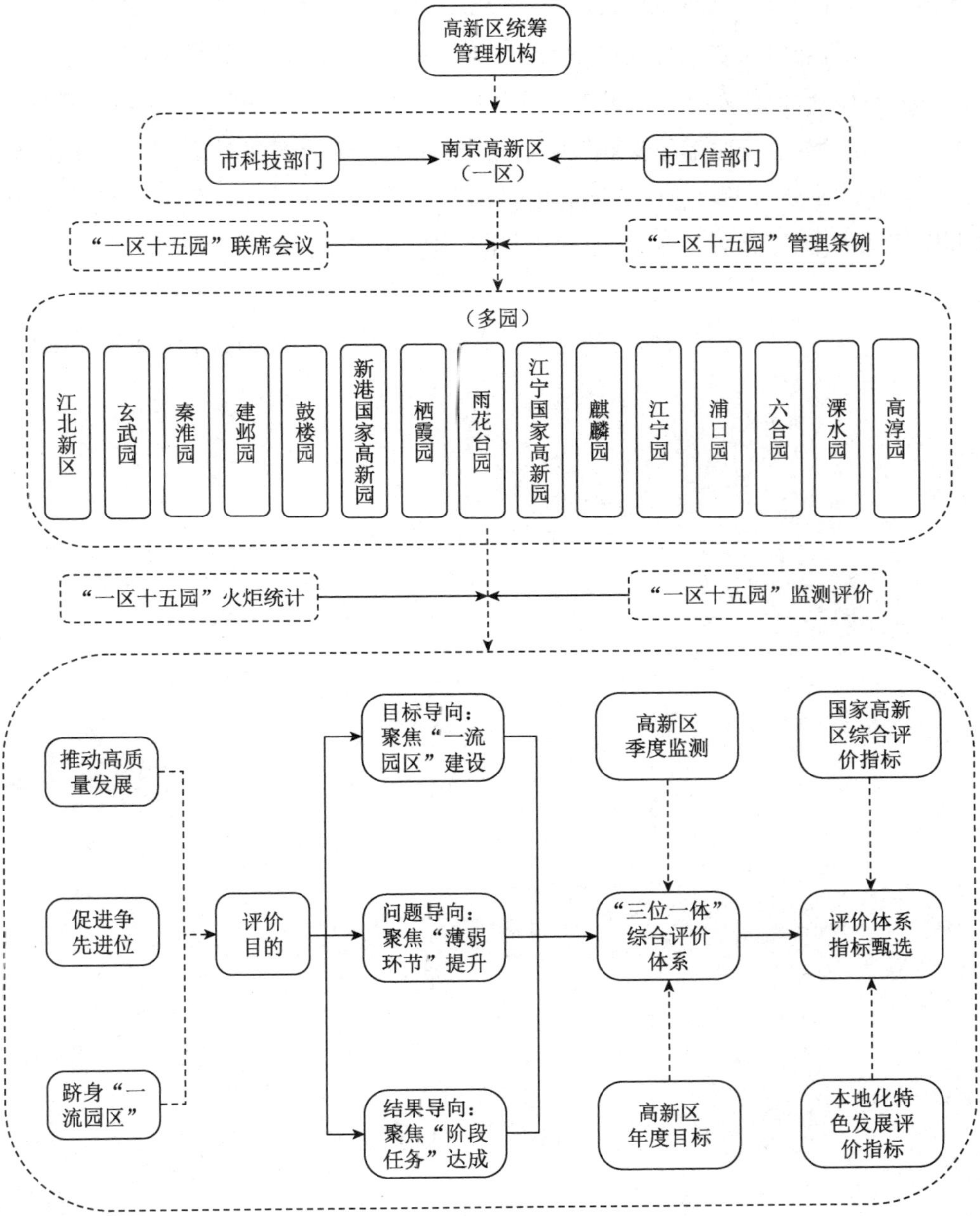

图 1　南京高新区管理体制理论架构设想

（三）理顺“一区”与 15 个高新园区的关系，实现高效协同和共同发展

进一步明确“一区”的发展目标与重点任务。例如，南京高新区中短期发展目标是跻身“世界一流高科技园区”，需要做什么、怎么做？以目标导向引领带动 15 个高新区园区协同奋进，发挥南京高新区在全市科技创新与经济发展的主阵地、主

引擎作用，提升高新区对区域经济发展的贡献度。鼓励各“分园”发挥自身优势，明确其产业定位、发展方向和特色优势，形成差异化发展，构建各具特色的产业集群和创新生态；与此同时，结合最新要求，探索对高新园区开展分类考评，强化结果运用，定期对各园区的发展情况进行评估和排名，激励先进、鞭策后进，在各高新园区主要领导选配上，按照干部管理权限，充分听取相关职能部门意见，作为园区领导班子选配的重要参考和选优评先的重要依据；设立奖励机制，对在协同发展、创新合作、经济贡献等方面表现突出的园区给予表彰和奖励。

作者：胡先杰　姜琴　苏思骐　陆红姝（南京市火炬中心）

南京低空经济发展的现状、挑战与对策

2023年12月中央经济工作会议明确将低空经济纳入战略性新兴产业，2024年3月全国两会首次将“低空经济”写入政府工作报告，具体部署低空经济发展事宜，各省、市、地区迅速响应，我国低空经济迎来了前所未有的发展机遇，正步入迅猛发展的快车道。

低空经济科技含量高，具有产业链长、辐射面广、成长性和带动性强等特点，是新质生产力的典型代表。在低空经济的万亿级市场新赛道中，南京应抓住产业创新和高速增长的战略机遇，通过精准定位、统筹谋划，实施系统化战略，充分发挥资源、技术和人才优势，推动技术创新、加强产业联动、盘活有限空域、拓展应用场景，切实提升南京低空经济产业生态系统竞争力。

一、南京低空经济发展基础与现状

（一）南京低空经济的发展基础

1. 优越的地理位置和交通条件

南京作为长三角地区特大型城市、南京都市圈中心城市，是国家综合立体交通网规划确定的国际性综合交通枢纽城市、区域性航运物流中心，濒江近海，同时坐落有国际级航空枢纽南京禄口国际机场以及栖霞龙潭和浦口老山2个通用机场。南京充分利用优势地理条件和交通条件，加快低空空域分类划设、低空航线网络构建、飞行审批程序优化和飞行服务保障体系建设，已经形成了一批优质的应用场景。

2. 前瞻性的政策引导和全面布局

南京作为我国首批民用无人驾驶航空试验基地（试验区）之一，具有发展低空经济的产业优势、科教优势和地域优势，有能力也有责任抢先打造发展低空经济优质生态，在推动低空经济高质量发展中起到引领和示范作用。南京高度重视低空经济发展，出台了一系列政策文件（如表 1 所示）。2023 年 6 月，在《南京市推进产业强市行动计划（2023—2025 年）》中明确提出加快推进低空智联网和无人机基地建设，构建全国航空机电系统样板区，不断扩大低空经济产业规模。在 2023 年 9 月的《南京市民用无人驾驶航空试验区核心区无人机产业高质量发展实施方案（2023—2027）》中明确了 22 条重点任务和八项保障措施，奋力打造亚太区领先的综合性无人机装备产业合作发展基地，并围绕目标制定"三步走"发展战略，打造无人机特色产业园，为行业龙头项目、高校院所在园落地提供良好的发展环境。在 2024 年 1 月的《南京市政府工作报告》中，提出抢占低空经济发展先机，锚定低空产业发展关键环节，在政策支持、要素保障等方面，统筹各方力量加快推动南京市低空经济产业发展。2024 年 5 月，在《南京市促进低空经济高质量发展实施方案（2024—2026 年）》中明确了未来三年南京市低空经济的发展目标和重点任务，将通过有效保障低空飞行活动、提升低空产业集聚水平、拓展培育低空应用场景、打造低空科创策源中心、完善低空经济配套措施，力争 2026 年全市低空经济产业规模发展超 500 亿元。南京市密集出台的一系列政策文件，内容涵盖了低空制造、低空保障、低空飞行及综合服务等领域，涉及低空经济发展的多个方面，围绕低空经济产业链进行全面布局，为南京市低空经济的发展布局提供了明确的方向和保障。

表 1　南京低空经济产业政策汇总表

发布主体	发布时间	政策名称
南京市	2023 年 6 月	《南京市推进产业强市行动计划（2023—2025 年）》
南京市	2023 年 9 月	《南京市民用无人驾驶航空试验区核心区无人机产业高质量发展实施方案（2023—2027）》
南京市	2024 年 1 月	《南京市政府工作报告》
南京市	2024 年 5 月	《南京市促进低空经济高质量发展实施方案（2024—2026 年）》
南京市	2024 年 5 月	《南京市关于支持低空经济高质量发展的若干措施（试行）》
高淳区	2021 年 4 月	《高淳区国民经济和社会发展第十四个五年规划和二〇三五年远景目标纲要》

续表

发布主体	发布时间	政策名称
溧水区	2021 年 12 月	《南京市溧水区"十四五"气象发展规划》
江宁区	2023 年 8 月	《江宁开发区临空产业三年行动方案》
建邺区	2024 年 2 月	《建邺区低空经济三年行动计划》(征求意见稿)、《建邺区促进低空经济发展专项政策》(征求意见稿)
浦口区	2024 年 5 月	《浦口区促进低空经济产业高质量发展专项政策》
浦口区	2024 年 8 月	《南京市低空飞行服务保障体系建设行动计划(2024—2026 年)》
六合区	2024 年 8 月	《六合区航空航天产业发展规划(2024—2030 年)》《六合区低空经济产业发展工作实施计划》

3. 丰富的科研资源和优质的人才储备

南京拥有丰富且优质的科研资源和人才储备，特别是在航空、通信、人工智能等领域，拥有南大、东大、南航大、南理工、南信大以及中电 14 所、28 所等多所涉航高校和高水平科研院所，建成了一批国家重点实验室、国防科技重点实验室和无人机领域科创平台，形成了产学研紧密结合的创新体系。全省首个无人机综合性考点——江苏民航无人机驾驶员执照培训与考试中心落户南京浦口高新区，可以年接待全省及周边地区无人机执照培训和考试人员近 5000 人次。这些科研资源和优质人才为低空经济的科技创新提供了源源不断的动力。

（二）南京低空经济发展现状

1. 构建产业链，低空经济产业生态系统初步形成

南京在低空制造、低空保障、低空飞行及综合服务等方面均有布局。2020 年，南京获批全国首批、全省唯一的民用无人驾驶航空试验区。该试验区以浦口区为核心区，辐射南京长江段全域，联动南京及周边区域，构建起以"一中心两平台多场区"为核心支撑的无人机运行与管控体系。试验区内汇聚了长空科技、中航金城无人系统、航天国器、大翼航空、中国联通低空智联网创新中心、迈杰科、天策智诚等为代表的制造、飞行、保障、综合服务等全环节相关企业等近 50 家，形成了覆盖研发设计、整机制造、运营服务及行业应用的完整产业链生态，已初步形成集成电路及低空经济完整产业链。在低空制造产业，南京已集聚有中航工业金城无人系统公司、拓攻(南京)机器人农用植保无人机公司、南京亿维特电动垂直起降飞行器(eVTOL)研发公司等整机制造领域的优质企业。栖霞区也依托中国电科 28 所等重点企业，打造低空经济创新企业集群。秦淮区坚持"链式"思维，聚焦"链主"企业、骨干企业，提供专业服务，支持产业链扩容、重点企业进阶，全面提升人才承

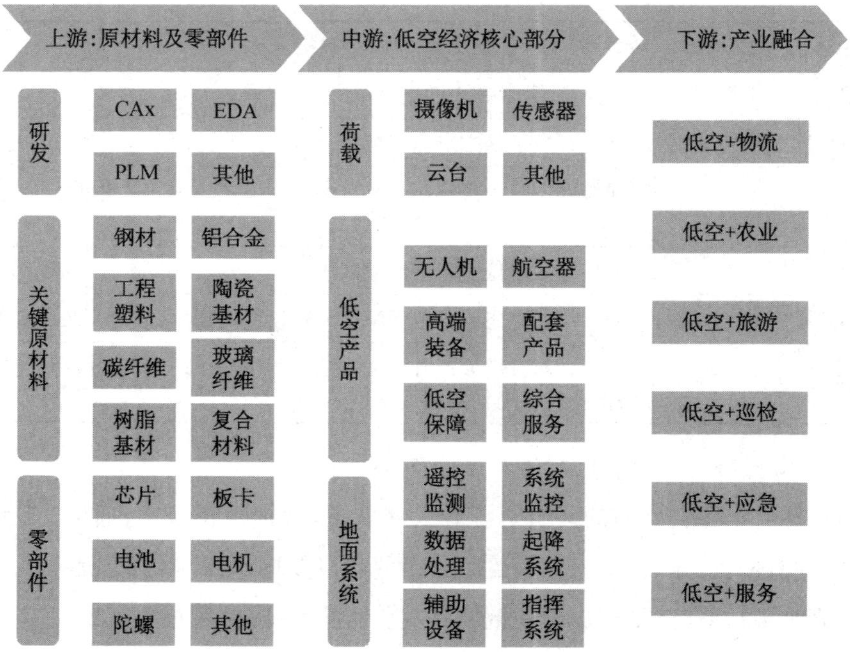

图 1　低空经济产业链全景图

载力。

2. 创新应用示范,低空经济应用场景日益丰富

低空经济应用领域主要有:低空旅游,提供空中观光、空中婚礼、低空跳伞等新兴旅游项目;农业植保,利用无人机进行精准施肥病虫害监测防治;环境监测,对大气、水质、森林等进行高效、精准的监测;应急救援,快速响应自然灾害、事故救援等紧急事件;无人物流配送,实现偏远地区或城市拥堵区域的快速配送。

南京不断拓展低空应用场景,已经形成较为完善的"低空＋X"增长产业链,正在逐步打造低空经济产业生态系统。在"低空＋医疗"方面,继 2023 年 12 月 27 日浦口完成无人机医疗血液运输首飞验证后,浦口至南京红十字血液中心的两条无人机医疗血液运输航线也进入了常态化运营阶段。在"低空＋物流"方面,2024 年 7 月 6 日,一架无人机从南航大国际创新港起飞,横跨长江将一份重要文件安全送抵该校明故宫校区,完成首单配送任务。在"低空＋服务"方面,江苏长江汇科技有限公司用无人机为停泊在南京长江汇兴隆洲水上绿色综合服务区的船民提供服务,包括物流配送和垃圾回收;江宁区的众芯汉创(江苏)科技有限公司提供智能运检、低空应用 AI 算法等无人机低空应用服务;江宁区的拓恒技术有限公司提供基于无人机遥感数据的智能化应用产品和服务。在"低空＋乡村振兴"方面,南京邮政联合南京移动在高淳螃蟹养殖基地实现无人机揽收场景应用首飞。在“低空＋巡检”方面，无人机在江北新区城南河水域进行防溺水宣传和野钓劝离工作，同时在重点商圈开展常态化巡防；南京市浦口区消防救援大队在消防演练中使用无人机迅速定位被困人员，实时回传火灾图像，帮助消防员实施救援。

3. 赋能科技研发，低空经济技术成果显著

江苏省首个低空经济数据产品——南京大翼航空科技有限公司“风筝线无人机管理系统”在南京数据交易平台上架；中国电科莱斯信息成功上市科创板，并揭牌成立中国电科低空经济联合创新中心；普旭科技、金陵智造等企业入选国家专精特新“小巨人”企业，航天工业科技等5家企业顺利获批江苏省企业技术中心。

亿维特公司研发的2吨级5人4座版载人 eVTOL 产品 ET9 完成了首飞和多项严酷工况的测试；纵横智飞公司创新研发的 CW-15V 长航时无人机在消防救援等领域展现出了巨大潜力。这些科技创新成果不仅提升了南京低空经济的核心竞争力，还为低空经济与其他领域相关产业的融合发展提供了有力支撑。

二、南京低空经济发展面临的困难与挑战

（一）政策制定与落实有待完善

近几年，我国政府推出了一系列政策、措施，引导和推动低空经济发展。2021年4月，中共中央、国务院印发文件《国家综合立体交通网规划纲要》，首次将发展“低空经济”写入国家规划，为我国低空经济产业的发展提供了重要的政策支持和引导。2023年10月，工业和信息化部、科学技术部、财政部和中国民用航空局联合发布《绿色航空制造发展纲要（2023—2035）》，提出到2025年 eVTOL 实现试点运行，并加快将 eVTOL 融入综合立体交通网络，以初步形成安全、便捷、绿色、经济的城市空运体系。2024年1月1日，国务院、中央军委颁布《无人驾驶航空器飞行管理暂行条例》，条例提出加强对无人驾驶航空器的适航管理和质量管控，划设无人驾驶航空器飞行管制空域和适飞空域，健全一体化综合监管服务平台，落实应急处置责任，完善应急处置措施等内容。

随着国家政策的出台，全国各地迅速响应，2023年12月，深圳市发布《深圳经济特区低空经济产业促进条例》，在低空空域划设及资源统筹使用、低空飞行服务管理、低空飞行活动申请等方面作出规定。2024年5月，广东省发布《广东省推动低空经济高质量发展行动方案（2024—2026年）》，提出到2026年，推动形成低空制造和服务融合、应用和产业互促的发展格局，打造世界领先的低空经济产业高地。2024年7月，上海市发布《上海市低空经济产业高质量发展行动方案（2024—

2027年)》,2024年9月北京市发布《北京市促进低空经济产业高质量发展行动方案(2024—2027年)》,提出力争通过三年时间,低空经济相关企业数量突破5000家,产业规模达到1000亿元。

这些政策的出台标志着中国低空经济正处于一个转型升级的关键时期,政策支持对于经济的发展至关重要,起到引导和规范低空经济的发展,促进技术创新和时代进步的重要作用。随着政策的逐步落地,低空经济作为新质生产力将会释放出巨大的经济和社会价值。

深圳、上海、广州和北京等地区对低空经济的开放态度与扶持力度相当大,这些城市在低空经济政策上的超前布局与创新实践,为当地带来了显著的经济效益与社会影响力。相比之下,南京在低空经济的政策制定与实施上,尚存一些值得探讨与改进的空间。

从政策方面来看,南京尚缺乏有效、全面的相关实施细则,地方落实无从下手。虽然低空经济得到了政策关注和初步发展,但在资金支持、政策布局等方面仍面临着挑战,比如财政补贴和税收优惠细则的缺乏,政策颁布的稳定性和连贯性。

从空域监管方面来看,随着低空经济的兴起,低空经济涉及的飞行器种类繁多,操作场景复杂,传统的空域监管手段可能无法满足市场的需求,需要及时更新技术,建立更加灵活和高效的管理体系。

从低空经济法律体系来看,在多种飞行活动融合的低空空域中,如何明晰和落实各方的监管责任,建立健全安全运行规则和标准,是当前面临的主要问题。

(二)市场需求尚未充分激发

南京市低空经济产业发展还处于探索阶段,目前主要消费场景集中于生产作业类和公共服务类,消费主体主要局限在企业或政府部门,大众需求有限,大多数运营企业尚未形成稳定的盈利模式。产业间的协同发展不足,不同部门和产业间的协作不畅,存在一定的脱节现象。低空经济的商业模式和应用场景尚不清晰,难以形成稳定的盈利模式。

从产业层面来看,当前低空经济产业价值主要集中在上游制造环节,中游与下游产业占比较小。

从应用层面来看,低空经济的应用价值尚未充分彰显。目前应用集中于应急通信、能源巡检、城市治理等小规模试点场景,大部分领域尚处空白。不过,这也表明低空应用产业蕴含极大价值潜力。

从安全保障和风险防控方面来看,低空飞行的安全问题不容忽视,尤其是在城市环境中,无人机的飞行安全、隐私保护等问题亟待解决。近年来,南京发生过几起无人机航拍“炸机”伤人、“黑飞”影响客机起落、农业用无人机违规操作等飞行事故，引发了公众的关注。

（三）空域资源和人才资源紧张

空域资源紧张现如今成为制约低空经济进一步发展的瓶颈。我国空域用户主要包括军事用户以及民用用户两大类。而根据《中华人民共和国飞行基本规则》，民用低空飞行空域资源往往需要在保证军用飞行后才能得到分配。发展低空经济背景下城市低空空域优化策略特别是在城市和人口密集地区，低空空域的高效利用与空中交通安全之间的平衡变得尤为关键。

专业人才稀缺问题成为影响低空经济高质量平稳发展的重要因素。低空经济前景广阔，对专业人才需求量大，主要有无人机操控员、飞行器设计工程师、空域管理人员以及数据分析专家等，这些专业人才都面临着严重的稀缺问题。据中国民用航空局统计，虽然到 2024 年 7 月，我国持有无人机操控员执照的人数已经超过了 22.5 万人，但大多集中于小型无人机，而大型无人机的执照数量相对较少，供不应求，缺乏具备较高的专业技能、扎实的理论基础、较强的创新能力和良好的职业素养的高素质人才。

三、提升南京低空经济产业竞争力的对策与建议

（一）有效保障低空飞行活动

1. 完善低空飞行制度设计

根据国家空域管理相关政策及飞行管理相关规定，研究制定南京市低空飞行管理制度规则，在地方事权范围内明确各运行主体的空域管理、运行使用的责任权利，确保低空飞行活动有规可依、安全可控。

2. 推进空中交通协同管理

落实国家低空空域管理改革要求，建立市、区融合的军地民低空空域协同管理机制，统筹管理和利用全市低空空域资源，优化低空飞行活动申报流程和服务保障，全力争创低空飞行交通管理相关试点示范。

3. 打造低空飞行数据平台

规划建设市级低空飞行数据平台，打造低空飞行数字底座，为各类应用场景提供大数据存储、地理信息采集处理、低空大数据人工智能开发应用等服务，同时为空域划设、航线划设、飞行仿真、飞行评估等提供动态数据保障。

4. 建设低空地面基础设施

规划建设低空地面基础设施，满足各类低空航空器起降、备降、停放、补能、维

保、接驳、试飞等需求。积极推动高淳等通用机场建设，完善浦口、栖霞等通用机场功能。重点在南京南站、南京北站、长江南京段港区、临空经济示范区、浦口高新区、生态科技岛等交通枢纽、产业集聚区以及高速公路沿线，布局一批低空航空器起降场(站)及配套设施。支持各板块根据场景应用需求，在旅游景区、商业区、大型体育场馆、综合性医疗机构等建设一批飞行器起降点、航空飞行营地。统筹考虑空域环境、产业布局等因素，规划建设一批无人机试飞点、操控员培训点。

（二）提升低空产业集聚水平

1. 布局低空产业新赛道

支持全市无人机、eVTOL、飞行汽车等相关企业加快发展，加强国内外行业头部企业整机项目的招引合作，带动全市电机、电池、复合材料、导航通信、零部件等产业链上下游企业的集聚融合发展。围绕低空整机制造企业发展需求，在试飞、适航取证以及商业化运营等方面，组织多方资源给予专业化指导。

2. 培育壮大低空经济产业链

支持低空经济产业链上成长型企业申报高新技术企业，围绕研发设计、关键配套、生产制造、行业应用、科技服务等细分领域做强做优。重点培育“独角兽”企业、制造业“单项冠军”和专精特新“小巨人”企业成长为低空经济链主企业，提升低空经济产业链市场竞争力，形成完善的低空经济生态系统。

3. 打造高水平产业承载区

支持各板块、园区根据自身资源禀赋、产业发展方向等特点，多元化、差异化发展技术研发、生产制造、运营保障、场景应用、数据处理等各具特色的低空经济产业园区，协同联动，避免同质化竞争。进一步发挥南京民用无人驾驶航空试验区建设成效，打造低空经济发展示范区。

（三）拓展培育低空应用场景

1. 打造“政府端”应用场景示范

各级政府部门、国有企事业单位培育低空思维，主动发掘各类“政府端”低空飞行应用场景，在应急处置、医疗救护、消防救援、巡检巡查、国土调查监测、工程测绘、交通治理、城市管理、农林生产等重点领域，打造 30 个以上示范应用场景并逐步在全市复制推广。

2. 探索“交通端”应用场景实践

鼓励生态科技岛等部分条件较好区域推进全空间无人体系建设，探索发展空地协同交通新业态。探索构建南京都市圈低空飞行服务网，支持发展都市圈城际飞行、物流运输等多种类型的低空飞行服务，培育形成产品适用、价格合理、服务便捷的低空交通新业态。

3. 鼓励“商业端”应用场景创新

支持各类企业充分利用全市“江、山、岛、湖”等丰富自然资源，探索开发航空运动、娱乐风洞、空中观光、航拍航摄、航空培训、航空展览等特色低空项目，打造商业消费新场景。

（四）打造低空科创策源中心

1. 推进低空科技创新突破

支持企业联合高校、科研院所等，协同建设涉及低空经济领域的省级以上重点实验室、技术创新中心、工程技术研究中心等创新平台，围绕低空飞行器先进设计制造、能源动力、航电通信、智慧保障等领域开展关键核心技术攻关，加快科技成果产业转化。支持相关机构布局建设低空经济创新研究院、电子频谱研究院，为产业技术突破创新提供具备自主知识产权的原创支撑。

2. 发展低空科技服务新业态

支持在宁高校院所、企事业单位不断提升低空科技研发设计、低空科技信息咨询、低空检验检测认证、低空标准研究制定、低空服务系统集成等方面能力，推动低空科技服务新业态快速发展，形成具有较强竞争力的低空科技服务产业集群。

3. 夯实低空产业人才支撑

支持在宁高校加强低空经济相关专业学科建设，深化产教融合，培养产业发展急需的专业人才。依托“一带一路”智能无人机国际产教联盟，推进无人机领域人才培养、科学研究、社会服务以及科技成果产业化市场化等方面的国际交流合作。实施系列“低空经济人才”计划，培养和引进国内外知名专家，满足低空经济产业发展高精尖人才需求。

作者：长江双碳经济发展研究院（执笔人：金陵科技学院王罾华、刘磊、杨红，南京航空航天大学朱建军）

建设基础研究特区 深入推进
基础研究体制机制改革

习近平总书记强调，世界已经进入大科学时代，基础研究组织化程度越来越高，制度保障和政策引导对基础研究产出的影响越来越大。此外，习近平总书记还指出，必须优化细化基础研究和原始创新的体制机制改革方案，发挥好制度、政策的价值驱动和战略牵引作用。当前，南京正处于全面建设产业科技创新中心主承载区、全方面推动高质量发展的战略机遇期，必须把握科技发展趋势，长久、稳定推进基础研究领域有组织科研，进一步强化基础研究前瞻性、战略性、系统性布局，持续推动基础研究体制机制改革向纵深推进，进一步释放创新引擎新动力，推动基础研究高质量发展。

一、 基础研究领域有组织科研模式的国内外实践

基础研究处于从研究到应用转化再到生产的科研和创新链条起点，有组织科研是指在科研活动中建立明确且高效的组织架构和科研管理体系，旨在提高研发资源配置效率和提高科研工作质量。构建基础研究有组织科研模式，是世界主要科技强国应对全球科技竞争的重要战略，通过精准响应国家战略目标需求、促进多学科交叉汇聚、统筹实施大科学计划以及推行新的科技创新范式等举措，加快实现基础研究领域突破和更好发挥基础研究“创新策源”带动效应。主要做法特点表现为：一是保持高强度基础研究投入。美国、英国、法国等国家基础研究经费保持快

速增长，基础研究投入占全部研发经费投入的比重保持在15%～20%之间，需求导向型基础研究发展较快。二是给予稳定性经费支持。美日等创新型国家通常通过年度预算方式对基础研究进行稳定支持，竞争性经费与稳定性经费的比例一般为3∶7甚至2∶8。三是学科交叉、主体融合成为重大突破主战场。例如，为推动量子科技发展，美国白宫成立国家量子协调办公室（NQCO）和国家量子倡议咨询委员会（NQIAC），统筹包括英特尔、谷歌、洛克希德·马丁等企业，麻省理工学院、马里兰大学等高校，以及费米国家加速器实验室等国家实验室的战略力量，推动跨数学、信息学、物理学、计算机科学等不同领域的融合研究。四是重大科技基础设施成为基础研究前沿突破的关键平台，超高温、超高压、超临界、超计算量等极限条件，成为加速前沿科学理论突破的重要物质技术基础。

国家层面，为了推进基础研究领域体制机制改革，2018年国务院出台《关于全面加强基础科学研究的若干意见》，提出“建立基础研究多元化投入机制”“进一步深化科研项目和经费管理改革”等举措。为了更好地发挥高校基础研究主力军作用，教育部于2022年8月专门出台《关于加强高校有组织科研、推动高水平自立自强的若干意见》，指导高校更好地成为支撑国家科技创新与竞争的战略科技力量，更高效地服务国家战略发展目标。党的二十届三中全会提出：“深化科技体制改革……加强有组织的基础研究，提高科技支出用于基础研究比重，完善竞争性支持和稳定支持相结合的基础研究投入机制，鼓励有条件的地方、企业、社会组织、个人支持基础研究，支持基础研究选题多样化，鼓励开展高风险、高价值基础研究”。

地方层面，2021年上海制定发布《关于加快推动基础研究高质量发展的若干意见》，在全国首创“基础研究特区”制度创新试点，实施“基础研究特区计划”，选择部分基础研究优势突出的高校和科研院所作为“特区”，面向重点团队、青年科学家给予长期、稳定支持（政府每年向每家“特区”投入1000万至2000万元，试点单位以不少于1∶1的经费比例共同投入，周期为5年），赋予自由选题、自行组织、自主使用经费等科研自主权。与联影集团、华虹集团等重点企业联合设立“探索者计划”，构建起政府引导、企业社会力量共同参与的多渠道基础研究投入机制。江苏在2023年底印发实施《江苏省加强基础研究行动方案》，围绕人工智能、量子科技、合成生物学、战略性新材料等18个重点领域部署人才、平台、投入等主要任务，在苏州实验室设立“应用基础研究特区”，高水平建设省物理科学、应用数学、合成生物3家基础研究中心，在全国率先设立基础研究专项资金，规模达到24.8亿元，联合国家自然科学基金委启动区域创新发展联合基金。

二、 南京推进基础研究领域有组织科研实践成效与挑战

(一) 实践与成效

1. 稳步推进基础研究领域统筹布局

近年来,南京瞄准高水平科技自立自强,引领性国家创新型城市建设,通过修订《南京市科学技术进步条例》,明确提出设立自然科学基金,与省科技厅共同设立省市联合资助项目,引导面向本市经济社会发展需要开展基础研究和原始创新。梯次布局建设国家实验室、全国重点实验室、国家技术创新中心,谋划推动重大科技基础设施建设,支撑原始创新“0—1”“1—10”的突破。出台《南京市支持重大科技创新平台发展集聚的实施细则》,对重大科创平台的科研人才引进、仪器设备更新升级和建设运行等方面给予支持,全面提升基础研究能力、突破关键核心技术;制定《支持紫金山实验室开展重大科技任务攻关行动方案》,紧盯国家重大战略需求开展技术攻关,组织实施市级重大科技专项。抢抓应用基础研究和前沿技术领域新赛道,印发《加快培育新赛道发展未来产业行动计划》《加快发展未来产业六大专项行动计划》,确定新一代人工智能、第三代半导体、基因与细胞、元宇宙、未来网络与先进通信、储能与氢能六大细分赛道,形成“1+6”未来产业政策体系。实施“U35”强基工程,培育基础研究、应用基础研究、技术创新融通发展、前沿交叉领域的青年学者。

2. 加快构筑高水平基础研究平台

南京坚持自由探索、战略牵引和地方需求并重,加快建强以高水平实验室为先导、以国家技术创新中心和重大科技基础设施为基础、以高水平研究型大学为主力的基础科研平台支撑体系。依托省院合作计划,引进中国科学院自动化所、计算所、软件所、工程热物理所、微电子所等 7 家研究所,成立 8 家“中科系”研发机构,落户中国科学院大学南京学院,重点培育多个重大科技基础设施。信息高铁综合实验基础设施牵头承担“东数西算”城市算力网项目,获江苏省重大科研设施预研筹建项目支持。依托高水平研究型大学,南京获批建设 23 家省级以上重点实验室,支持建设省物理科学研究中心(南大)、省应用数学科学研究中心(东大)和省合成生物基础研究中心(南工大、南师大等)3 家省级基础研究中心,充分发挥高校基础研究主阵地作用,服务国家前沿科技发展。同时,强化重点产业相关的高水平学科建设,南大、东大、南航、南理工等高校设立人工智能、集成电路、生物医药等专业研究学院,南航、南农、南医大等分别获批航天仿生科学与技术、植物表型组学、临床医学工程等一批交叉学科。目前,全市 51 所高校有 14 所高校设立了人工智能学院,在宁高校的 43 个“双一流”学科中有 7 个与人工智能相关,并在机器学习、数

据挖掘等领域学科发展水平居全国前列。

3. 持续产出高能级基础研究成果

依托基础研究平台，南京专注硬核科技创新，持续推进有组织的基础研究，一大批基础研究成果实现创新裂变。紫金山实验室、未来网络集团联合东数西算战略工程重要合作伙伴共同打造“东数西算—未来算网协同调度联盟”，共同推动网络通信相关创新成果开展示范应用和产业化落地。未来网络未来产业科技园作为应用性基础研究创新合作引导区成功入选科技部、教育部未来产业科技园试点。南京已在未来网络领域形成以紫金山实验室、未来网络研究院、未来网络集团为核心的科、技、产贯通的研产体系。由国际知名数学家丘成桐领衔成立的南京应用数学中心获批国家自然科学基金基础板块重点专项等项目，并获多项专利授权和重要奖项；中科南京移动通信与计算创新研究院团队完成中国科学院“弘光专项”，参与研制出业界首颗融合卫星移动通信和北斗导航的通导一体多模终端芯片；中科南京人工智能创新研究院成功研发国际领先的极低比特边缘人工智能芯片；中科南京智能技术研究院已自主研发国内目前规模最大的类脑计算机——“问天Ⅰ”类脑计算机，处于国内领先、国际一流水平。在最新公布的国家科研奖励中，在宁高校院所和企业获国家技术发明奖 6 项，占全国总数 9.67%，国家科研进步奖 17 项，占全国总数 12.23%。

4. 深入推进基础研究组织模式变革

南京深入推进科技体制改革，以体制机制变革护航重大创新平台积极承担国家重大战略任务、开展核心技术攻关，支持基础科研人员潜心开展科研。将紫金山实验室列入省市人才计划直报单位，赋予自主评议权，支持紫金山实验室与在宁高校共建硕士点、博士点，联合培养人才；全国重点实验室申报市级人才计划和科研项目单列指标，对重点培育的实验室给予项目化支持；制定南京市科技人才评价改革实施方案，探索基础研究人才长周期评价，支持重大创新平台结合科研攻关需要，设立双聘、兼职等岗位，建立高层次人才特殊调配“直通车”，推动人才在解决关键核心技术上发挥更大作用。创新科技计划项目组织形式，实施“揭榜挂帅”“赛马制”等攻关机制；强化财政资金激励支撑作用，对承担市重大科技专项的，单个项目给予最高不超过 2000 万元资助；牵头承担国家技术攻关任务的，按照研发投入的 15%，最高 1000 万元给予资助。

（二）面临的挑战

我市在基础研究领域开展有组织科研工作已具备一定基础，但与上海、深圳、合肥等城市相比、与自身位居全球前列的科教资源优势相比、与建设具有全球影响力的产业科技创新中心主承载区的紧迫需求相比，南京的基础研究在科技创新策源能力、在国家重大科技任务和核心技术攻关上的关键支撑作用还有待进一步提升，主要体现在：

一是高校基础研究还未形成面向国家战略需求的体系化对接机制。高水平研究型大学是我市基础研究的主力军，但当下高校有组织科研的学科设置不够完善，一级学科门类划分颗粒度过细，科研团队"小""散""虚"，不利于开展跨学科交叉的基础研究，也不利于战略型基础研究人才培养。与此同时，高校作为承担基础研究任务的单个主体，较难从国家战略目标及宏观系统视角进行科研工作的中长期规划，缺乏系统性指导方针及配套机制，较难组织以问题为导向的目标任务，对国家战略需求、产业应用需求以及企业技术升级需求的响应不及时。这些导致高校基础研究活动与其他科研活动之间相对独立运行，研发链与转化链、人才链等融合不够，基础研究的"创新策源"带动作用发挥较缓慢，实现国家重大创新突破的周期也会大大延长。

二是有组织的基础研究活动统筹协调难度大。首先，当前的基础科研支持形式不利于重大成果突破。2018 年国务院出台了《关于全面加强基础科学研究的若干意见》，但由于跨部门统一协调的基础研究预算机制暂未形成，目前科研支持经费项目仍然比较分散，我市基础研究投入的主要来源通常以国家、省自然科学基金、重点研发计划等形式予以资助，各项目之间缺乏整体统筹、预算协调、知识共享等机制。这种以竞争性投入为主的基础研究科研资助机制，不能较好地满足基础研究有组织科研要求。其次，以国家实验室、国家重点实验室、重大科技基础设施等重大科研平台为引领开展的有组织基础研究、应用基础研究，投入成本大、周期长、产出慢，对政策和资金支持要求极高，加上我市重大科技创新平台起步晚，缺乏国际国内有影响力的科技"国之重器"，集聚创新资源的深度和厚度积累还远远不够。

三是基础研究活动考核评价体系不够完善。对于国家急需的重大科技任务，有组织科研可以发挥协同攻坚的优势，应对科研团队全面的系统性评价。但是，现行的基础科研评价体系仍主要聚焦于独立的学科发展，强调个体的科研贡献，未能充分体现科研成果的综合性、有效性、创新性评价，科研团队中个人贡献度评价标准也还不完善。这在一定程度上抑制了科研组织和个体参与有组织科研活动的积极性，妨碍了协同研究。此外，基础研究项目评价方式相对单一，目前对基础研究项目普遍采用项目周期评价，考核周期也逐渐从短周期转为 5 年以上的长周期考核，但考核周期放长后如何考也存在问题。

四是基础研究科研人才培养制度尚未健全。优秀的基础研究人才队伍是强化基础研究能力的基本保障。基础研究依赖于思想的创造性,需要勇于探索、求真务实、甘于寂寞、追求卓越的科学精神。目前,我市基础研究体制机制尚不完善,基础研究人才培养制度改革相对滞后,基础科研人才体系化、梯次型培养选拔机制尚未建立,人才的创新思维难以激发。需要以提升基础研究人才质量为目标建立健全基础研究人才培养制度。

三、 南京推进有组织基础研究的对策建议

建设基础研究特区是当下响应国家战略需求、布局基础研究、突破基础研究面临的体制机制障碍的突破性做法,上海在基础研究特区方面的实践探索为我们提供了很好的借鉴,南京应学习借鉴基础研究特区做法,深化基础研究领域体制机制改革,强化基础研究类国家战略科技平台核心作用,为基础研究高质量发展提供关键保障。

一是建立基础研究项目组织制度,提升基础研究效率。随着基础研究范畴的拓展,基础研究的组织管理愈加复杂,不仅包括以自由探索为目的的纯基础研究活动,也包括战略需求导向的基础研究活动和市场导向的应用基础研究活动。因此,要以提升基础研究组织效率为目标建立健全基础研究项目组织制度。首先,建立战略科学家基础研究咨询工作机制,研判发展趋势,对基础前沿、重大共性关键技术需求和重大基础研究课题提出咨询意见。聚焦国家战略布局,南京有望突破且能填补国内空白的领域,市级相关部门牵头建立重大科学问题和关键技术科学问题常态化凝练机制和政府与专家联合决策机制,设立专项小组,负责编制重大科学问题和关键共性技术课题清单,制定实施方案和评估实施效果。其次,稳定支持一批基础研究科研团队。探索市级自然科学基金在基础研究计划中设立关键领域的引导性、任务性基础研究项目,并给予长期稳定支持,争取实现引领性的重大突破,抢占基础研究制高点。再次,创新项目评审制度,建立基础研究项目评审专家库,完善同行评议机制,科学制定项目筛选程序。

二是加大战略科技力量布局,夯实基础研究基石。加快推进紫金山实验室、生物育种钟山实验室建设,联合高校院所、龙头骨干企业超前论证布局若干国家实验室基地,继续推动国家级、省级重点实验室重组新建,形成基础研究、应用基础研究、前沿技术研究融通发展的实验室体系。借鉴合肥经验,在大科学装置培育上“立地”服务国家战略,规划建设重大科技基础设施集群,在信息、开源软件、原子制造和双碳等优势领域加快前期预研和建设布局,争取获得国家和省级支持。支持

在宁高校前瞻性布局高水平基础学科研究中心、前沿科学中心、国际合作联合实验室等基础科研载体，开展前瞻性基础研究。发挥好基础研究类国家战略科技力量在建制化、组织化科技攻关中的核心作用，有组织开展协同创新。

三是建设基础研究特区，探索体制机制创新。设立市级基础研究特区，遴选试点单位开展基础研究。转变竞争择优支持方式，对试点单位提供集中、长期、稳定的基础研究资金支持。赋予试点单位充分的科研自主权，支持其自由选题、自行组织、自主使用经费。支持创新科研攻关模式，建立包括非共识项目的遴选机制、实施项目专员制度、自由探索容错免责机制等。鼓励试点单位建立完善符合基础研究特点和规律的评价机制，完善同行评议机制，借助信息化手段探索基础研究领域多学科交叉融合研究的评价方法、基础科研成果应用转化的评价方法。将对项目评价逐步转为对团队和对个人的评价，以确保研究人员有足够的时间和资源进行深入探索。支持试点单位尊重科技人才成长规律，建立以“基础研究人才培养”为核心的梯次型培养选拔机制，建立从博士(后)到优秀青年、杰出青年的人才成长若干周期支持机制，切实增强潜心基础研究的获得感，打造有利于研究人员潜心研究、大胆探索、团结合作、开放共享的良好环境。支持基础研究特区强化国际合作交流，以重大研究平台开放共享为切入点，加强国际科研人员合作研发，吸引和汇聚全球优秀人才和资源。

四是拓展经费投入渠道，推动企业参与前端创新。稳步增加财政对基础研究投入的同时，拓宽基础研究经费投入渠道，进一步提高基础研究占全社会研发投入比例。积极向上争取，通过部省联合资助国家重大科技基础设施和共建科研基地等方式、承接国家重大战略任务成果在地方转化等柔性方式，推动各级财政投入本市基础研究。鼓励行业龙头企业在政府引导下，与政府共同设立面向基础研究的联合基金，支持开展应用导向、目标导向的基础研究。如上海市科委与联影集团联合共建“探索者计划”，重点围绕医疗设备、医疗人工智能等相关领域，促进协同创新，提升相关产业领域自主创新能级，从源头推动高端医疗设备行业发展。大力支持企业成立实验室和高水平研究院，鼓励企业承担国家级、省级和市级的重大科技项目，引导企业整合研究资源，搭建基础研究合作平台，开展面向行业共性问题的研究。

作者：王娟(南京市科技信息研究所)

智感南京·质绘未来

——南京城市物联感知中心建设的总体构想

一、 构建南京城市物联感知体系的重要意义

物联网是以感知技术和网络通信技术为主要手段，实现人、机、物的泛在连接，提供信息感知、信息传输、信息处理等服务的基础设施。随着经济社会数字化转型和智能升级步伐加快，物联网已经成为新型基础设施的重要组成部分，加快城市物联感知体系建设已经成为推进产业结构升级、提升城市治理能力、转变城市发展方式的重要举措。

为深入贯彻中共中央、国务院关于建设网络强国和数字中国的战略部署，全面落实省市政府对数字经济发展的明确要求，需要以“争当表率、争做示范、走在前列”的新时代使命担当，以科技创新为引领，致力于加快打造发展新质生产力的重要阵地，努力将“强富美高”的宏伟蓝图转变为美好现实。

基于此，本方案借鉴先进城市的实践经验，紧密结合南京的发展现状与战略目标，旨在进一步夯实南京物联感知的基础体系，拓展各类物联感知的特色应用，推动物联产业的快速发展，构建一个全面统筹、协调有序、广泛覆盖的南京城市物联感知体系，实现城市数字化转型的战略目标。

二、先进城市的实践经验

1. 北京：立足顶层谋划，系统推进城市感知体系建设

为加快推进北京市感知体系的统筹规范建设，形成泛在有序的新型智慧城市感知体系，北京市先后出台多份规划文件，系统性谋划、指导城市感知终端共建共享、感知数据汇通共用。北京市大数据工作推进小组发布《北京市“十四五”时期智慧城市发展行动纲要》中提出“统筹城市感知体系。建立全市感知终端‘一套台账’，强化感知终端统筹管理。推进智慧杆塔等感知底座组网建设，实现多种设备和传感器‘一杆多感’综合承载。统筹政务感知网络建设，加速 NB-IoT 等感知网络覆盖。建设全市统一的感知管理服务平台。基于‘城市码’推进城市实体感知数据统管共用”。《北京新型智慧城市感知体系建设指导意见》进一步明确：“新型智慧城市感知体系以标准规范体系和信息安全体系为保障，分为感知、网络、数据、应用四层。”提出“以物联感知为基础，数据创新为纽带，人工智能为驱动，实施‘一个平台、一套台账’，建立物联、数联、智联三联一体的新型智慧城市感知体系，支撑城市的智慧感知服务，辅助政用、民用、商用，成为全球超大城市感知体系的领先者”。

2. 上海：深化城企共建，共同打造城域级神经感知体系

作为国内首个“城市运行数字体征系统”，上海城市运行数字体征系统是通过物联设备前端感知、云计算、大数据三项技术赋能超大城市精细化管理，对城市生命体进行“24 小时×365 天”的“全时智慧体检”。相较于传统的静态城市运行体征，上海城市运行数字体征系统是“活”的，以“实时、鲜活”的多维、多源、多态数据为基础，以海量智能算法为支撑，有效解决在城市管理中“看不清楚、管不过来、处理不了”的情况。

在物联感知体系建设过程中，上海坚持政府与市场“和弦共振”，形成感知体系产业集群，揭牌成立了国内首家城市物联感知服务中心，并启动上线“城市物联感知场景服务平台”。《上海市进一步推进新型基础设施建设行动方案(2023—2026年)》文件指出，上海要加快建设泛在智能的城市感知设施，推动全市建设物联感知神经元节点数量累计超 2000 万个。2023 年 1 月发布的《上海市信息基础设施管理办法》明确了信息基础设施建设和管理机制，按照统一规划、集约建设、资源共享、规范管理的原则，进一步提高共建共享共维程度。

3. 深圳：坚持自主可控，积极构建开源鸿蒙生态体系

深圳市智慧城市发展水平位居全国前列，城市物联感知体系初具规模。目前深圳市政府与华为深度合作，在全市范围开展多功能智能杆部署，按“多杆合一、多箱合一、多网合一”原则，大力支持以多功能智能杆为载体的 5G 基站、车联网路侧

设施、数字感知设施、充电桩、智慧停车等设施建设，依托华为自主可控的开源鸿蒙生态体系，打造一批服务智慧城市与数字政府的创新场景应用。

《深圳市推进新型信息基础设施建设行动计划（2022—2025 年）》提出“构建智能、泛在、先进、互联、共享的物联感知体系……部署物联感知终端达千万级，物联网实现全域覆盖。”《深圳市关于加快培育鸿蒙欧拉生态的若干措施》（征求意见稿）指出要“把握鸿蒙、欧拉操作系统发展的战略性机遇，支持鸿蒙、欧拉生态建设”，以此推动“数字经济产业高质量发展”，打造全球“鸿蒙欧拉之城”。

4. 成都：依托城建资源，坚持“投、建、管、营”一体化发展

成都城投数智集团前身作为成都市城市照明管理处，具有丰富的路灯杆件资源，《成都市城市照明设施及智慧多功能杆建设运营改革试点实施方案》及后续配套政策，明确了成都城投数智集团有限公司（以下简称“成都城投数智集团”）为成都城市物联感知体系建设运营主体。经智慧蓉城建设领导小组办公室批复，城投数智集团正式挂牌成立“智慧蓉城市域物联感知中心”，按照“一中心、两基础、N 场景”的主营业务布局，依托城市基础设施领域的资源优势，坚持“投、建、管、营”一体化发展路径。

截止到 2023 年底，成都已经初步建成了市区两级物联感知平台，形成全域覆盖的感知平台体系，打通数据汇聚、共享、反哺通道，已接入全域 23 个区（市）县 220 类总计 2270 万个物联感知终端及 41 万路视频监控资源，汇聚物联数据 52 亿条，一体化数据应用能力快速提升，未来三年规划 5000 万以上城市物联感知终端接入。

三、南京在城市物联感知领域的优势与不足

智慧杆作为城市公共空间中高度最高、密度最大、分布最广且带电的市政公共设施，不仅可以提供基础照明，还是城市公共空间数据和视频重要的入口，是促进城市数字经济与实体经济融合发展的重要推动力量。北京、上海、深圳、成都等地高度重视智慧杆产业发展，均已形成面向智慧杆的顶层制度设计，并以具有国资背景的智慧杆建设运营单位为主体，有效推进了城市运行中心、“一网统管”平台和物联感知体系的建设。

与北京、上海、深圳、成都等城市相比，南京在智慧杆产业的基础设施规模、产业发展水平、运维保障能力、产品封装能力等方面更具优势。特别是南京城建集团的成员企业照明集团，凭借其多年来在高质量发展中积累的丰富资源，已成为全国智慧杆行业的领军企业，其构建的“五网合一”整体布局，已成为南京在布局物联感

知体系和城市数字化转型过程中领先国内其他城市的核心优势。如能进一步整合城建集团内部的公共交通、燃气、隧道桥梁、环卫、停车等行业的物联感知资源，可以快速且有效地推动全市物联感知体系建设，为南京的数字化转型奠定坚实基础。

但也要看到，与北京、上海、深圳、成都等城市相比，南京缺少头部国资国企统筹落实物联感知产业发展行动计划；其物联感知体系等智慧城市基础性平台的实施主体尚不明确；各类基础平台统筹建设与集约利用水平低下；各类智慧城市平台缺少规模化建设和长效运营的实施路径；针对各类物联感知应用场景的探索较多，规模化建设部署较少，未能形成“以大带小”的良好产业生态；城市物联感知中心、“一网统管”等数字化转型项目受限于财政资金不足，无法有效推进；感知数据汇聚分析能力不足，对公共数据资源的价值挖掘利用不充分。

随着《中共中央 国务院关于构建数据基础制度更好发挥数据要素作用的意见》的落地实施，数字中国时代来临。抢占数字经济新赛道已成为构筑未来发展优势的关键方向。南京亟须在物联感知产业领域搭建一个具备从建设到运营管理全生命周期运作能力的市场化平台，高效整合数字基础设施建设运营管理资源。建议在市政府相关部门统筹规划下，在市国资委的指导下，以南京城建集团作为物联感知中心、综合算力、边缘算力、数字基础设施、数据资源体系、绿色能源的建设运营主体，通过以成员企业照明集团为核心，高效整合数字基础设施建设运营管理资源。从建设模式、体系架构、场景示范、技术赋能、产业培育等多维度体系化梳理，形成全市统一的物联体系建设规划，有序推进城市物联感知体系建设，有效驱动物联网产业健康发展，带动南京数字经济和实体经济融合发展，助力南京高质量发展。

四、 南京城市物联感知体系的建设策略

南京城市物联感知体系以城域级全面感知为主线，以“智感南京 · 质绘未来”为总体愿景，以“新路径、新架构、新示范、新优势、新动能”为总体目标，充分利用既有优势，紧密结合地方特色，促进“技术、业务、数据、产业”四大融合，通过“物联、网联、云联、数联、智联”五项连接，构建一个互联互通、高效协同、可持续发展的具有南京特色的智慧城市生态系统。

1. 新路径

明确南京城市物联感知体系的实施主体，并挂牌成立“南京城市物联感知中心”，实现高效、集约的智慧城市建设、管理与服务创新目标。

以照明集团为先发，快速有效地推动全市物联感知体系建设。基于城域级智

慧杆等统一的数字底座，充分融通城建集团内部的公共交通、燃气、隧道桥梁、环卫、停车等行业的物联感知设施资源，开展城市物联感知终端统一编码，打造感知终端“一本台账”。按照“一源多用，集约共享”的原则，逐步将“物联”向“数联”“智联”等升级跃升，构建“物联、网联、云联、数联、智联”五位一体的统一感知网络。建立“城市物联感知中心”，统筹全市物联感知设施的“投、建、管、营”一体化服务，进一步为南京构建全国领先的感知体系的应用生态奠定基础，赋能“一网统管”建设工作。加强与行业内的领先企业的合作伙伴关系，共同开发新的应用场景，吸引更多的开发者和合作伙伴参与，形成良性的创新生态。并积极对物联感知基础设施投资升级、内部资源优化整合、重大项目研发、产业链布局、区域协同发展等进行统筹谋划与部署。

2. 新架构

实施物联感知设施及能力建设方案，以原创技术实现突破，以“新旧融合”实现共建共享，提高城市运行效率和治理能力，保障城市安全和可持续发展。

以五联（“物联、网联、云联、数联、智联”）的创新技术体系，构建城市感知数据底座，助力城市全域事件泛化智能发现，赋能城市运行全生命周期管理，为优化城市公共服务能力，保障城市安全，提升城市运行管理效率提供关键技术支撑，以数治城。并且围绕智慧杆体系，通过城市道路、建筑、公共设施等固定感知与公交车等移动感知采集渠道，拓展建立全域、全时、全维度的南京感知体系，依托智能计算中心，以数据标准为抓手，以网络连接为基础，以数据汇集、挖掘、处理为核心，以开放应用为平台，以资本为手段，着力打造“物联一张网、数联一片湖、智联一个脑”的“城市大脑”并提供优质的运营及维护服务，支撑南京新型城域物联专网建设和运营，为城市的公共管理、公共服务和公共安全提供强有力的基础。

3. 新示范

物联应用场景创新建设方案，以“善政、兴业、惠民”为目标，推动各类管理资源和社会资源进行有效的共享及融合，加码城市的智慧与韧性。

重点面向城市安全、城市治理和城市服务开展物联网应用建设，在城市安全领域，保障城市生命线，加强公共安全、生产安全以及自然灾害防御。在城市设施领域，提升道路交通、绿色建造、能源管理以及智慧杆等融合基础设施建设水平。在城市服务领域，赋能公共出行、社区养老、夜间经济等智能应用。重点包括：

面向城市安全感知应用。聚焦城市生命线、公共安全、自然灾害、生态环境等领域开展物联感知场景创新。

面向数字治理感知应用。聚焦道路交通、能源管理、多功能杆等领域开展物联感知场景创新。

面向城市服务感知应用。聚焦公共出行、银发经济、文化旅游等重点领域精心筹划远瞻性、融跨型示范应用场景。

4. 新优势

物联发展支撑保障建设方案，促进南京城市物联网资源整合和规范治理，全面推动并保障城市物联感知体系健康有序发展。

为了构建高效、协同、安全的智慧城市环境，确保城市物联感知体系实现全面保障和可持续发展的目标，需同期打造城市物联感知标准规范体系、技术创新体系、公共服务体系和综合保障体系。完善标准规范，以鸿蒙技术为主导，统一感知前端编码规则，建立物联设施管理台账，推行城市物联建设导则。鼓励技术创新，突破核心关键技术，部署前沿技术研究，保护科技创新成果，丰富物联技术标准。加强公共服务，促进资源共享，增强发展动能。强化综合保障，从政策、资金、组织、人才等多方面全力保障城市物联感知体系高效建设、高质发展。

5. 新动能

新物联产业生态培育，从产品升级、模式转变、平台转型等方面示范带动产业链上下游企业升级，真正实现“以产促城、以城兴产、产城融合”。

以新成立的城市物联感知中心为平台，数实融合赋能南京物联网全产业链，包括上游的感知层，如智能芯片、智能控制器、传感器、RFID、视觉成像设备、卫星定位装置等；中游的通信模组、通信网络、通信网关以及连接管理平台、设备管理平台等产业；以及下游应用层的智能终端、智慧物流、车联网等领域。

实施层面则以“一院、一园、一链、一平台”统筹落地，快速形成南京物联产业有机协同体系。

一院，建设城市物联产业研究院，不断放大前沿科技应用范围与实际赋能效应，打造物联产业创新引擎。

一园，搭建物联产业园，推动市政府相关产业扶持政策拟定、发布，以产业园为载体，夯实物联产业发展载体。

一链，完善壮大鸿蒙产业链，促进相关产业向更高端、智能化方向发展，吸引更多开发者和合作伙伴，形成良性循环。

一平台，构建物联产业服务平台，促进物联产业供需对接。

五、 南京城市物联感知体系的实施计划

遵循资源整合、基础先行、注重实效、统筹集约的原则，围绕城市物联感知设施

布局及能力提升、物联技术创新及产业生态培育、物联感知应用融合及场景创新、物联感知支撑及保障体系优化四大任务，分级、分类、分步地开展重点项目建设，整体实施可分为以下三个阶段：

1. 夯实基础，示范引领(2025 年)

面向基础支撑以及急迫应用需求，加快城市物联感知终端建设、部署，补盲点、提性能，推进空天地物联感知“一体化”布局，推动城市物联感知“一张网”建设。建设城市物联感知平台，挂牌成立“南京城市物联感知中心”，构建城市物联感知底座，全面提升感知设备覆盖率、感知数据融合率、智能计算能力。编制物联感知体系建设标准，明确系统、数据、接口、应用、安全、运维等标准规范建设。策划以智慧杆和鸿蒙为特色的城市物联感知图谱，统筹城市物联感知产业空间布局，建设城市物联产业研究院。聚焦面向城市公共安全、城市数字治理、城市公共服务等领域，打造一批特色化、强感知示范应用，形成城市物联感知样板场景，明确南京城市物联感知建设路径。

2. 拓展应用，集聚产业(2026 年)

持续打造城市物联产业研究院架构，建成城市物联产业园体系，基本形成“一院、一园、一链、一平台”的产业引领体制。全面拓展智慧杆产业、鸿蒙产业、空天大数据产业、人工智能产业、5G 产业等招商引资工作，引入一批具有国内影响力的龙头企业入驻物联产业园，初步形成产业集聚形态。搭建产业互联网服务平台，加速物联网产业集聚。持续完善物联感知标准体系建设工作，全面拓展城市生命线、城市治理、工业制造、企业智改数转等领域，进一步深化行业物联网集成应用示范效应，加速城市物联网与城市治理、公共服务深度融合。初步建成长三角物联网产业高地。

3. 全面提升，深化运营(2027 年)

基本建成城市物联感知框架，数字孪生底座完善，数据汇聚更加全面，示范项目效应显著，业务应用场景丰富，产业生态初显规模，公共服务体系更加完善。全面提升城市管理、社会治理、政务服务领域场景应用成效，进一步拓展民生消费领域的物联网应用。城市感知建设运营体系逐步形成，运营组织配套更加健全，城市物联感知建设导则、规范标准更加完善。开展城市物联感知数据要素市场化配置，建立数据要素市场，推动数据资产化价值化。强化城市物联产业链要素，逐步形成集产业链、创新链、供应链、人才链、制度链于一体的城市物联产业链。

作者：臧锋(南京市照明集团)

要素创新篇

“医保高铁”赋能“三医”协同高质量发展

南京“医保高铁”，是南京市医保局在新时代医保部门肩负引领“三医联动”重大责任的背景下，打破部门、医院信息壁垒，汇聚医保、医院、医药大数据创建的手机云平台。南京“医保高铁”通过信息共享、责任同担，助力三医自我管理、自我监督，促进三医协同发展，以数据赋能医保改革、管理和服务，探索形成医保高质量发展的新路径。

南京“医保高铁”建设在“四个基于”基础上展开，即基于全国统一新平台、基于地方业务新发展、基于医保业务新需求、基于网信技术新进步。“医保高铁”设置医保、医院、医生、医药四大角色，覆盖十多类服务人群；提供医院调度台、医师旅行箱、医药加油站、医保驾驶室、广播站、医保研究苑六节车厢，围绕本市要情、医院要情、医药要情、基层治理、多层次保障、招采治理、支付改革、基金监管、药械保供、内部管理十大主题，建设 110 多个模块，自 2021 年 7 月 19 日上线以来，南京“医保高铁”已平稳运行 1000 余天，用户超 11 万人，覆盖南京地区 2241 家医疗机构、2406 家零售药店，及 8620 家向南京地区供货的医药企业，目前日登录超 6 万人次，累计访问超 2586 万人次，获得 9 项国家外观设计专利、2 项发明专利及计算机软件著作权。2023 年 7 月 21 日，中央电视台《新闻直播间》报道南京“医保高铁”打造数字化、智能化、常态化医保监管平台；11 月 29 日，新华社《国内动态清样》(第 4713 期)专刊介绍南京建立“医保高铁”平台加强医保基金监管。国家医保局明确南京市依托“医保高铁”成为医保数据“两结合三赋能”首批试点地区，江苏省医保局将南京“医保高铁”作为首个全省医保信息化推广应用项目。2024 年 4 月 23 日，国家医保局举行 2024 全国智慧医保大赛新闻发布会，国家医保局颜清辉副局长指出，在医保领域，创新正成为推动医保管理和服务模式转型升级的重要引擎，南京的“医保高铁”生动展现了新技术赋能医保迸发出的强大生命力。

国家医保局黄华波副局长高度概括“医保高铁”六大特点：一是快速，实现数据基本实时呈现，推动数据指标化、零误差；二是平稳，在高速、实时的情况下保障运行平稳、安全；三是精准，颗粒度细化到医院、科室、病组、医生及药品、耗材、试剂、费用等模块，各模块间衔接紧密、相互关联；四是全面，系统集成，与医院、药企、医生、参保人（单位）、公共服务等相结合，构建医保生态体系；五是高新，体现在前瞻性、引导性、代表性等方面；六是认可，完善评价体系，提升用户的满意度。

一、“医保高铁”数据底座“两结合”

（一）国家平台建设的统一性与地方业务需求的灵活性相结合

国家医保局高度重视医保信息化工作，2019 年 4 月即启动全国统一的医保信息平台建设，2022 年 3 月底全面建成，向全国 13.6 亿参保人提供优质医保服务，促进医保治理体系和治理能力现代化，为医保高质量发展赋能助力。国家医保信息平台的建成，推进医保数据标准化的进程，通过 18 项贯标数据治理和应用，在医保领域实现“书同文、车同轨”。国家医保信息平台数据覆盖范围广、迭代速度快、应用价值高，为地方医保推动医保数据拓展应用奠定基础标准。

南京市医保局积极贯彻国家和省部署要求，于 2021 年 12 月 29 日正式上线国家医保信息平台。南京市严格落实国家统一标准和规范，并将长期护理保险、门诊住院基金监管、南京地区招采治理等地方特色化业务需求紧密嵌入平台，特别是依托国家医保信息平台的标准化数据，基于南京医用耗材阳光监管平台，于 2021 年 7 月 19 日先期建成上线南京“医保高铁”手机云平台，一体贯通“三医”数据，开展挖掘、集成、分析等，支撑和服务全市医保基金运行、扩面征缴、异地就医、支付方式改革、基金智能监管、国谈药落地等医保全领域业务。

（二）医保数据“走出去”与相关数据“引进来”相结合

南京市在全国较早成立大数据局，统筹数据资源整合共享和开发利用。南京市医保局成立以后，借助有利条件，秉承医保数据要“走出去、引进来”的理念，在 2019 年 8 月 30 日建设南京医用耗材阳光监管平台时，在全国率先汇聚贯通医保基金、医院管理（HIS）、医药价格、招标采购四个系统的数据，实现“三医数据”集聚。

南京“医保高铁”以“三医数据”的集成完善和质量提升为基础，嵌入城市运行“一网统管”系统的重要载体——“我的南京”APP，借助其全市性的数据资源，进一步融入卫健、市场监管、人社、民政、公安、税务、纪委、医疗机构、医药企业等部门单位有关数据，同时将南京医保信息数据向外部推广应用。

二、“医保高铁”场景应用“三赋能”

“医保高铁”各个功能模块的开发、完善，始终以医保事业发展为导向，凝炼出50类2569个指标，始终围绕经济性、效率性、效益性、公平性和满意度五个方面来衡量医保工作的优劣，建立起适应新时代要求的科学合理的医保评价指标、评价标准和评价方法，加速医保事业高质量发展。

（一）赋能改革

“医保高铁”基于国家医保信息平台统一标准，实现数据交互规范、实时同步、全程留痕，更好联动起医保、医疗、医药各利益相关方，打破数据烟囱，有效解决各方的信息不对称；基于政策模拟分析CGE技术，进行政策仿真模拟测算，支撑政策调整，并对政策落地效果进行分析研判，对医药招采改革、集中结算改革、支付方式改革等医保重点难点领域改革发挥引导作用，更好促进“三医”联动。

一是实施DRG支付方式改革，促进医、患、保共赢。

南京市聚焦支付方式改革，于2022年1月1日起启动实施全市DRG改革，在DRG支付方式改革制度设计及实施过程中，南京市医保局积极推进信息公开、数据共享、管理透明。为了方便医疗机构和医生掌握全市、本医疗机构以及本人的DRG运行情况，在医保高铁上建立了“DRGs专区”，面向医保、医疗、医药等改革各方提供多维度全天候智能化动态指引，有力地支撑和促进了南京DRG付费改革平稳实施。专区以预算全贯穿、过程全透明为原则，展现全市275家参改医院、上万名医生、924个病组、每个病例的费用情况，实时分析病组点值变动情况，让医疗机构、医生掌握第一时间信息。

专区通过DRGs指数大厅，以统筹区、医疗机构、病组等为维度，分析DRGs点值变动情况；通过医疗机构“金牌榜”和医师“5A榜”，从医疗费用、费用组成、患者评价等维度对医疗机构、医师进行评价；通过风险提示，向医生预警提示疑似分解住院、自理费用超规定比例、检查费用超70%等，引导医疗机构、科室和医生科学竞争、合理控费、优化路径、价值医疗。

2022年，87家DRG实际付费医疗机构中，其中82家实现结余留用12.13亿元。2023年，247家参改医疗机构发生住院费用，其中221家实现结余留用15.42

亿元,医保基金结算率113.45%。

二是推动招采改革,实现超计划完成。

南京市在落实国家和省带量采购任务的同时,在市级层面积极开展医用耗材带量采购、企业整体谈判、比价谈判等。“医保高铁”聚焦谈判结果执行的全过程监控,建设“集中采购”“带量采购”等模块。通过“医保高铁”,院长、科室主任和医生根据权限随时查询每个批次集采执行使用情况,医药企业可及时掌握本企业集采产品供应情况。医保部门制定带量采购监控规则,协同纪委监委、卫健、医疗机构等,借助“医保高铁”建立跨部门联动、全流程管理的一体化调度体系,对未能按照序时进度采购的自动预警提醒,对未在规定时间内完成集采的单位,自动生成异常工单分派到相关单位处理,形成闭环运转,也便于医疗机构、医生和医药企业主动调节自身行为,积极完成集中采购、带量采购任务。

截至2024年9月,南京市先后落实国家、省、市集采,节约资金175.8亿元,完成量超过计划量52%。南京市招采改革成效获得国务院深化医药卫生体制改革领导小组专报肯定。

三是开展集中结算,创新“五率”监管。

南京市聚焦药品和医用耗材保供时效性、医疗机构和企业回款及时性等关键问题,开展集中整治工作。“医保高铁”建设“集中结算”模块,创新制定药品和耗材在医疗机构、企业各环节的时效性规则,实施配送率、申请率、确认率、付款率、结算率等“五率”监管。借助“医保高铁”集中结算,南京市率先在全国实现由医保部门组织开展全口径药品、医用耗材资金结算工作,全流程对医保部门、医疗机构和企业展示药品和医用耗材货款的结算进度,开展监管。2023年集中结算突破330亿元,集中带量采购品种30天内完成付款,其余品种付款周期较改革前压缩了一半多。

(二)赋能管理

“医保高铁”赋能管理,不仅限于医保部门的自身管理,不仅限于简单的数据统计和比较,而是基于知识图谱技术,进一步通过各项数据的分析和加工,关联病种、药品、耗材、诊疗、参保人、医疗机构等主体,梳理内在逻辑关系,从经济性、效率性、效益性、公平性、满意度等方面建立可视化、多维度的医保评价体系,对费用、效率等合理区间进行评估,对医生、医疗机构行为进行客观评价,辅助行为调整和智能调度,进行精细化到单个医生、单个病组、单个参保人的管理,为实现向管理要效益提供坚实支撑。

一是强化医保基金监管,织密织牢基金监管网。

“医保高铁”建立从医疗机构到医生、从本地到异地、从门诊到住院、从事后到事前的管理体系，推动基金监管更深入、更具体、更有效。

“医保高铁”更加突出医生主体，为每一个医生精准画像，监管到医生诊疗的每一个病案，开具的每一张单据，以数据呈现诊疗费用、医保规定的执行情况及在全市的排名，通过记录医保医师记分管理，参照驾照销分模式，促进医保医师主动学习医保基金监管政策。

更加突出政策引导，在“医保高铁”上发布四批医保基金使用负面清单，实时分析违规情况，动态呈现；收集“三医”行业的典型案例，对医疗机构、医保医师、参保人员的违规行为予以通报批评，强化警示教育。增设“光荣榜”，对次均费用低于同级同类平均水平 10%以上的医疗机构、次均费用低于同级同类平均水平 50%以上的医保医师，通报表扬，树立正面典型。

更加突出事前管理，2023 年实施职工医保门诊共济保障政策，3 月份发现全市门诊统筹待遇过度使用呈明显上升趋势，门统基金支付达到 5.59 亿元，全市门诊统筹范围内费用同比增长 18.82%。“医保高铁”于 3 月底紧急上线“门诊监测”模块，每日将疑似超量开药的参保人员和数据推送到医疗机构和医生，设置提醒功能，运用大数据分析、展示警示数据，完善事前拦截、事中监控、事后处置的管理机制。到 2023 年底，全市门诊统筹范围内费用同比增长 12.24%，增幅下降了 6.58 个百分点，统筹基金支出 65.49 亿元，占预算基金的 93.56%，基金安全得到有力保障。“医保高铁”为南京市门诊统筹政策平稳运行保驾护航。

二是促进国谈药落地，提高群众用药保障水平。

为促进国谈药品改革红利切实惠及参保群众，南京市建立健全“双通道”管理机制，将 342 种通用名、829 种品规的药品纳入“双通道”管理，确保人民群众能用上救急救命的好药。“医保高铁”设置“国谈药品”模块，实时记录、监测、公示国谈药品在南京的执行情况，包括所有国谈药品基本信息、医保支付比例、每月使用情况，以及医疗机构和零售药店使用明细等。医疗机构通过“医保高铁”可以掌握本机构国谈药采购、使用的情况。

2024 年，共有 430 种国谈药品进入南京市 908 家医疗机构、2601 家零售药店，使用金额 22.7 亿元，占全部药品采购金额的 12.2%，居全国领先水平。

三是推动长期护理保险制度实施，让失能人员更有保障。

2021 年 7 月，南京市正式实施长期护理保险制度。“医保高铁”设置长期护理保险专区。助力行政部门完善政策。通过呈现全市、各区基金支出、待遇享受人数变化情况，按照失能原因、年龄段、性别等基础信息呈现和比较待遇享受人员情况，掌握和评估长期护理保险制度实施效果。根据“医保高铁”数据反映出来的基金运行效率，以及失能人员的分布和需求，南京市将提高长期护理保险支付标准，把辅具纳入保障范围。助力评估机构加强管理。通过呈现评估机构评估数量、评估人员配备情况，以及评估通过率等，给评估机构进行排名，列入年度考核，促进提升评估质量。助力照护机构提升质量。按各区照护机构排名服务人数、服务效率，促进服务机构在质量上的良性竞争。

截至目前，南京市累计享受长护险待遇 56298 人，有效解决重度失能者的生活照料问题；评估和照护服务机构从 154 家增长到 661 家，增长 329%；照护服务人员从 6189 人增加到 12442 人，增长 101%。南京医保部门累计收到锦旗、感谢信超过 2000 面(封)。

（三）赋能服务

“医保高铁”通过连接医院、科室、医生、企业、基层，切实提升服务功能，基于人脸识别、网信技术等，实现实名认证、精准授权，扩充国家统一医保公共服务内涵，面向群众、医生、医疗机构、医药企业等提供高效、便捷、定制服务，让“三医”和人民群众享受信息化、数字化发展红利。

一是服务医院医生企业，助力自我提升。

“医保高铁”设置医保驾驶室、医院调度台、医师旅行箱、医药加油站、广播站、医保研究苑六大板块，通过对南京地区“三医”大数据的挖掘、集成、分析、呈现，构建数据指标体系，实现对医疗机构、医务人员、医药企业的精准画像，形成全方位、多维度的分析报告：医疗机构管理者可以查看本机构的地址、科室、职工、收入、次均费用、支付比例、药品耗材的采购结算、基金支出、异常工单等情况；科室主任可以掌握科室的药品耗材诊疗收入，中成药、西药、高值耗材的使用及使用增幅情况，职工就诊量，患者情况等；医务人员可以了解本人出诊及出诊排名情况，药品耗材的使用情况及使用变化情况，出诊病人情况；医药企业可以明了药品耗材生产及流通企业的供应情况，对应医院的采购情况、结算情况等。

通过“医保高铁”的精准画像，使用者掌握自己的医保“全貌”，从而有针对性地补短板、锻长板、固底板，切实提高诊疗水平、管理能力和经营效能。比如，医务人员在分析报告中发现自己使用国谈药或者集采药很少，可以在今后的诊疗中加大对相关国谈药和集采药的使用，既切实为患者减轻负担，也提高了自己在相关考核方面的成绩。

二是服务基层社区，助力社会治理。

在学习贯彻习近平新时代中国特色社会主义思想主题教育中，南京市医保局在各街道、社区以及“15 分钟医保服务圈”等基层实地走访时发现，基层医保工作普遍存在获取政策信息不及时、医保经办服务信息化水平低、基础信息不掌握等问题。为此，南京市医保局将破解基层治理信息化不足、体系建设不到位，导致基层工作人员数据不掌握、分析不及时，基层治理和民生保障工作效率不高的难题作为一项重要课题，打造数据集中、重点突出、动态监管、模块共享的“医保高铁”进社区专区，助力基层信息化、精细化、智慧化管理。

“医保高铁”进社区系列模块在医保已有数据的基础上，扩展采集公安部门人口库数据、基层服务机构、照护机构、商保机构信息，将相关数据打上地理位置标签，细化到街镇社区，开展参保扩面、医疗救助、生育、慢特病、工作考核、处方流转等分析，将基层医保经办人员纳入“医保高铁”用户体系，在做好居民个人信息隐私保护的前提下，按工作职能分级赋权，基层工作人员可精准掌握辖区内基本医保未参保人员信息和困难群众信息，有的放矢开展参保扩面和医疗救助等工作，有效推进解决参保缴费、费用支付等医保公共服务“最后一公里”问题，真正实现“让数据多跑路、让群众少跑腿”。

三是服务采购调度，助力疫情防控。

2022 年 12 月以来，面对疫情防控措施调整后防治药品短缺的状况，南京医保部门临危受命，在“医保高铁”开通“采购调配大厅”。

实时掌握紧缺物资。面向医院、药店、企业，建立医院、药店采购、使用、库存上报制度，动态掌握供需情况；对于紧缺物资，及时联系保供企业，加强物资供应。

开展系列专项监测。监测 50 家重点医疗机构 109 种防治药品、应急抢救药品近一周采购和消耗情况、三个月常规用量和近三个月采购情况，既分析掌握每个品种在南京市场的总体紧缺程度，也分析掌握每个品种在每家医疗机构的储备情况。

智能调配紧缺物资。保供企业锚定紧缺品种，联系跟踪货源，根据到货情况向“采购调配大厅”报送上架目录；医疗机构、零售药店积极申购储备物资，“采购调配大厅”根据供应优先等级，智能建议调配方案；保供企业根据调配方案，及时配送物资。

“采购调配大厅”面向全市所有医疗机构、供应(储备)企业和零售药店开放，各需求单位人员随时随地进入“采购调配大厅”下单采购，推动药品采购调配由“实体化”向“数字化”转变，在应急药品保供中发挥了重要作用。通过统一调度，2 个月时间累计向全市 4000 多家医药机构供给防疫紧缺药品和医疗器械约 300 种、3500 万粒，有效满足了疫情防控转段时期南京市的用药需求。

四是服务参保群众，助力全民参保应保尽保。

“医保高铁”打造“全民参保掌中宝”。开发参保数据分析程序，分“参保概况”

"参保人数""参保单位""参保高校""困难人群""精准扩面""补充医保"七大板块，实现全民参保数据统计分析全险种、全对象、全人群、全时段、全地区、全环节、全过程、全口径覆盖，描绘参保"活地图"。打造"入户调查登记""入户调查审核"模块，每名社区网格员登录"医保高铁"，核对未参保单位和人员数据，核验单位地址、家庭住址、联系电话后，即可精准入户调查，推动参保扩面。

2023 年，南京市新增基本医保参保 14 万人，占江苏省净增人数的 30%。2024 年 4 月 15 日，国家医保局公布 2023 年度全国医疗保障经办系统"为民办实事"典型案例，《南京医保创新打造全民参保"掌中宝"》荣获全国二等奖。

三、建设"三医四全五环"闭环管理机制

为实现治理机制革新，优化南京医保统筹区医保治理模式，南京市医保局根据国家医保局"两结合三赋能"工作要求，依照 PDCA 循环管理理念，强化"三医"数据集聚，提升大数据分析应用能力，提升"医保高铁"数字赋能医保改革、管理和服务的精准性和高效性，推进形成风险严控、过程严管、处置严肃的医保业务全流程闭环监管格局，构建了"医保高铁""三医四全五环"监管机制。通过医保全部业务工作运行风险"全景呈现、全程监管、全域可控"，构建完善"数据集成、监管规则、预警调度、异常处置、反馈评价"五个环节，并在此基础上优化创新现有体制、机制，构建集监测、预警、调度于一体的调度管理体系——"南京医保高铁风险监测和业务调度中心"（以下简称"医保高铁监测调度中心"）建设"医保高铁监测预警调度平台"（以下简称"平台"），并建立配套的工作运行机制，实现工作模式由"被动向主动转变"、工作领域由"局部向整体转变"、工作机制由"分散向集中转变"，促进医疗保障事业高质量发展，助推"三医"共建、共治、共享新生态、新体系。

（一）数据运行监测

调度平台围绕医保、医院、医药、医师四大业务主体，汇聚医保、医疗、医药大数据，建设医保、医院、医药、医师四大主题屏，提炼核心指标，实时收集分析关键指标数据，全天候、全流程监测各核心业务运行情况，通过运用大数据分析、人工智能等技术手段，协助业务部门及时发现潜在的风险和问题；跟踪风险处置后的变化情况，生成分析报表，为业务部门查找规律、开展决策、制定规则提供数据支撑；并通过信息共享和协调的交流平台，促进不同业务部门之间的沟通与合作，"三医"工作者协同交流，促进各项工作协调发展。

（二）工作预警调度

根据闭环管理工作机制，围绕目标管理、风险预警、闭环处置、综合评价等目标

建设了各个主题屏，通过集成“三医”大数据、制定监管规则、开展预警调度、执行异常处置、跟踪反馈评价，实现医保各项重点业务的全流程闭环管理机制，促进医疗保障事业高质量发展，助推“三医”共建、共治、共享新生态、新体系。

一是建立目标管理机制。平台根据医保年度重点工作，提炼 7 大类 39 项年度重点工作目标，分别从业务类别与责任部门两个维度，跟踪监测各项工作各季度完成情况。

二是开展风险预警调度。业务部门围绕重点工作，查找风险点，制定风险预警调度规则，平台自动实时监测跟踪风险监测指标变化情况，对医保各部业务工作中可能存在的风险进行实时监控和自动风险预警。风险监测指标在达到预警阈值后自动生成预警，系统可通过“医保高铁”、微信平台、短信平台、电话平台、阳光监管平台等 5 个调度路径，智能调度到业务主管部门或各责任主体，并实时对调度工作进行全流程跟踪。

三是实施各项工作调度。平台打通交流反馈的路径，可通过短信、电话平台，对各医保部门与两定机构、医药企业、参保单位及个人开展点对点工作调度，跟踪各项调度接收办理情况，分析调度工作变化趋势，查看高频调度事项。

（三）开展综合评价

“医保高铁”监测调度中心依托平台建立医保、医疗、医药、医师综合评价指标，将各项工作的开展情况，具象为数字化的主题场景和精准画像，发挥“医保高铁”智能监控功能，通过数据集成、数据分析、数据提炼形成数据指标分析报告，对医保工作成效开展评价。

四、结语

在《中共中央关于进一步全面深化改革 推进中国式现代化的决定》中，党中央要求提出了“深化医保支付方式改革，完善大病保险和医疗救助制度，加强医保基金监管”“促进医疗、医保、医药协同发展和治理”的工作要求。

南京市医保将进一步完善“医保高铁”功能，充分发挥大数据价值，应用“医保高铁”开展全领域数据智能监管、全程监管，以数据赋能改革、管理、服务。促进医疗资源优化配置、织密织牢基金监管网络、深化医保支付方式改革，健全多层次保障体系建设，形成信息化引领“三医”协同发展和治理的新模式。

作者：刁仁昌（南京市医疗保障局党组书记、局长、一级巡视员）

关于加快推进南京市数据要素市场建设的对策建议

数字经济时代，数据要素作为推动国民经济发展的关键性资源，在培育壮大新质生产力方面发挥着积极作用。为了充分激发数据资源潜在巨大价值，畅通数据要素循环，实现数据赋能经济发展，打造以数据为关键要素驱动的经济高质量发展新模式。一直以来，南京市坚持把数字经济作为转型发展的关键增量，持续推进数字经济高质量发展，取得了较好成绩。为响应国家全面推进数据要素市场建设的要求，巩固数字经济发展成果，立足南京市情，探索建设高水平、现代化、特色鲜明的数据要素市场，成为当前南京推动数字经济高质量发展的重要突破口。

一、 南京数据要素市场建设的基础现状

（一）数据政策支撑力度不断加强

2019年《南京市政务数据管理暂行办法》出台，对政务数据的规划建设、目录管理、整合共享、开放应用、安全保障等内容进行了初步规范，又配套出台了《南京市政务数据归集、共享、开放实施细则》《加快推进全市一体化大数据中心建设和数据有序共享工作意见》。2022年《南京市城市运行“一网统管”工作三年行动计划》加快了实现一网整合数据的步伐。2024年4月，南京市人民政府办公厅印发《南京市公共数据授权运营管理暂行办法》《关于推进数据基础制度建设更好发挥数据要素作用的实施意见》，为公共数据开发利用和加快数据要素市场培育提供了重要

政策保障。

（二）数据业务能力不断增强

南京市持续推进一体化大数据中心体系建设，加强党对构建数据基础制度工作的全面领导，形成横向打通、纵向贯通、协调有力的一体化推进格局。各区、各部门实行“一把手”负责制，建立政务数据有序共享议事协调机制，和市、区两级建立常态化考核评价机制。2023年探索建立首席数据官制度，编制印发《南京市首席数据官制度试点实施方案》。首席数据官与多部门形成协作，带动市、区各部门协同推进数据共享开放和有序流通。

（三）数据要素潜能不断激发

南京市提出全力打造“四个高地”，实施六大工程，依托产业基础和区位优势，持续挖掘企业数字化需求，出台专项奖补措施，鼓励跨行业、跨领域的数据融合与创新应用。例如，玄武区瞄准数据要素产业细分赛道，启动建设江苏国际数据港、出台“数据要素产业10条”、培育“政产学研”产业生态，通过先行先试探索多样化、可持续的数据要素价值释放路径，打造“全球数字服务商”集聚区。设立江苏（南京）数据交易所，规范数据要素收益分配，探索构建具有江苏特色的数据市场建设体系。

（四）数据资源集聚能力不断增强

目前南京已建成跨省政务数据共享底座，搭建了长三角数据共享平台和数据要素流通服务平台，共享平台已汇聚三省一市数据目录近600项，累计数据共享交换超过8亿次，流通平台已构建了数据运营管理、数据信息登记、数据资产金融服务、数据产品交易等产品服务。鼓励引导本地企业和研究机构开展大数据的收集、整理和分析工作，形成了较为完善的数据资源库。目前已开发“我的南京”、“宁企通”、财政局“非税管理系统”、房产局“不动产登记”、应急局“181平台”、卫健委“智慧医疗”、水务局“智慧水务”等一大批南京市重点应用。

（五）数据要素市场主体培育不断加快

南京重点支持玄武区江苏国际数据港、雨花软件园、江北新区研创园、麒麟科创园打造数据要素型产业园区，发挥相关市属国有企业作用，打造数据要素型领军企业。支持自贸试验区南京片区探索建立跨区域数据登记、数据市场交易、流动规范互认、数据知识产权互认等机制，助力数字贸易发展。依托南京市公共资源交易平台，探索构建规范高效的南京数据交易场所，搭建平台和机制，促进各参与主体之间的信息交流和资源共享。

二、南京市推进数据要素市场建设面临的问题

（一）标准规范难以落实

当前，南京在推进数据要素市场建设的标准建设方面较为薄弱。特别是在如何具体实施数据市场化、如何激励那些多元海量数据主体实现数据共享、流通方面，仍然面临着严峻挑战。缺乏公共统一标准的数据确权、数据定价、质量评估、安全管理等机制等，导致数据尚不具备规模化、标准化流通条件。

（二）治理机制有待完善

南京市成立大数据局，主要职能为承担全市政务数据管理、法规标准建设等工作，但对社会数据、企业数据以及跨境数据流通等方面工作目前没有清晰的职能定位。在信息保护和使用方面，监管部门对合规合法使用数据缺少清晰的边界，制约了数据交易流通。

（三）产权制度有待探索

当前，南京市面临着数据产权分配制度尚不清晰，缺少一个合理的数据治理框架，明确数据的归属权、使用权和流通规则。尚未有明确的数据使用“红线”，即在确保数据流动不违反现有法律法规的前提下，合法合理地利用手中的数据资源的底线。

（四）数据安全难以保障

当前，数据安全保护的相关法律法规尚处在不断完善的阶段。南京也面临着数据安全与应用二者之间如何平衡的问题，如何在保障数据安全的前提下，实现数据资源价值最大化也是当前不可回避的重要问题。

三、推进南京数据要素市场建设的建议

（一）加强政策牵引，规范数据要素市场制度环境

一是完善数据要素市场的基础制度体系。贯彻落实国家、江苏省“数据二十条”精神，构建推动南京市数据要素发展的基础制度体系。二是完善数据共享开放制度。优先完善政务数据开放配套制度文件，定期出台、及时更新《南京市政务数据开放责任清单》，逐步将数据范围扩展到《南京市公共数据开放责任清单》，做好数据开放常态化工作，深挖公共数据授权运营场景。三是健全数据要素流通标准体系。统筹推进基础通用标准、数据产品标准、交易服务标准、交易保障标准、监管与治理标准等数据要素关键标准制定工作，确保数据要素流通符合政策要求、符合标准规范，确保数据要素有序流通、有序交易。四是探索健全数据安全法律法规管理制度。加快相关法律法规建设，明确数据收集、存储、迁移、交换等各环节的安全

防护要求、技术标准规范与主体责任边界,明确数据安全管理红线,为建立全生命周期数据安全提供支撑。

（二）加大基础支撑,稳步推进数据基础设施建设

一是探索构建规范高效的南京数据交易所。吸收国内已建数据交易机构经验模式,打造服务南京产业发展的数据要素交易机构。二是加大算力基础设施建设。按照《南京市推进算力产业发展行动方案》目标要求,加大算力基础设施推进力度,强化算力对数据要素赋能产业发展的全面支撑,更好服务于南京数据要素市场发展。三是强化技术基础设施建设。加快建设安全可信的数据基础设施。依托企业或研究机构建立数据安全技术重点实验室,发展数据空间、高速数据网,通过访问控制、数据加密、数字身份等技术手段,打造安全可信的流通环境,为数据要素流通、开发、利用提供支撑。四是加快公共数据平台建设。完善公共数据运营服务平台建设,实现与南京市政务数据开放平台和南京数据交易平台对接,推动公共数据安全、合规、高效共享开放,开发利用和流通交易,扩大公共数据产品"资源池"。

（三）落实机制创新,护航数据要素市场稳步发展

一是完善数据工作管理体系。积极推动公共数据、企业数据、个人数据资源多元融合管理机制,建立由南京市大数据局牵头、多部门各司其职、相互配合的数据流通工作体系,保障全市数据运营管理工作有序开展。加快成立数据要素市场监管部门,负责监督市场运营,维护公平竞争,保护数据主体权益,打击非法数据交易行为。二是开展试点工作。鼓励跨部门协同开展政策性试点,聚焦重点行业和领域,结合场景需求,研究数据产权落地举措,探索数据流通交易模式。积极推进政府、企业"数据资产入表"事宜,及时解决入表实践中面临的问题,加快完善数据资源相关会计制度。探索数据要素金融服务体系,提高相关企业的融资效率。三是开展课题研究。建立数据要素市场专项研究基金,贯彻落实国家、省有关数据要素市场的指导意见,加强对"数据要素×"、新质生产力、数据资产等方面的课题研究,形成一批可落地的研究成果。组织相关行业协会编制数据要素相关白皮书和研究报告,加强对产业的发展引导。建立健全科技成果转移转化机制,简化流程,提高效率,为产学研合作项目成果的市场化提供便利,推动科研成果迅速转化为生产力。四是推动以赛促用。组织开展"数据要素×"大赛,聚焦南京"4266"产业体系,搭建专业竞赛平台,强化数据资源供给,充分挖掘市场需求,提升数据利用水平。注重大赛成果转化,孵化新技术、新产品,培育新模式、新业态,完善数据要素生态。

（四）壮大生态培育,释放数据要素市场发展潜能

一是积极培育数据商和第三方服务机构,扩大数商生态圈。对照"服务型、应

用型和技术型"数据商和"提供数据合规、质量评估等服务"第三方专业服务机构分类规则，从邀约引入、遴选辅导、评估认证和跟踪服务四个层面，探索数商制度体系建设，优化数商发展生态。二是积极推进数据要素全生态产业园建设。鼓励因地制宜通过新建或拓展既有园区功能等方式，建设数据要素特色产业园区。创新招引政策，在租金补贴优惠的基础上，为区内企业提供数据服务专项激励政策，为区内企业提供数据增值服务，包括建设集约高效的数据流通基础设施，为场内集中交易和场外分散交易提供低成本、高效率、可信赖的流通环境、定期举办数据开发应用辅导讲座等，帮助企业更好地实现数据管理和开发利用，形成数据驱动的"资供产销用"良好产业生态循环。三是加大数据要素人才培育。成立南京数据要素产学研创新联盟，集合高校、研究机构和企业力量，围绕数据采集、处理、分析、安全、交易等关键技术开展联合研究。建立数据要素产学研合作基地，提供实验场所和数据资源，支持校企合作项目，促进理论研究与实际应用的紧密结合。打造数据领域专业人才继续教育基地，构建数据人才资格认证体系，培养兼具专业能力和数据素养的复合型人才，提升数据从业人员技能水平和专业素养，提高数据要素市场的人才水平。

（五）参与国际交流，多维度深挖数据跨境流通

一是设置南京数据跨境交易专区。以南京数据交易所为基础，搭建数据出境安全合规服务平台，推动行业数据要素合规跨境流通应用场景研究，围绕跨境金融、跨境贸易、跨境科研、跨境人才等应用场景，强化南京数据跨境监管、流通备案、安全评估等流程对接，促进数据双向有序流动，打造具备南京特色的跨境数据交易市场。二是积极参与国际规则制定。积极参与全球数据治理对话，加入国际数据标准组织，共同制定国际数据标准。与国际接轨，为国际数据流通规则和标准的制定贡献南京经验与智慧。三是开展国际交流与合作。定期举办线上线下等形式的国际研讨会、工作坊和高峰论坛，邀请全球数据行业领袖、专家学者、政策制定者共商数据要素市场的发展事宜。

作者：白云朴（南京南数数据运筹科学研究院有限公司　金陵科技创新战略研究院）

南京市数据资产入表实践与挑战研究

一、2024年南京市数据资产入表发展概况和创新实践案例

（一）数据资产入表的背景与意义

作为经济社会数字化转型进程中的新兴资产类型，数据资产正日益成为推动数字中国建设和加快数字经济发展的重要战略资源。随着《企业数据资源相关会计处理暂行规定》等重要政策文件的出台，全国各地掀起了数据资产入表热潮。

1. 国家高度重视数字经济、数据要素发展

随着新一轮科技革命和产业变革深入发展，数字技术不断发展迭代，数字经济在我国长期保持高速增长态势，对经济拉动作用日益凸显，已成为我国经济发展新引擎。根据《数字中国发展报告（2023年）》显示，我国数字经济规模超过55万亿元，2023年数字经济核心产业增加值占国内生产总值的比重达10%左右。数据作为数字经济时代新型生产要素，是形成新质生产力的优质生产要素。习近平总书记强调，发挥数据的基础资源作用和创新引擎作用，加快形成以创新为主要引领和支撑的数字经济。国家层面高度重视数据要素的发展，2020年4月9日中共中央、国务院正式发布《关于构建更加完善的要素市场化配置体制机制的意见》，首次将数据与土地、劳动力、资本、技术等传统要素并列为要素之一；2022年12月中共中央、国务院印发《关于构建数据基础制度 更好发挥数据要素作用的意见》，即“数据二十条”，对构建数据基础制度作了全面部署，鼓励企业创新内部数据合规管理体

系，不断探索完善数据基础制度，强调三权分置，将数据资源拆分为数据资源持有权、数据加工使用权和数据产品经营权，解决了数据确权的难题，使得数据处理者可以依法依规对原始数据进行开发利用，为数据资产入表奠定了重要的基础。

表 1　数据要素重要政策文件

时间	政策名称	内容要点
2019 年 10 月 28 日	《中国共产党第十九届中央委员会第四次全体会议公报》	首次将数据纳入生产要素
2020 年 4 月 9 日	《关于构建更加完善的要素市场化配置体制机制的意见》	首次提出培育数据要素市场
2021 年 3 月 13 日	《中华人民共和国国民经济和社会发展第十四个五年规划和 2035 年远景目标纲要》	提出建立健全数据要素市场规则
2021 年 11 月 30 日	工业和信息化部《"十四五"大数据产业发展规划》	推动建立市场定价、政府监管的数据要素机制
2021 年 12 月 12 日	国务院《"十四五"数字经济发展规划》	鼓励市场主体探索数据资产定价机制
2022 年 1 月 6 日	国务院办公厅《要素市场化配置综合改革试点总体方案》	要求探索建立数据要素流通规则
2022 年 3 月 25 日	《中共中央国务院关于加快建设全国统一大市场的意见》	要求加快培育统一的技术和数据市场
2022 年 12 月 19 日	中央全面深化改革委员会第二十六次会议《关于构建数据基础制度更好发挥数据要素作用的意见》	"数据二十条"，提出"三权分置"的数据产权制度。三权包括数据资源持有权、数据加工使用权、数据产品经营权
2023 年 12 月 31 日	国家数据局、交通运输部等 17 部门《"数据要素 ×"三年行动计划(2024—2026 年)》	推动数据在多场景应用，提高资源配置效率，创造新产业新模式，培育发展新动能

2. 国家陆续发布了数据资产入表政策文件

数据资产入表工作在 2024 年引起广泛关注，其中主要原因之一是在国家层面对数据资产入表发布了相关政策文件。针对企业数据资源相关会计处理和会计信息披露等问题，2023 年 8 月，财政部出台《企业数据资源相关会计处理暂行规定》(以下简称"《暂行规定》")，该规定自 2024 年 1 月 1 日起施行，规范了企业数据资源相关会计处理，让数据要素形成可量化、可利用的"看得见、摸得着"的资产；2023 年 9 月，在财政部的指导下，由中国资产评估协会发布《数据资产评估指导意见》，围绕数据资产评估中数据产权和数据质量的重要性，对数据资产的属性定义、评估对象、操作要求、评估方法和披露要求等内容进行了统一规定；2024 年 1 月，国务院国资委发布《关于优化中央企业资产评估管理有关事项的通知》，明确了数据资产等资产交易流转定价要求。

表 2 数据资产入表重要政策文件

时间	政策名称	内容要点
2022 年 12 月 1 日	财政部《企业数据资源相关会计处理暂行规定(征求意见稿)》意见	数据资源会计计量办法指引
2023 年 8 月 1 日	财政部《企业数据资源相关会计处理暂行规定》	正式推进企业数据资源入表
2023 年 10 月 1 日	中国资产评估协会《数据资产评估指导意见》	进一步推动建立数据资产价值评估机制
2023 年 12 月 31 日	财政部《关于加强数据资产管理的指导意见》	依法合规管理数据资产、明晰数据资产权责关系、完善数据资产相关标准、加强数据资产使用管理
2024 年 1 月 30 日	国务院国资委《关于优化中央企业资产评估管理有关事项的通知》	健全完善知识产权、科技成果、数据资产等资产交易流转定价

3. 数据资产入表实践爆发式增长

2024 年，数据资产入表迎来发展元年。据《证券日报》记者不完全统计，截至 2024 年 7 月中旬，全国范围内至少有 26 个城市已实现域内首单数据资产“入表”案例落地。对于部分企业而言，开展数据资产入表工作主要开展原因包括：数据资产入表后，可以准确计量数据资源价值，同时为财报使用者提供更直观的数据资产相关信息，有助于投资者对企业进行更好的估值；可以改善企业财务报表，进而降低资产负债率，提升利润率；数据入表后可以通过数据交易为企业增值，并促进数据资产开发的相关投入；围绕数据为企业提供新兴业务场景等。在各地广泛开展数据资产入表实践的同时，各类市场主体积极探索数据资产相关的金融业务，包括数据资产质押融资贷款、无质押数据资产增信贷款、数据知识产权的证券化产品等，为数据资产入表后进一步挖掘其金融价值提供了借鉴与参考。

4. 企业数字化发展浪潮势不可挡

新一轮科技革命和产业变革正在迅猛发展，全球经济正处在一个前所未有的变轨期。国有企业需充分发挥国有经济主导作用，主动把握和引领新一代信息技术变革趋势，引领和带动我国经济在这轮转型变革中占据国际竞争制高点。而企业数字化转型是一项涉及数据、技术、流程、组织等的复杂系统工程，数字化转型具有艰巨性、长期性和系统性，需要加强战略性统筹布局。数字化转型当前的工作重心是充分发挥数据要素驱动作用，打通全产业链、全价值链、全创新链，共建产业发展生态,获得价值增量发展空间。数据资产入表工作能够以全新视角助力企业加快数字化转型工作,能够帮助企业聚焦数字化中的核心——数据要素,审视企业数据资源情况,并在开展过程中加强数据治理、跨部门数据协同、主动开展安全管理等,提升数字化能力。

5. 数据成为企业转型发展和对外合作的重要抓手

地方国企往往承担着促进城市高速高质发展的重要角色,在推动城市经济发展、促进城镇化进程和产业发展、保障民生与维护社会稳定方面都发挥着举足轻重的作用。但近几年,部分国有企业逐渐暴露出政企关系不分、发展定位不清、发展思路不明、发展后劲不足、债务负担过重、管理方式粗放等问题,如何有效管理和利用数据资产,已成为国有企业实现可持续发展的关键所在。围绕数据要素形成的数据支持决策、数据产品研发、数据资产入表、数据产品交易等系列工作,成为企业转型发展之路的新质生产力,为企业带来新的业务创新机会和利润增长点。此外,数据要素入表可以有效地促进国有企业与其他市场主体共建共享数据资源和数字能力,形成互利共赢的发展格局,构建开放协同的数字生态体系,实现数据资源的多元化和多维化发展。

(二)南京市数据资产入表的发展现状

近年来,南京市积极响应国家数据要素市场化改革的号召,积极探索数据资产入表工作,取得了一定的进展。2024 年 4 月 26 日,为深入贯彻落实《中共中央国务院关于构建数据基础制度 更好发挥数据要素作用的意见》(中发〔2022〕32 号)、《中共江苏省委 江苏省人民政府关于推进数据基础制度建设更好发挥数据要素作用的实施意见》(苏发〔2023〕14 号)精神,推进数据基础制度建设,构建市场高效配置数据要素的新体系,形成多方协同的数据要素治理新格局,开创数据要素安全监管的新路径,经市政府同意,结合南京实际,南京市数据局制定出台《关于推进数据基础制度建设更好发挥数据要素作用的实施意见》(以下简称"意见")。意见明确提出建立保障权益、合规使用的数据产权新制度,研究制定《南京市数据资产登记暂行办法》《南京市公共数据授权运营管理暂行办法》并组织实施。同时,提出要建立合规高效、场内外结合的数据要素流通体系。依托南京市公共资源交易平台以及相关市属国有企业,探索构建规范高效的南京数据交易场所。培育数据要素流通多元化和交易服务生态,逐步健全数据资产评估、登记结算、交易撮合、争议解决等市场运营体系,实现与各级数据交易场所互联互通,探索开展数据资产多样化征信和融资服务。逐步构建促进使用和流通、场内场外相结合的交易模式,鼓励行业性数据交易平台建设,规范引导场外交易,培育壮大场内交易。支持数据处理者依法依规在场内和场外采取开放、共享、交换、交易等方式流通数据。

（三）南京市数据资产入表的创新实践案例

案例一：南京城建集团全省首单数据资产评估入表

2024 年 1 月，南京市城市建设投资控股（集团）有限责任公司（以下称“南京市城建集团”）全资二级集团南京公共交通（集团）有限公司（以下称“南京公交集团”）成功完成约 700 亿条公交数据资源资产化并表工作，成为江苏省首单城投类公司数据资产评估入表案例。

南京公交集团此次评估入表的数据资产涵盖了历史公交方面信息以及实时数据等关键资源。通过本次数据资产价值的精准评估并表，公司不仅提升了自身的数据管理能力，也为行业的数字化转型提供了可借鉴的范例。2024 年 4 月，南京公交集团成功获批中国光大银行南京分行数据资产融资授信 1000 万元，顺利实现数据资产的商品价值向金融价值的有效转换，并打通数据“资源—资产—资金”的转换通道，有效推动数据资产融资业务落地。该项融资也是全省首笔数据资产融资，不仅是对数据资产价值的重要验证，也是数据作为新型资产融资的创新实践。

案例二：扬子国投全国首单水务行业数据资产入表

2024 年 1 月，扬子国投率先完成首批 3000 户企业用水脱敏数据资产化入表工作，成为水务行业全国首单数据资产入表案例、全国首批数据资产入表的企业之一，实现从 0 到 1 的关键一步。这也是全流程严格执行《暂行规定》的江苏省首单数据资产入表案例。

此次数据资产入表，扬子国投以集团下属江北公用集团子公司远古水业供水数据为基础，以数研院为技术依托，经过 10 余轮研讨和现场调研，严格规范完成数据资产认定、登记确权、合规评估、经济利益分析、成本归集与分摊等环节，于 1 月将首批 3000 户企业用水脱敏数据按照账面归集研发投入计入“无形资产—数据资产”科目，最终实现了数据资产入表。2 月末，南京远古水业股份有限公司的“南京江北新区企业用水行为分析数据”作为水务行业首个及全国首批取得入表会计凭证的数据资产，在南京数据交易平台挂牌，并最终成功与江苏银行达成交易协议。该案例已成功入选国家知识产权局“数据知识产权登记十大案例”，也是江苏唯一入选案例。

案例三：扬子国投全省首单停车数据资产入表

2024 年 5 月，扬子国投集团以其运营管理的停车场数据为入表对象，按照“原始数据不出域，数据可用不可见”的原则，在确保用户数据安全和隐私保护的前提下，设计开发停车泊位查询产品，并严格规范完成数据资产认定、登记确权、合规评估、经济效益分析、成本归集与分摊等环节，将 11 个停车场运营期间产生的部分数据按账面归集成本，计入“无形资产—数据资源”科目，实现数据资产入表。

这一入表实践，不仅有效融合了停车领域多维度数据，挖掘了更深层次泊位数据价值，为停车需求研究、价值评估提供依据支撑，而且在显化数据资源价值、增加企业资产总额、提高企业信用和融资能力、降低资产负债率、助力企业 ESG 体系建设等方面发挥了重要作用。

案例四：南京市交通集团完成首批数据资产入表

2024 年 6 月，南京市交通集团顺利实现了首批 7 个数据资产的正式入表。此次入表数据资产为“路铁桥隧”系列化数据产品，涵盖了多个不同功能、不同使用场景，旨在满足使用者的多样化需求。南京市交通集团推出的数据产品均以日常经营中的数据资源为基础，通过信息技术进行赋能，对内优化资源配置，对事故、故障进行提前预警，减少设备停机时间和维护成本，促进企业降本增效；对外为相关部门研究车流量、道路拥堵等工作提供数据支撑服务，也能有效地为司乘人员提供事故提醒和交通引导，打造智慧出行新模式，赋能交通强市建设。为确保数据资产入表的合理合规，相关数据资产均经过严格的清洗加工、合规确权、成本归集和分摊以及资产登记等流程。经审慎的财务核算，首批入表资产总额达 106 万元，此举是南京市交通集团在数据资产管理方面的又一重要里程碑。此外，为进一步发挥数据资产的经济价值，截至 6 月末，南京市交通集团入表的 7 项数据产品均已在南京市公共资源交易中心完成挂牌。

案例五：南京建邺国资集团智慧停车分析数据资产入表

2024 年 7 月，建邺国资集团“智慧停车分析数据”成功通过备案审查，670 万条数据“变身”数据产品，实现了全国智慧园区停车数据资产入表从“0”到“1”的突破。通过大数据平台和技术实现数据清洗和加工，删除无效数据、归纳有效条目，并整理成结构化数据集。在严格规范完成数据清洗分析后由律师事务所、会计师事务所、资产评估机构等第三方专业服务机构审查数据合法合规性，该数据资产成功通过备案审查，出现在南京市公共资源交易中心的“货架”上。这实现了全国首单智慧园区公共停车数据资产入表，为建邺国资集团资产增厚、降低负债率带来积极影响，也为园区内停车资源的合理布局、优化收费模式提供了数据支撑。

案例六：南京首单实时动态“车路云一体化”数据资产入表

2024 年 7 月，南京首单实时动态“车路云一体化”数据资产入表案例获得数据产品登记凭证，称为“南京市新型公交都市先导区（江心洲）车路协同数据”正式挂牌交易。“车路协同数据”作为无人驾驶技术的关键支撑，涵盖了江心洲 75 个路口的道路感知数据和无人车智能驾驶的实时运行数据。这些数据的实时更新和高时效性，为自动驾驶测试、算法模型训练以及特定区域内的自动驾驶路线设计提供了强有力的数据支持。本次挂牌的车路协同数据产品为例，它能以数据表或 API 服务的方式交付，未来应用场景广泛。比如：一是用于自动驾驶及辅助驾驶，比如利用车路协同设施，为自动驾驶汽车提供实时、高精度的道路信息服务，开展自动驾驶测试；二是为自动驾驶、辅助驾驶等算法开发提供真实场景的模型训练数据，提升算法模型准确性；三是在特定区域内提供精准自动驾驶路线设计能力，包括公交车示范运行、自动驾驶观光、自动驾驶物流、自动驾驶售卖、自动驾驶清扫等。

案例七：南京雨花区首单数据“产品登记＋资产入表＋融资授信”案例

2024 年 8 月，南京凯奥思数据技术有限公司（以下简称“凯奥思数据”）在南京市公共资源交易中心、雨花台区数据局的共同支持和指导下，在全区率先完成两项数据产品（设备故障自诊断模型数据和振动特征值算法库）的资产入表工作，并在上海数据交易所、南京市公共资源交易中心登记上架。8 月 12 日，凯奥思数据通过两项数据产品增进信用等级，成功获得浦发银行南京雨花支行 1000 万元融资授信额度，成为雨花台区首个完成数据“产品登记＋资产入表＋融资授信”的软件企业，打通了数据要素资源化向资产化、资本化的转变路径，为推动数据要素市场化配置改革、探索数字经济发展打开新空间。

二、数据资产入表当前面临的风险挑战

（一）数据资产权属问题仍未解决

数据确权是数据资产入表面临的首要难题，是数据立法亟须解决的关键问题。数据在生产过程中不会被消耗且可以无限复制给多方使用，因此数据产业链所涉及的多个主体均享有数据资产的部分权利。这种非稀缺性和非排他性使得各数据主体之间的冲突难以调和，导致数据权属模糊。《民法典》中所有权的客体对象是不动产或者动产，但数据未能被纳入不动产或者动产范围，故而现有法律如反不正当竞争法、知识产权法、个人信息保护法等均无法实现对数据的全面保护。《民法典》第一百二十七条对数据权益的民法保护作出了宣示性规定，提出数据权益作为民事权益体系的重要组成部分，应当接受民事权益保护规则的调整。尽管《民法典》承认了数据的法律地位，但依旧没有解决数据权属问题。“数据二十条”创设性地给出了数据三权分置的确权方式，明确“探索数据产权结构性分置制度”“建立数据资源持有权、数据加工使用权、数据产品经营权等分置的产权运行机制”。其中，持有权备受关注，它绕开了传统民法体系的“所有权”概念，在事实层面解决数据的

确权问题。《民法典》第二百四十条规定，所有权人对自己的不动产或者动产，依法享有占有、使用、收益和处分的权利。而“数据二十条”所提出的三权分置，可以理解为是对“使用”“收益”两项权利在经济学层面的分配，避开了“占有”“处分”两项权利，同时又引入“持有”的概念以搭建使用、经营等的前提性权利基础。简言之，持有权可视为弱化的“占有”，加工使用权等同于所有权里的“使用”，经营权相当于“收益”。当然，“数据二十条”需要进一步转化为法律后，才具有民法框架下的权属意义。“数据二十条”关于三权分置的设计有其内在逻辑，持有权、加工使用权和经营权的对象各有不同，分别对应数据资源、数据、数据产品，应加以区分。数据资源是广泛性概念，包括所有能被收集和使用的数据，是原始数据的总和；数据是已经被收集和记录的事实信息，可以是数字、文字、图像、声音等形式，属于原始的、未经加工的信息；数据产品则是对数据进行分析、处理后形成的有用的信息或是可供交换的产品。

从数据资产入表的角度看，企业首先需要在持有权层面确定其掌握的数据资源，数据资源本身不足以构成可入表的数据资产，只有经过处理以后才具备入表条件。进一步来说，对于企业通过外购等方式取得的数据资源，即使企业不拥有所有权，但是在遵守相关法律法规的前提下，企业依然可以享有数据资源持有权、数据加工使用权以及对合法拥有或控制的数据资源开发形成的衍生数据或数据产品的合法权利。在满足其他资产确认条件的前提下，这些数据资源便可依照相关会计处理规定入表。当前阶段，企业利用数据释放价值，首要前提是确定“数据二十条”框架下的“持有权”问题。只有确定了合法持有，才能进一步加工使用，以及进行数据资产入表。《企业会计准则——基本准则》第二十条第三款规定，由企业拥有或者控制，是指企业享有某项资源的所有权，或者虽然不享有某项资源的所有权，但该资源能被企业所控制。由于无法对数据进行所有权层面的绝对确权，因此重点应该放在数据资源是否能被企业控制上。

（二）数据资产价值评估定价机制不完善

数据资产价值评估是加速数据要素市场流动的关键一环，《暂行规定》中将数据资源以存货和无形资产的形式计入财务报表，进而体现数据资产价值，评估以市场竞争和需求为主，确定最终价格；同时，由于数据资产的趋同性和数据处理者的技术水平各不相同，使得有用信息的挖掘能力存在差异，导致数据价值释放呈现出强烈的消费者异质性。如果数据卖家采取差异化定价策略，可能导致价格歧视问题。然而，数据提供商往往拥有更多的市场信息和数据资源，数据使用者处于信息不对称的劣势地位，这种信息不对称严重干扰了数据要素市场价格的形成过程。

除此之外，数据资产的价值评估定价机制还应考虑成本、收益、市场和风险要素，并与数据资产的潜在市场产生协同收益，从中分离出的数据资产价值是重中之重。指导意见中将数据资产价值评估的定价机制具体为“成本法、市场法、收益法及其衍生方法”，但并未对衍生方法做具体阐述，反映出对数据资产估值的复杂程度。行业公司与资产评估师事务所在实操过程中需使用尚不成熟的综合性价值评估模型抑或是不确定性较大的传统评估模型，在实践中亟须探索成熟模式。

（三）数据资源的合法性尚且存在争议

数据合规包括来源合规、处理合规、管理合规及其他业务合规。因企业数据资源的取得、处理和管理方式随业务场景的不同而存在差异，数据资产的应用场景需要明确。但在实务中，数据资产的应用场景通常较难区分。一是企业在使用数据资产的时候可能没有明确的目的性和计划应用场景，仅仅是作为业务拓展或决策的支撑；二是数据资产可能在同一时间应用于多个场景，或者在应用过程中场景发生变化；三是数据资产的应用场景存在很大的经济波动性。对于除自行生产之外的其他数据资源，企业应当确保数据资源的取得不违反相关法律法规的强制性规定，不侵犯任何第三方的合法权利。例如：对于通过数据爬虫方式获取的公开数据，企业应当关注数据爬虫行为本身是否符合法律法规要求；企业通过 APP、传感器等方式自行采集个人数据时，应当确保取得相关数据主体的授权；对于从其他数据提供方处购买相关数据的情形，企业应当关注所购买的数据是否具有合法的来源，必要时可以要求数据提供方作出相关陈述，保证其提供的数据已取得所有相关数据主体的合法授权，不侵犯任何相关数据主体的合法权利等。

（四）数据资产入表后的合规性风险突出

《暂行规定》的出台确实促进了数字经济的发展，但也为一些不法分子提供了粉饰财务报表的机会。数据资产非实体性、不确定性和易变性等特点，使其价值的确定具有较大的不确定性和主观性。一方面，企业可能会因为缺乏有效的评估和计量方法，而导致对数据资产的价值估计过高或过低，从而影响财务报表的真实性和公正性；另一方面，企业会利用数据资产价值评估和计量的困难，通过人为调整数据资产的价值，来达到粉饰财务报表、欺诈投资者和债权人的目的。企业也可能趁相关会计标准、数据估值和定价机制不完善之时，将原先未能计入的表外数据资源内化为具体的资产形式，以增强自身信用基础，直接改善相关财务指标。一些企业可能会将低质量的数据资源通过伪装手段，变为高价值的数据资产，对入表的数据资产进行“注水”，使企业自身的财务状况产生“虚胖”现象。其目的是诱导投资者或潜在投资者进行投资，以提升股价或获取更多的融资机会。此外，《暂行规定》

虽然明确，数据资源只有在符合现行会计制度的资产定义与确认条件时，才能在报表上记为无形资产或存货，但一些企业可能会追溯调整数据资源的会计核算，从而构成对会计政策的错误适用。此外，一些企业可能会利用关联方直接的数据资源交易，来粉饰和篡改财务报表，使市场经济不能健康发展，阻碍了数字经济前进的脚步。

关于数据资产中的披露问题，《暂行规定》在数据资源的信息披露方面创新性地采取了“强制披露＋自愿披露”的方式，兼顾了信息披露的成本、效益和商业秘密保护等方面，鼓励和引导企业开展数据资源的自愿披露，向利益相关方提供更多与发挥数据资源价值有关的信息。然而，由于数据资产的特殊性，企业在进行数据资产的信息披露时，可能会面临信息不足或过度的风险。一方面，企业可能会因为担心商业秘密泄露，或存在数据产权不清晰、披露成本高昂等问题，难以做到充分披露，如选择不披露或少披露数据资产的信息，从而导致投资者和债权人无法全面了解企业的数据资产状况，影响其投资决策；另一方面，企业可能会过度披露数据资产的信息，如为了蹭热点、炒概念而夸大事实，采用诸多定性而非定量描述，或者故意使用深奥、晦涩的术语，造成披露信息不易理解，以吸引更多的投资者和债权人，并可能导致市场的信息过载，影响市场的正常运行。

三、 2025 年展望与合规有效推进我市数据资产入表工作对策建议

（一）2025 年南京数据资产入表发展态势展望

预计 2025 年，南京市数据资产入表工作将取得进一步进展，并将呈现以下几个方面的趋势：

1. 数据资产评估方法将更加科学合理

各机构将不断探索新的数据资产评估方法，并建立更加科学的数据资产评估体系。

2. 数据资产安全技术将不断进步

各机构将继续加强数据资产安全技术研发，并建立更加完善的数据安全保障体系。

3. 数据资产交易市场将更加活跃

随着数据资产交易平台的不断完善，数据资产交易市场将更加活跃，数据资产流通将更加顺畅。

4. 数据资产法律法规将更加完善

国家将进一步完善数据资产法律法规，为数据资产入表提供更加完善的法律保障。

（二）合规有效推进南京市数据资产入表工作对策建议

为了更好地推进南京市数据资产入表工作，建议采取以下措施：

1. 加强数据资产评估方法研究

加强数据资产评估方法研究，开发更加科学合理的数据资产评估模型，为数据资产入表提供更加准确可靠的依据。

2. 完善数据资产安全保障体系

建立完善的数据资产安全管理制度，加强数据安全技术研发，防范数据泄露风险。

3. 积极推进数据资产交易平台建设

建立安全可靠的数据资产交易平台，促进数据资产流通交易。

4. 加强数据资产管理人才培养

加强数据资产管理人才培养，建立数据资产管理人才队伍，为数据资产入表工作提供人才保障。

5. 积极推动数据资产相关法律法规完善

加强与国家相关部门的沟通交流，积极推动数据资产相关法律法规完善，为数据资产入表工作提供更加完善的法律保障。

数据资产入表工作是复杂而系统的工作，需要各相关部门和机构的共同努力。相信通过不断探索实践和创新，南京市数据资产入表工作将取得更加显著的成果，为南京市数字经济发展做出更大的贡献。

作者：胡成亚（南京数字金融产业研究院有限公司）

水务行业首单供水数据资产入表及应用

——基于南京远古水业股份有限公司的实践

一、数据资产入表的发展现状

（一）政策推动取得积极进展

2024年1月1日起财政部《企业数据资源相关会计处理暂行规定》（以下简称“《暂行规定》”）正式施行，为数据资产入表提供了明确的政策依据和指导，推动了数据资产化进程。此后，企业对于数据资产“入表”的意识和行动显著增强，这是数据资产入表的重要制度保障和推动力量。

国家数据局的组建以及一系列相关政策文件的出台，如“数据二十条”、《“数据要素×”三年行动计划（2024—2026年）》等，从数据基础制度建设，数据资源整合共享、开发利用等方面进行了规划和推进，为数据资产入表营造了良好的政策环境。

（二）企业实践仍处于发展阶段

1. 参与企业数量增加但占比仍较小

随着政策的推动和市场对数据资产价值的认识不断提高，越来越多的企业开始尝试数据资产入表。例如，2024年半年报中披露数据资源价值的A股上市公司数量增加至43家，同比增长138.89%。然而，与庞大的企业总数相比，目前成功实现数据资产入表的企业数量仍然较少，处于探索和发展的阶段。

2. 行业分布呈现集中趋势

从行业来看，披露数据资源价值的企业主要集中在制造业，信息传输、软件和信息服务行业等数据资源密集型行业。这些行业的数据产生量大、价值高，对数据资产的管理和应用需求更为迫切，因此在数据资产入表方面的积极性较高。其中，制造业和信息传输、软件和信息服务行业的企业数量占据领先地位。

（三）面临诸多挑战

1. 技术层面

数据资产入表涉及大量复杂的技术问题，如数据采集、清洗、存储、分析以及数据安全防护等。企业需要具备强大的技术实力和专业人才储备，以确保数据的准确性、完整性和安全性。同时，数据资产的价值评估也需要依赖先进的技术手段，目前在技术方面仍存在一定的难度。

2. 人才层面

数据资产入表需要一支具备跨学科知识和专业技能的人才队伍，包括数据分析师、会计师、律师等。然而，当前市场上具备相关知识和技能的人才相对稀缺，难以满足企业的需求，这在一定程度上制约了数据资产入表的发展。

3. 关于数据资产入表的法律法规尚不完善，存在诸多空白和模糊地带

例如，数据资产的权属问题、数据交易的合法性等方面的法律法规还需要进一步明确和完善，这给企业在实施数据资产入表时带来了很大的不确定性和法律风险。

4. 会计处理层面

数据资产的成本难以计量且在不同场景下差异巨大，导致其初始账面价值的确认存在困难，难以按照现行会计准则进行准确计量。此外，数据资产的后续计量、摊销、减值等会计处理方法也需要进一步明确和规范。

二、 行业应用预测

（一）政策方面

1. 政策持续细化与完善

政府将不断细化和完善数据资产入表的相关政策及配套措施。随着实践的推进，对于数据资产的确认、计量、披露等具体要求会进一步明确，以提高政策的可操作性和指导性。例如，针对不同行业、不同类型的数据资产，可能会出台更具针对性的会计处理规定和监管要求。

2. 监管力度加强

监管部门会加强对企业数据资产入表的监管力度，确保企业的会计处理符合规定，信息披露真实、准确、完整。这将促使企业更加规范地进行数据资产管理和入表操作，提高数据资产入表的质量和可信度。

（二）企业实践方面

1. 入表企业数量增加

越来越多的企业将认识到数据资产的价值，积极探索和推进数据资产入表。尤其是在数据密集型行业，如互联网、金融、电信、制造业等，数据资产入表将成为企业提升竞争力和价值的重要手段。预计未来几年，进行数据资产入表的企业数量会持续增长。

2. 数据资产管理水平提升

为了更好地实现数据资产入表，企业将加强数据资产管理。这包括建立完善的数据治理体系，明确数据资产的权属，提高数据的质量和安全性，以及优化数据资产的运营和价值实现。企业会投入更多的资源用于数据管理技术的研发和应用，提升数据资产管理的专业化水平。

3. 数据资产交易更加活跃

数据资产入表将为数据资产交易提供基础和依据，促进数据资产交易市场的发展。企业可以更加方便地通过交易实现数据资产的价值变现，数据资产的交易规模和频率将不断增加。同时，数据交易平台和中介机构也会不断涌现，为数据资产交易提供更加便捷、高效的服务。

（三）技术发展方面

1. 价值评估技术进步

随着人工智能、大数据分析等技术的不断发展，数据资产的价值评估技术将不断提高。能够更加准确地评估数据资产的价值，为数据资产的入表和交易提供可靠的依据。例如，通过机器学习算法对大量的数据交易案例进行分析，建立更加科学的价值评估模型。

2. 区块链技术的应用

区块链技术具有去中心化、不可篡改、可追溯等特点，能够为数据资产的确权、交易和管理提供有力的技术支持。未来，区块链技术可能会在数据资产入表领域得到广泛应用，提高数据资产的安全性和可信度，降低交易成本和风险。

（四）经济影响方面

1. 推动数字经济发展

数据资产入表将加速数据要素的市场化配置和价值释放，推动数字经济的快速发展。数据资产作为一种新的生产要素，将为企业创造更多的商业机会和经济价值，促进产业升级和创新。同时，也将带动相关产业链的发展，如数据服务、数据安全、数据分析等领域。

2. 助力国家经济转型

对于国家而言，数据资产入表有助于推动经济从传统的要素驱动向数据驱动转型，提高国家的经济竞争力。数据资产将成为国家财政的重要组成部分，为国家的经济发展提供新的增长点。政府可以通过制定相关政策，引导企业加强数据资产的管理和利用，促进数字经济与实体经济的深度融合。

三、 水务行业首单做法分析

（一）案例基本情况

南京远古水业股份有限公司（以下简称“远古水业”），前身为始建于 1958 年的南京市自来水总公司大厂镇水厂。1996 年，经市委、市政府决策，成立大厂地区饮用水源整治改造工程领导小组，实施大厂地区饮用水源整治改造工程。1998 年 3 月，市政府将大厂镇水厂整建制划拨至原大厂区管理，并于 1999 年 7 月组建成立了南京远古水业股份有限公司。2006 年，远古水业与原六合自来水公司启动整合，2010 年完成合并。远古水业目前为南京扬子国资投资集团有限公司下属三级企业，母公司为南京江北新区公用控股集团有限公司，自来水生产与供应能力 40 万吨/日，服务用户逾 38 万户、近 100 万人口，供水面积约 1500 平方公里。供水范围涵盖江北新区沿江街道以北地区及六合区全境。

远古水业秉持以始为终的理念，从企业用水数据的应用场景开发为起点，并把合规取得用户授权、合规使用数据放在首要位置，通过数据清洗、整合、分析、脱敏、可视化加工及端口接入等步骤，将 3000 家企业用水行为的脱敏数据运用于金融机构对中小微企业的信用支持。

远古水业以内部立项的形式整合公司内外部资源，逐步完成用户授权、数据处理、数据知识产权登记、成本归集工作，于 2024 年 1 月 24 日从“研发支出—资本化支出”科目结转入“无形资产—数据资产”科目，实现全国水务行业首单数据资产入表。2 月 21 日，远古水业“南京江北新区（沿江街道以北范围）企业用水行为分析数据”产品作为南京市公共资源交易中心首个登记、挂牌上架的数据产品，上架第六天即由金融机构购得，成为自财政部《暂行规定》生效以来短时间、小规模跑通数据资产入表全流程的典型案例。

（二）案例主要做法

1. 数据盘点与价值分析

财政部《暂行规定》发布后，作为深耕供水业务、重视信息化建设的远古水业立即行动，研讨数据资产入表。

数据盘点。公司对掌握的各类数据进行了盘点，可以获取到的数据包括供水数据、制水投药数据、制水能耗数据、供水管网数据、管网漏损数据和水质监测数据等。从数据来源上区分，除供水水量数据具备公共数据的属性外，其他数据均属于企业系统生成数据。

价值分析。从数据价值分析，企业系统生成的数据发挥降本增效、提升管理等内部价值；供水数据具备公共数据的属性，涵盖了居民用户和企业用户，提供了供水水量、水量变化趋势、用水连续性、欠费等多方面信息。

根据财政部《关于加强数据资产管理的指导意见》中"鼓励按用途增加公共数据资产供给，推动用于公共治理、公益事业的公共数据资产有条件无偿使用，平等保护各类数据资产权利主体合法权益"，"支持用于产业发展、行业发展的公共数据资产有条件有偿使用"，供水数据用于信贷评定企业风险场景符合有条件有偿使用，具备较强的外部价值。

2. 权益保障

在中共中央、国务院《关于构建数据基础制度更好发挥数据要素作用的意见》（简称"数据二十条"）中，"根据数据来源和数据生成特征，分别界定数据生产、流通、使用过程中各参与方享有的合法权利，建立数据资源持有权、数据加工使用权、数据产品经营权等分置的产权运行机制……"，首次提出了"三权分置"的数据产权制度，为后续数据资产价值的开发和流通提供了理论基础和实操路径。

合规持有保障。因为供水数据由供需双方共同产生，难以界定数据的所有权，"数据二十条"的颁布淡化了数据的所有权，强调了持有权、加工使用权和经营权，让企业合规持有、使用数据成为可能。据此我们在用户供水协议中预设了用户授权供水企业合规持有、加工使用权利的相关表述，实现了合规获取授权。

重视隐私保护。基于保护个人隐私和数据使用场景的综合考量，本次数据资产入表以企业数据为基础，暂不涉及居民用户数据。公司构建了"双重授权"机制，确保没有一个企业用户的数据会在其不知情的情况下向外提供，充分保障了用户的数据安全。

强化数据安全。考虑到我们自身持有数据的安全性，交付金融机构的可视化用水报告通过用水量区间范围替代精确的水量数据，在满足客户使用数据的同时规避高频恶意查询套取数据风险。

产权登记。经过数据脱敏、清洗、整合、分析形成了一个完整的企业供水数据集，在江苏数据知识产权登记系统取得了数据知识产权登记证书和电子数据存证确认函，完成了数据集的确权登记工作。

3. 研发成本归集与入表

在理论架构搭建和专业技术处理的同时，研发费用归集路径、结转无形资产账务处理和后续计量工作也在全过程跟进。

研发立项。按照研发费用归集的规范要求，研发立项以内部决策的形式明确研发费用的归集边界，实现准确计量。

成本归集。远古水业组建研发专班集中攻坚，内部人员先行完善基础信息、进行初步整理，外部技术力量完成清洗、整合、分析、脱敏、可视化输出等各项专业化工作，用时 15 天便达到了超预期的效果。通过服务器外挂程序，进行数据的自动抓取和逐月更新，实现数据价值滚动变大而研发费用不再增长的效果，为入表动作创造条件。

数据资产入表。研发费用在日常发生时计入“研发费用—资本化支出”科目，包括研发人员薪酬、委外技术服务费用及相关费用，项目完结后科目余额整体转入“无形资产—数据资产（远古水业供水数据）”科目。数据资产入表全过程遵循《暂行办法》规定，归集的历史成本入表金额 166 万元。符合条件的情况下，拟申请研发费用加计扣除，享受企业所得税优惠。

后续计量。该无形资产结合实际情况和公司惯行做法按 5 年进行摊销。

4. 数据产品挂牌与交易

产品形态。数据产品按照形态大致分为三类：第一类是数据集，即以数据库的形式提供，满足客户模型化需求的数据产品；第二类是数据信息服务，即以数据资源库为基础，为客户提供满足其特定需求的信息类服务；第三类为数据应用，即以应用程序的方式，基于统一的用户界面，提供基于数据资源和模型应用的数据产品。远古水业提供的数据产品属于数据信息服务。供水数据产品最终将以 API 端口的形式交付给客户合规查询使用。

挂牌场所。因供水数据产品具有地域性的特点，最终确定南京市公共资源中心新开设的数据资产版块为交易平台，实现了首单数据产品挂牌上架。

因为数据产品在不同交付形式、不同使用场景下的价值会有很大的差别，可能会涉及系统接口的二次开发费用、数据精度的调整费用等工作，故数据产品的挂牌价多为“面议”。

估值与交易。不同于其他入表案例中的数据资产整体价值评估，我们的估值仅针对挂牌上架的数据信息服务类数据产品定价，即一个 API 端口一年的接入费用。根据国务院国资委《关于优化中央企业资产评估管理有关事项的通知》的要求，公司委托资产评估公司（北方亚事）出具估值报告，很快便以不低于估值金额与意向客户以磋商的形式完成场内交易，再次成为该交易中心首单场内成交的数据产品。

（三）案例亮点

远古水业供水数据资产入表案例是一个极为典型的数据资产小规模跑通全流程、全价值链，实现价值转换的样板，其应用场景设计、合规路径设计、数据资产确权和挂牌路径对于水务行业企业具有普遍的参考价值，并已实现在江苏省外的复制推广。

1. 水务行业首单

该数据知识产权是远古水业基于自有“南京江北新区（沿江街道以北范围）企业用水行为分析数据”完成的登记，按照财政部《暂行规定》，通过数据资产认定、登记确权、合规评估等环节，实现正式入表而成为数据资产。是水务行业首个、全国首批取得入表会计凭证的数据资产。由该数据知识产权形成的用水行为分析数据产品从 2 月 21 日正式上架到 2 月 27 日完成场内磋商，仅用了 6 天时间就达成了首笔交易。

2. 赋能产业发展

该案例同时也是《暂行规定》实施以来全国首个围绕数据价值从产品化到资本化再到价值转化的全链条落地案例。与其他地区将入表数据作为资产抵押给金融机构为本企业融资的做法不同，该案例与银行达成交易，在合规授权的前提下，将 3000 家企业用水行为的脱敏数据运用于金融机构对中小微企业的信用支持。这既发挥了数据的价值，更是努力探索了数字金融与科技金融、普惠金融大文章的实现路径。

3. 示范带动效应

目前该案例入表、登记挂牌、交易阶段获学习强国、《南京日报》等多家新闻媒体报道录用 13 次，有 22 家国有企业上门调研或寻求合作，其中有 2 家已落地，有 7 家正在推进中。带动南京挂牌 28 个数据产品，达成 2 笔交易。

作者：范科飞（南京江北新区公用控股集团有限公司）

南京市科技成果信息发布与供需对接服务平台建设路径及机制研究

随着科技的快速发展，科技创新资源转化成了推动经济发展的重要动力。南京市作为江苏省的重要城市，拥有丰富的科技创新资源，拥有51所高校、95名两院院士、13所“双一流”建设高校和31个国家重点实验室。在国家创新型城市排名中位居第4位，在《自然》全球科研城市排名中位居第6位。更好地落实和贯彻党的二十大精神和二十届三中全会精神，把南京科研成果变成市场可交易技术，变成满足市场需求的产品和企业实用技术，是南京贯彻落实习近平总书记重要讲话精神和党的二十大决策部署、实现科技自立自强、建设引领性国家创新型城市的关键。但是长期以来，南京丰富的科教资源优势，并没有转化为发展的优势、创新的优势和竞争的优势，“资源优势不等于创新优势，人才流入也不等于人才红利”。如何有效地将高校科技创新资源转化为实际的经济效益和社会价值，成了南京市面临的重要挑战。南京市要想实现“区域科技创新中心”及“综合性国家科学中心”的创建目标，大力发展新质生产力是唯一途径，其中科技创新是核心要素，因此打通科技成果供需的堵点、畅通科技成果转化渠道至关重要，迫切需要建设市级层面的线上线下科技创新综合服务平台。为此，本文将以南京市科技创新资源转化服务平台建设路径及机制研究为主题，探讨南京市如何通过搭建平台、构建体系、建立机制三个举措来提升高校科技创新资源的转化效率，从而推动南京市经济的可持续发展。

一、 南京市科技成果转化资源现状及问题分析

（一）供给端高校院所在宁科技成果转化不高

1. 高校科技成果转化总体情况

从科研人才情况来看，根据2023自然指数报告，南京凭借着其地球和环境科学研究的持续努力，成功跃升至全球领先科研成市及都市圈第六位，成为中国科研城市中的一匹黑马。南京在《中国创新人才指数2023》报告中同样排名第六，较2021年上升了一位。报告中指出，南京拥有两院院士数和科技创新领军人才数在上榜城市中分别位列第三和第四，显示出南京在人才储备方面的强大实力。而R&D人员数量也保持较高水平，2011年到2023年的13年间，长三角R&D人员从73.84万人年增长至198.35万人年，年均增速达8.58%，高于同期全国7.89%的年均增速，占全国R&D人员全时当量的近1/3。每万人拥有R&D人员升至83.71人年，显著高于全国45人年的平均水平，上海、苏州、杭州、南京、合肥为代表的核心城市持续吸引汇聚科技创新人才。人才高地根基不断筑牢，在此情况下还不能转化成果并不是因为科研人员缺乏。

技术交易是衡量成果转化的一项重要指标，南京的高校资源位列全国城市第四位，在技术交易中承担重要角色，本文通过分析在宁高校近三年技术交易情况来反映高校的科技成果转化现状。从技术交易总额（图1）来看，2021年至2023年我市技术合同成交额平均增速超15%，保持着较高的增长速度，但高校技术交易成交额占全市比重却逐年降低，且占比均低于10%。

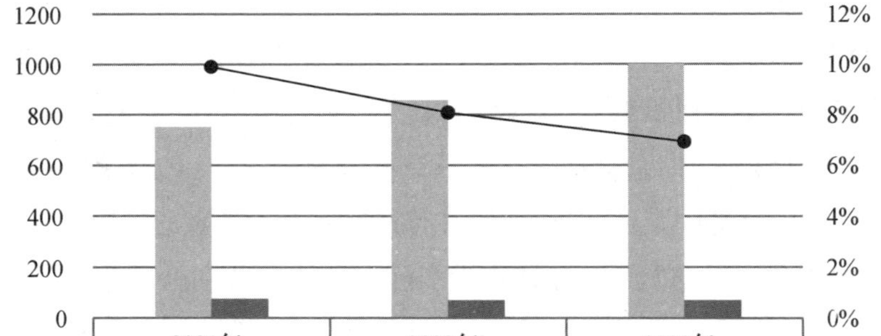

	2021年	2022年	2023年
南京市	752.38	856.7	1001.57
高校	74.58	69.29	69.55
占比	9.91%	8.09%	6.94%

图1　在宁高校近三年技术交易成交额情况（单位：亿元）

从技术交易类型占比和成交额（图2和图3）来看，2021年至2023年，在宁高

校技术交易以技术开发为主，分别占比 48.11%、57.6%、62.62%，超过合同总额一半，且呈逐年增长趋势；其次为技术服务合同，分别占比 35.63%、29.01%、24.08%；而技术转让合同占比很低，三年分别占比 10.11%、7.84%、6.67%；技术许可合同占比不到 1%。

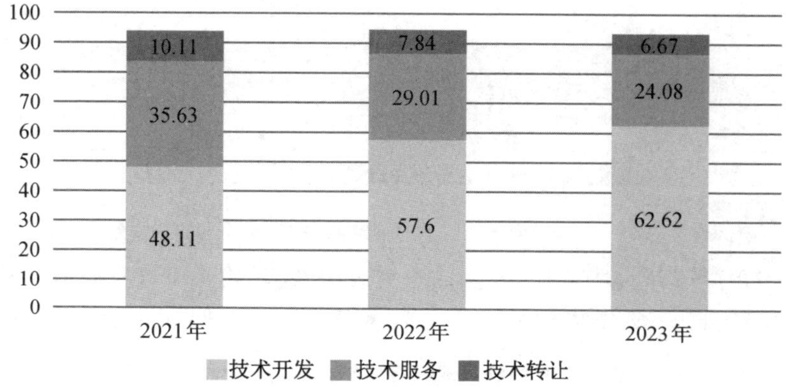

图 2　在宁高校近三年技术交易成交类型占比情况(单位:%)

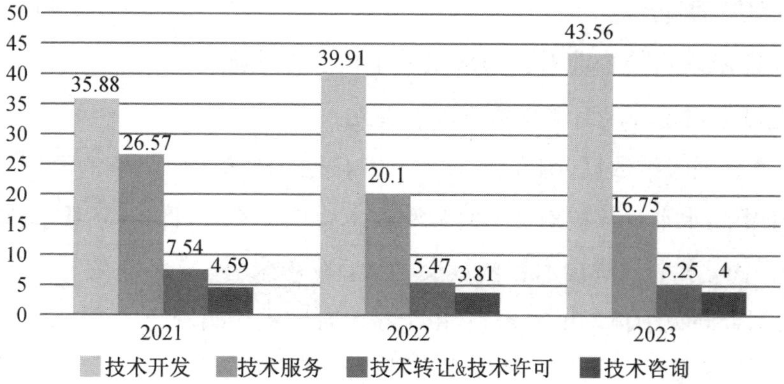

图 3　近三年高校技术交易类型成交额情况(单位:亿元)

由上述分析可见，在宁高校成果转化形式主要以技术开发和技术服务为主，说明以需求为导向的产学研合作是目前的主流。而技术转让和需求占比不超过 10%，说明高校的成果直接能转化的不多，高校成果距离市场需求还有很大距离。

2. 高校科技成果在宁转化率

从技术交易数据(图 4)显示，近 3 年在宁高校技术合同买方单位在宁的占比分别为 32.23%、32.08%和 31.69%，在宁高校成果在宁转化率偏低且呈逐年下降趋势。从买方为企业的技术交易数据来看，企业的在宁转化率分别为 31.92%、

37.48%和34.70%，虽略高于总体，但也偏低。这说明尽管我市整体技术市场活跃，但高校科技成果的转化效率并不理想，其转化率的提升并未能与市场的快速发展同步，缺乏稳定而持续的增长现象。

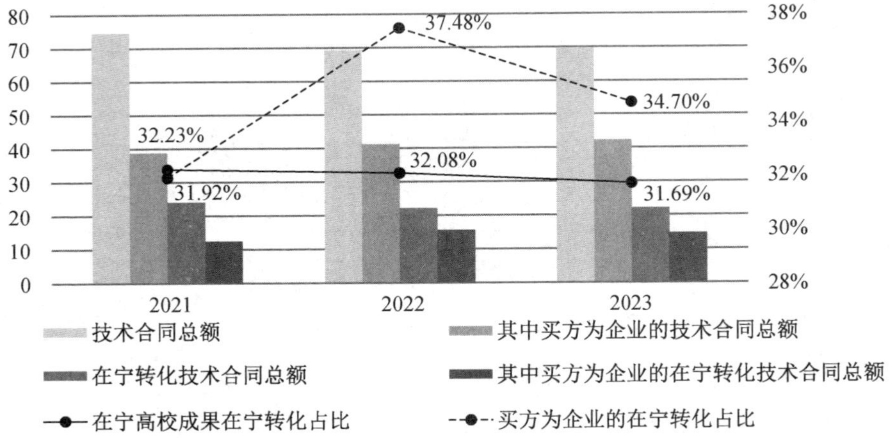

图4　近三年高校技术成果在宁转化情况（单位：亿元、%）

总的来说，高校科技资源在宁转化情况偏低，南京丰富的科教资源优势，并没有转化为发展、创新和竞争的优势。

（二）需求端科技企业对科技成果的承接能力不强

1. 全社会研发投入与同类城市存在差距

从技术合同吸纳数据（图5）来看，2023年全国技术流向南京的合同项数排在第六，处于中间水平。从技术交易总额和技术合同成交额（图6）来看，南京均排在第七，处于中间水平。从技术合同成交均额（图7）来看，南京排在十一位。可见，南京市技术合同吸纳情况不容乐观，单个技术合同成交额较低。

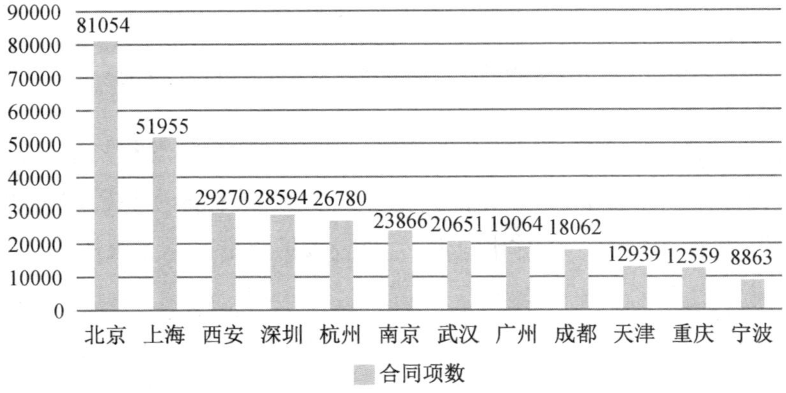

图5　2023年全国技术流向各城市的合同项数情况

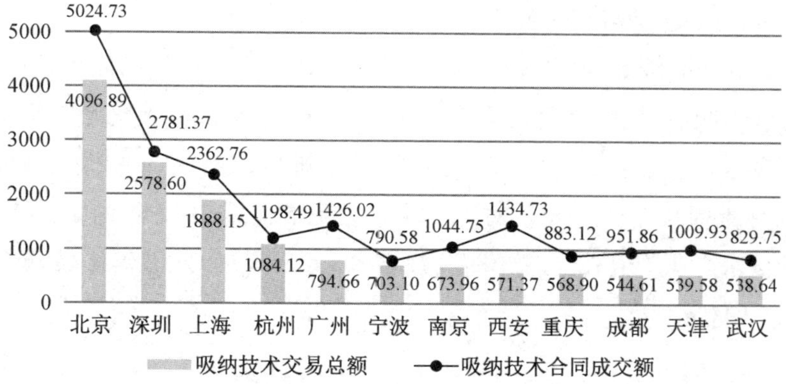

图 6　2023 年全国技术流向各城市的技术交易额情况（单位：亿元）

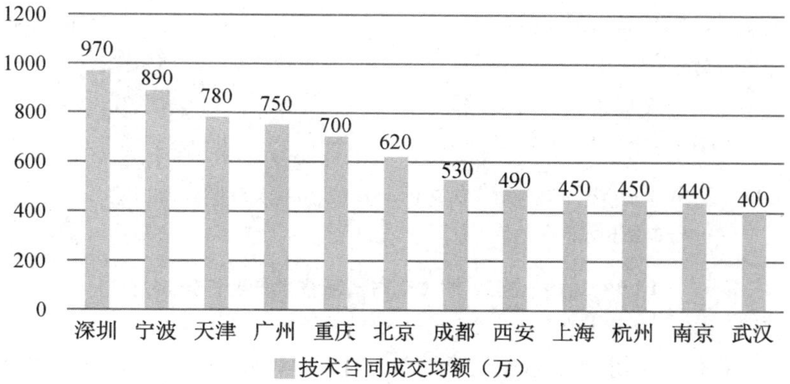

图 7　2023 年全国技术流向各城市的技术合同成交均额情况

2. 全社会科技创新产出与同类城市存在差距

从技术合同输出数据(图 8)来看，2023 年南京的输出技术交易额在同类型城市中处于中间偏下位置，技术合同成交额位列倒数第三。

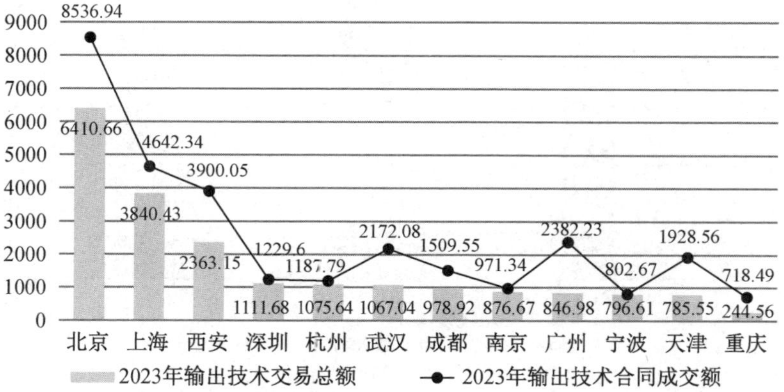

图 8　2023 年同类城市间技术合同输出对比情况（单位：亿元）

3. 科技型企业创新后劲不足

从高新技术企业数据(图 9)来看,一是高新技术企业数量虽然增长快,但是平均每家总收入减少,说明高企的规模有限。《2023 年南京科技统计要览》显示,南京市高新技术企业数从 2016 年的 1698 家增加到 2022 年的 9068 家,高新技术产业产值也有所增长,从 2016 年的 11509.5 亿元增加到 2022 年的 15813.7 亿元。但从高新技术产业均值来看,总体呈下降趋势,2019 年至 2022 年从 2.46 亿元逐年下降至 1.74 亿元。

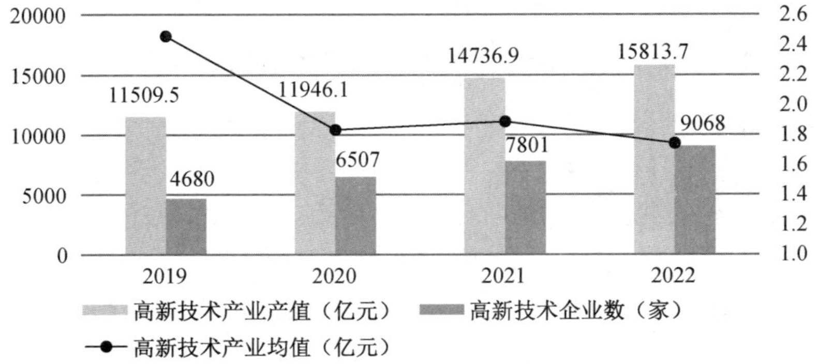

图 9 2019—2022 年南京市高新技术产业产值情况

二是从高企产学研合作角度分析,图 10 显示,高企数量增长快但跟高校合作的企业数却变化不大,数量占比更是逐年下降。从技术合同登记的情况来看,2021 至 2023 年高新技术企业与高校合作的占比呈现下降趋势。从产学研合作比例来看,2021 至 2023 年与高校合作在宁企业由 2658 增至 2780,增速缓慢。

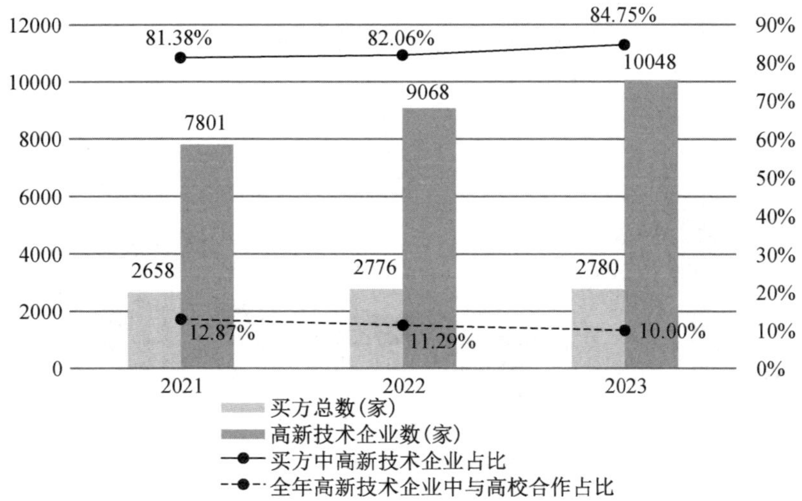

图 10 2021—2023 年与高校合作在宁企业数情况

（三）服务端技术转移中介服务方力量发育不够

北京、上海、深圳等城市聚集了很多专业度高、影响力大的技术转移中介服务的头部机构，例如中国技术交易所（中技所）、上海技术交易所、同济大学技术交易中心等，南京无论从规模还是专业度来看还有很大差距。具体而言：一从技术转移机构来看，全市现有的工作站体系和技术转移机构规模比较小，规模和质量仍有上升空间，目前全市共建有 35 家省级技术经理人事务所、118 家技术转移机构。相关企业反映，现有的科技中介市场服务功能单一，水平较低，缺乏“大而强”的高水平服务机构，能够全面提供知识产权运营，法律、财务、企业管理，商业洽谈等服务的中介机构比较欠缺，专业化科技服务市场有待培育。

从技术经理人来看，机构内部的技术转移人才稀少。目前依托国家技术转移人才培养（江苏）基地累计培训经理人共有 1065 人，其中高校 351 人，主要以初级、中级人才为主，初级技术经理人占比接近 90%，数据显示，在民营企业及社会中介机构任职的占比不足 30%，隶属于高校院所和科研机构等事业单位的占比达 55%。技术转移机构共有 118 家，其中高校背景 21 家。2023 年高校技术合同中共有 100 项技术合同含第三方中介机构参与撮合，技术合同成交额 1.42 亿元，占高校成交额比重 2.04%。其中中介方为技术经理人的有 3 项，成交额 0.51 亿元；中介方为技术转移机构的有 97 项，成交额 0.91 亿元（其中高校背景的技术转移机构 68 项，0.72 亿元）。2022 年高校技术合同中共有 214 项技术合同含第三方中介机构参与撮合，技术合同成交额 0.695 亿元，占高校成交额比重 1.00%。其中中介方为技术经理人的有 2 项，成交额 0.027 亿元；中介方为技术转移机构的有 212 项，成交额 0.67 亿元（其中高校背景的技术转移机构 187 项，0.55 亿元）。2021 年高校技术合同中共有 204 项技术合同含第三方中介机构参与撮合，技术合同成交额 0.44 亿元，占高校成交额比重 0.59%。其中中介方为技术经理人的有 9 项，成交额 0.0264 亿元；中介方为技术转移机构的有 195 项，成交额 0.417 亿元（其中高校背景的技术转移机构 187 项，0.36 亿元）。由此可见技术中介方参与比例虽略有上升，但总体占比仍处于较低水平。

从技术转移成效来看，技术合同登记中作为第三方登记促成交易的不多。以 2023 年高校技术合同为例，共有 100 项技术合同含第三方中介机构参与撮合，技术合同成交额 1.42 亿元，占高校成交额比重 2.04%。其中中介方为技术经理人的有 3 项，成交额 0.51 亿元；中介方为技术转移机构的有 97 项，成交额 0.91 亿元。由此可见技术中介方参与比例较低，而社会技术转移中介方促成交易成交额占比更是不足 1%。

（四）成果端市级成果转化综合服务平台功能有待优化

目前，江苏省技术产权交易市场和技联在线为省级服务管理平台，专项面向南京地区服务的只有一个省技术产权交易市场南京分中心平台。南京分中心平台（省平台的子系统）功能权限由省平台有限开放，对外主要有供需信息发布、店铺开设、线上对接服务功能，对内有资讯管理、用户管理、技术经理人查询、店铺管理、供需管理、活动管理等功能。除此之外，还缺乏对概念验证中心、中试小试平台、科技金融（分析金融产品特点）、仪器共享等模块的技术开发。由于受到省平台功能设定、权限开放、数据回流等限制，并不能完全满足南京打造贯通式推进成果转化服务体系的需求。一是平台对接功能单一。现有市级平台只能针对单个成果或需求进行线上对接，没有按产业领域、成果单位等形式发起批量成果或需求线上对接的功能，无法满足开展线上线下联动的技术转移集中推广活动的需求。二是服务功能不完善。现有平台主要聚集在成果发布、需求发布和对接，省平台的竞价系统、公示挂牌、智能撮合等功能未对分中心平台开放，同时缺少科技金融、创业孵化、科技中介等成果转化全链条的体系化服务。三是管理权限有限。主要体现在技术经理人模块和线上对接成效模块，分中心平台无法查询南京技术经理人情况，因此无法开展对存量技术经理人的培育，也不能及时掌握线上对接情况及成效，从而不能及时做好线下跟踪服务。四是本地特色不明显。由于分中心平台功能限制，所有地市级的分中心平台均为同一模板，南京市各类科技创新资源不能全面展示，创新数据无法全面统计。

二、平台搭建展望

为深入贯彻党的二十届三中全会精神和习近平总书记对江苏工作重要讲话重要指示精神，加快建设具有全球影响力的产业科技创新中心主承载区，南京市于2024年8月出台《南京市构建贯通式科技成果转化体系的实施意见》（以下简称“《实施意见》”）。《实施意见》为建设南京市科技成果信息发布与供需对接服务平台提供诸多启示。

（一）适当发挥政府作用

南京市科技创新资源转化服务平台的最终目标是提高企业的创新能力，其建设体现了政府发展战略性新兴产业的意愿。政府除了为资源服务平台提供政策和资金支持，还应该及时监督平台的运行，并进行持续支持和指导，还可以通过对由平台的服务进行政府补贴来提高平台和使用平台的企业的积极性。另外，科技成果信息发布与供需对接服务平台涉及科研院所、企业，以及国家各省市各级政府及相关部门和行业协会等，组织工作难度较大，还需要成立专门的组织来指导、管理跨部门、跨行业、跨地域的资源服务平台建设。

（二）从供需双方需求出发

高校通常是科技创新的源头，拥有丰富的科研资源和人才储备，而企业则是科技成果转化的主战场，需要解决实际生产中的技术难题。《实施意见》一方面建议强化高校院所紧密对接，提升科技成果供给质效；另一方面也提出要强化企业应用需求牵引，推进产学研用深度融合。高校的需求主要集中在通过平台找到合适的企业合作伙伴，将科研成果快速转化为生产力，同时也希望通过与企业的合作，获取更多的实践机会和资金支持，以促进学科建设和人才培养。企业在平台中的需求主要是寻找能够解决其技术难题的科研成果，以及高素质的技术人才。在搞清楚高校和企业创新过程中的通用需求和关键需求后，确定平台的服务和范围，来扩大服务范畴、提升平台服务能级，这是一种产学研合作的新模式，能够针对性地开展科技资源的配置以及资源服务模式的探索，促进更多的资源向高校和企业集聚。

（三）扩大平台服务的受益面

《实施意见》中指出，要打造全链条转移转化平台矩阵，畅通科技成果转化渠道。除了满足高校及企业的需求外，科技资源服务平台是政府支持创新的机构，应该具有更多的外部性。只有从中获益的群体达到一定规模，才能完全发挥其效果。从平台的链条式结构出发，平台服务的主体除了企业（技术需求端）和高校（技术供给端）外还有成果端、服务端、政府管理端等多方面，通过从多角度考虑形成服务生态体系，实现服务的多元化和全面化。从平台的链条式结构来看，其服务的主体构成了一张复杂的网络，涵盖了多个关键节点。除了企业这一技术需求端和高校这一技术供给端之外，还包括了成果端——即科研成果的产出与转化；服务端——提供专业化、定制化的辅助服务；以及政府管理端——负责政策的制定与执行，为平台提供方向指引和资源支持。这些不同的主体相互作用，共同构成了一个动态平衡的服务生态体系。这样的多元化和全面化服务策略，将有助于平台积累更加丰富和多样的数据资源。这些数据不仅是衡量平台成效的重要指标，更是推动平台持续优化、精准服务的关键动力。通过对数据的深入分析和有效利用，平台能够更好地理解用户需求，预测市场趋势，进而促进整个科技创新生态系统的健康发展。

（四）建设多角度资金支持体系

《实施意见》中对于优质科技人才、科技项目、高校、机构及企业等有关单位实施多样化、多层次的绩效考核及奖励机制，让每一项投入都能映射出相应的价值回报。平台的建设不能成为各使用主体的负担，最终沦为“走过场”，要想增加用户粘性，真正做到吸引并帮助到高校企业等主体，其运作模式必须跳出传统框架，巧妙融合奖励补贴、绩效评估及多元化考核策略。针对创新的主力军——高校、企业和各类中介机构，应当构建一个积极正向的激励生态系统，鼓励它们依托平台开展科研合作、成果转化与技术服务等活动。这些激励措施可以是物质的，如资金支持、优惠政策、人才补贴等，也可以是精神的，如荣誉表彰、社会认可等。通过这些激励措施，平台可以激发用户的内在动力，让他们更加积极地参与到平台的建设和发展中来。针对管理的主力军——地方主管部门，采取年度考核的方式提高管理能力和管理水平，在对策执行与创新推动、资金使用效率、平台服务与支持、用户满意度与参与度、合作与协同、风险管理与应对等方面进行考核指标的制定，确保地方政府在平台建设中发挥积极作用，推动平台真正成为促进知识交流、技术创新和产业发展的高效载体。

三、 平台建设工作建议

（一）搭建南京市科技创新服务线上平台

服务平台全景图如图 11 所示，平台将整合现有科技计划管理信息系统、都市圈科技创新图谱、科技统计平台等，搭建数据底座，汇聚科技局现有科技创新资源，积极对接省技术合同登记系统、省科技资源统筹云平台等省级平台，以及从互联网抓取科技信息，打通底层数据，提供科技政策、技术交易、合同登记、科技金融、科创载体、科技统计、科研机构、高校院所、创新平台等科技创新资源服务，实现科创资源有效融合，提升科技交流效率。为科技企业、科创载体、科研院所、在宁高校科技等创新主体提供一站式科技创新资源供给、科技创新服务以及政策精准推送，为市、区科技主管部门提供全范围的科技创新数据查询、统计、分析，随时掌握各板块、各产业链、各年度、各技术领域、各科技创新主体等科技创新“画像”为制定科技创新政策提供有效支撑。

1. 实现科技创新资源汇聚

（1）科技创新平台：展示科技创新平台（含重大科技创新平台、重点实验室、公共技术服务平台、工程技术研究中心、院士工作站等）的研究内容、专家资源的优势，促进企业、高校等科研单位的产学研合作。基于地理位置展示科技创新平台科技创新资源的分布及状态情况，点击相应标识，可查看有关的基本信息、运行发展信息、科技创新信息、服务信息以及其他相关信息。

（2）新型研发机构：支持新型研发机构成果资源展示。新型研发机构是聚焦科技创新需求，主要从事科学研究、技术创新和研发服务的独立法人机构，可依法

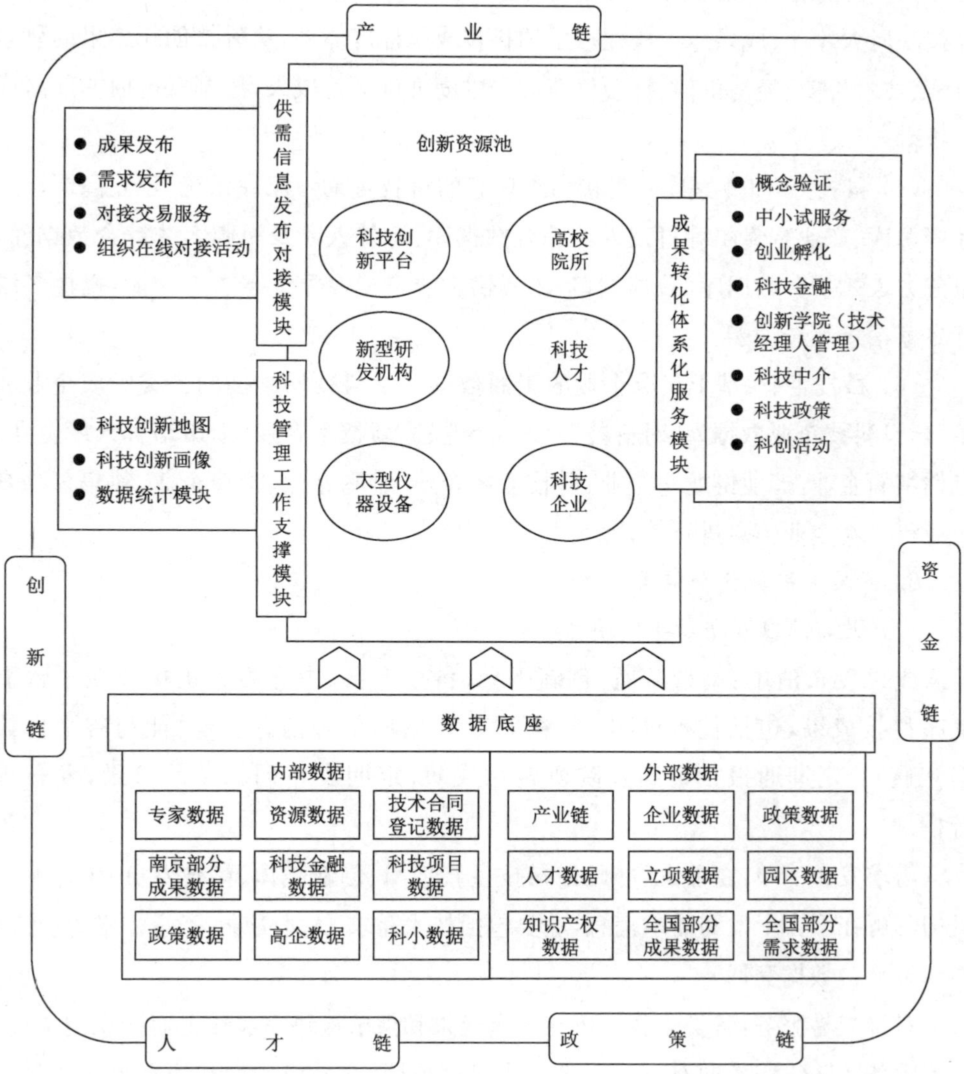

图 11　平台全景示意图

注册为科技类民办非企业单位(社会服务机构)、事业单位和企业。涵盖南京 12 个区的新型研发机构,基于地理位置展示新型研发机构科技创新资源的分布及状态情况,点击相应标识,可查看有关的基本信息、运行发展信息、科技创新信息、服务信息以及其他相关信息。

（3）大型仪器设备:平台对接省平台,共享南京资源数据,使用省平台功能,提供大型仪器设备统计以及共享功能,解决企业在大型仪器设备使用过程中面临的设备资源不足、利用率不高或重复购置等棘手问题。

(4) 高校院所:梳理南京高校院所基本情况、人才(团队)情况、成果情况,构建高校院所人才库、成果库。构建科学的科技成果标准体系,从科技创新成果的科学价值、技术价值、经济价值、社会价值四个维度准确评价成果,挖掘有价值的前沿成果技术。

(5) 科技人才(专家库):对接南京现有的科技咨询专家库系统,建立高层次人才资源库、产业智囊团等科技人才综合数据库,海外人才及海归人才综合数据库,第三方人才平台数据库(数据端口)。提供在线全量专家信息查询功能,提供多维度专家信息筛选功能。

(6) 科技企业:基于获取企业的工商数据以及科技局掌握的各类资质企业名单,建设科技企业数据库,对科技型中小企业、高新技术企业、上市培育入库企业、专精特新企业、产业链龙头企业、科技人才企业、雏鹰企业、瞪羚企业、独角兽培育企业等 9 类企业信息进行统计。

2. 开展成果转化全链条服务

(1) 供需信息发布对接模块

成果发布清单:高校院所、创新平台、科技专员、中介服务机构等在平台上发布科技成果,包括技术说明、应用领域、市场前景等信息(该功能与省平台数据互通)。定期通报在宁高校院所转化成效,定期发布创新产品目录,发布排行榜。

需求发布清单:企业、区(园区)科技主管部门、创新载体、科技专员、中介服务机构等可在平台上发布需求信息,主要包括技术需求、人才需求、资金需求等(该功能与省平台数据互通)。

对接交易服务:各类创新主体在平台成果和需求板块完成线上对接意向申请,线下服务团队组织意向双方线下进一步对接洽谈,交易成功后在线上提交交易记录备案(该功能需要省平台开放权限)。

组织在线对接活动:平台运营机构、高校院所、区(园区)科技主管部门、创新载体等主体在平台发起线上对接活动,从成果库和需求库中选择发布对象,可实时查看意向对接情况,线下组织意向双方开展深入对接。

(2) 成果转化体系化服务模块

概念验证:汇集我市概念验证中心,提供技术可行性和市场竞争分析、原型制造、性能测试和验证等服务。

中小试服务:汇集我市中小试基地,提供产品创制、概念产品试制、紧缺产品、二次开发研制等中小试服务。

创业孵化：提供孵化器、众创空间等载体信息、入住政策展示，提高科技招商载体对接效率，也为有意向在宁创业企业提供载体精准搜索对接服务。

科技金融：利用大数据对企业画像，对接南京金服平台，推送优质科技企业，提供一站式投融资对接服务平台，解决企业融资难和金融机构对接成本高的问题。

创新学院（技术经理人管理）：围绕成果转化开展培训服务，支持线上报名、线上培训以及线下培训。选择优质培训课件提供在线常态化培训；对存量技术经理人进行注册管理，形成技术经理人人才库，记录技术经理人各类信息，动态掌握全市技术经理人队伍情况。

科技中介：汇集技术转移服务机构，财税、知识产权等创新服务机构，展示服务内容、团队信息等，为创新服务提供支撑。

科技政策：开展省市科技政策解读，展示正在申报政策，与"宁企通"实现单点登陆，可直接链接开展申报。

科创活动：平台运营方、区（园区）科技主管部门、高校院所、科创载体、技术转移服务机构等在平台发布活动预告，提供在线报名功能，并可上传在线展示优质活动视频。

3. 科技管理工作支撑模块

科技创新地图：基于产业、企业、创新资源等要素数据，结合 GIS 地图展示企业、产业创新资源分布，绘制南京市各板块主导产业链全景图，实现区域企业自动挂链，精准分析产业链发展现状。

科技创新画像：构建科技企业全息画像，对企业的发展现状、经营风险、企业关系网、关键人员、竞争力、成长力等多维度进行分析透视，洞察企业全景。

数据统计模块：实时展示平台各类科技资源数据、交易成效数据等。

（二）平台线下工作体系建设及线下服务体系建设

首先，搭建平台的对内工作体系，组建以南京市科技成果转化服务中心为核心的运营服务体系。一是场地：利用现有成贤街 118 号科技中心 8 号门 2—4 层空间，建设"成贤 118"南京市科技创新服务总站，集成科创服务机构聚集区、科技创新学院、科技成果转化平台和科技金融对接平台等科技创新服务载体，面向全市开展创新服务，主要开展科技成果展示、技术需求对接、路演和揭榜挂帅、科技金融推介和投资项目路演科技创新沙龙、科技政策培训、科技创新人才培育等服务。二是团队：由南京市科技成果转化服务中心牵头，对内组建 20—30 人的运营团队，联合审计、纪检等相关部门参与平台建设，实现全流程督导，制定平台操作指引，识别潜在风险；联合第三方科技服务机构，进行市场化运作，充分利用内外部资源，实现平台可持续运营。运营内容包括平台运维、综合科技服务，平台运维负责平台的日常运维，包括数据更新、功能优化、故障排除等；综合科技服务负责成果转化涉及的需求端挖掘、供给端梳理、服务端对接工作。中心负责整个平台运营团队组建以及日常运营管理指导、平台建设以及线下服务开展协同对接，第三方服务机构负责具体运营服务工作协同执行。

其次，搭建平台的对外服务体系。通过机制建设整合高校技术转移中心、基层工作站、各区（园区）、科技镇长团、成果转化专员、科技服务机构等外部资源，组建科创服务联盟，围绕平台服务功能开展成果转化全链条服务，实现平台可持续运营。一是在宁高校布局南京市成果转化分中心，充分挖掘成果资源，实现资源互通共享。积极推动在宁主要高校院所与地方签订科研成果托管服务，技术转移平台牵头，联合专业服务机构向主要高校院所派驻技术专员，指导并协助高校院所开展成果盘点、梳理、评估、交易等，加速实验室成果向产业转化。二是加强技术转移机构培育。建立健全技术转移（科技成果）服务骨干机构培育库，支持技术转移机构开展科技成果管家托管、价值挖掘、需求匹配等高价值服务，进行年度考核奖励，实现动态管理，培育一批具有行业影响力的本土技术转移服务机构。三是创新交易模式（托管 CRO 模式）。引入上海技术交易所科研成果托管 CRO 模式，积极参与省技术产权交易市场“专利拍卖季”“创新挑战季”等技术转移品牌活动。四是整合优势，打造服务品牌。以“科创红桥 校企双进”“成贤 118”科技创新服务平台为主要载体，整合市、区创新资源，充分发挥各类科技创新服务机构优势，开展线上线下结合的科技创新集成服务。

最后，拓展科技资源整合共享合作层次。一是强化“市＋区＋服务机构”资源协同。需形成全市规划“一盘棋”、创新服务“一条线”和资源集成“一张网”的局面，形成统一合力，打造“市区联动、多方协同”服务矩阵。纵向形成以市－区－园区（载体）为主的三级服务链，横向引聚服务机构、高校院所、科技银行、技术经理人等专业服务能力和资源整合优势，着力打通科技成果供给、中间服务、需求“三环节”，高效推进创新资源要素的有效推进。二是推进省市资源协同。依托省市场构建省、市（南京分中心）、区（省市场工作站）三级联动运营体系和技术转移中介服务体系（技术经理人事务所、技术经理人），依托目前全市 35 家省级技术经理人事务所及 1065 名经理人，与江苏数字科技平台、省资源统筹中心形成资源协同。三是与其他地区资源协同。将科技资源范围进一步扩大到江苏省内、长三角经济带乃至国内、国际，充分整合并统筹利用区域内外、国内外各种科技资源。扩大国际开放合作，拓展、完善南京市与以色列、芬兰等国建立的国际产业研发合作机制，鼓励和支持龙头骨干企业与国外同行企业进行专利技术、技术标准的交叉授权许可，组建技术战略联盟，形成优势互补、资源共享、互促发展的合作机制。

（三）建立平台绩效考核机制及配套政策法规

一方面，通过“三个紧盯”网格化建设，实现线上线下工作联动，建立面上成果发现机制，保障科技成果转化落地。一是院士全覆盖对接联络机制。根据《实施意见》指示，出台科技成果源头发现对接工作指引，强化与在宁院士、高校院所、国防科工单位、重大创新平台对接服务。充分用好市委联系服务专家工作机制，实时了解院士团队最新研发动向，精准对接服务以实现重大创新成果就地转移，听取专家最新科研进展和意见建议，协调解决人才团队在成果转化、人才培养等方面遇到的困难。二是“双一流”学科全覆盖对接联络机制。35 个“双一流”学科所在的 37 个院（系）由板块、市级八大重点产业链专班负责对接，结合板块主导产业、产业链专班进行精准匹配安排对接分工。三是高校技术转移中心“一对一”对接联络机制。在宁 17 家主要高校技术转移中心由市科技成果转化服务中心负责对接联络。成立南京市成果转化服务中心高校分中心，由市委组织部选派科技人才专员驻点各分中心开展常态化服务，走访高校各院系，梳理人才团队信息。

另一方面，完善对区、园区、载体、中介服务机构的绩效考评，实行奖励机制，推动各参与主体积极参与平台建设维护。一是支持在宁高校院所建立健全科技成果报告和披露制度。根据《实施意见》指示，定期发布科技成果和技术需求“两项清单”，优先推荐清单内转化技术列入省重点研发项目、省“1650”产业体系协同攻关项目。定期通报转化成效，每年评选“十大科技成果”“十佳转化案例”，发布高校科技成果转化排行榜，对成效突出的给予奖励。根据高校在平台常态化发布成果情况，上报的成果转化情况以及技术合同登记情况进行综合评价。二是对高校技术转移中心进行绩效考核。根据高校技术转移中心在平台发布的科技成果、人才团队情况，参与平台组织的线上线下产学研活动情况、报送的年度工作统计情况、在南京建设分中心及运营情况、促进交易情况等综合进行评价，对服务成效突出的分中心给予绩效奖励。三是派驻科技人才专员到高校技术转移中心驻点服务。由组织部选派科技人才专员，长期驻点到高校技术转移中心，开展成果挖掘及落地服务工作，根据专员在平台发布的科技成果、参与的产学研活动、服务成果落地情况综合评价进行绩效考核，成绩突出者给予一定荣誉和奖励，或者作为职务提拔的重要参考。四是对技术转移机构进行评优。组织年度优秀机构评选，打造一批示范性机构，给予一定绩效奖励。根据机构在平台上的年度运营数据填报，对发布需求、成果信息情况，参与平台统筹组织的各类互动情况、在平台发布并举办的活动情况、促成交易情况（技术合同登记数据）等进行综合评价。五是对技术经理人进行培育和评优。对技术经纪人成果转化参与情况、成果转移转化绩效综合评价，评选年度优秀技术经理人，对技术经纪人按照成果转移转化绩效给予奖励，给予一定绩效奖励。平台建设技术经理人人才库，记录技术经理人基本信息、专业级别（初级、中级、高级）、线上线下参加培训情况、活动情况、促成交易情况等。组织技术经理人提升计划，精选优质培训课程提供在线学习，总结优秀案例进行在线分享，提供活动在线报名等，定期开展技术经理人经验分享、行业沙龙、研讨活动，提升技术经理人专业能力。六是对技术吸纳方进行奖补。对于企业在平台发布的技术需求，通过平台获得解决并完成技术合同登记，按照实际成交额度的一定比例给予奖励。七是开展孵化器和众创空间绩效评价。将孵化器和众创空间在平台进行的信息维护情况、组织活动情况、组织在孵企业参与平台服务（参加活动、填报需求等）等纳入年度绩效考核指标。具体而言，可以学习借鉴由国家技术转移东部中心技转生态支持、上海国际技术交易市场负责运营的 Inno Match 全球供需对接平台（https://www.innomatch.net/）。各主体用户在完成需求发布、供需对接全流程、意向签约案例上传、落地签约案例上传四个环节后，将根据平台各类使用行为获得相应积分奖励，所获积分满 500 即可 1∶1 提现到账，后期还可用于一键擦亮（置顶）需求和成果，兑换平台积分商城中的奖品，具体积分获取规则如表 1 所示。

表 1　平台积分规则

序号	操作节点	积分获取途径	奖励数量上限	分值获取说明
1	需求发布	发布一项需求	150	需求发布通过审核后给付 5 积分
2	成果发布	发布一项成果	50	成果发布通过审核后给付 5 积分
3	供需对接	完成一次供需对接全流程	50	供需对接全流程所需材料包括但不限于提交需求对接情况表。需求方获得 80 积分，解决方案方获得 220 积分；若针对本次解决方案的供需对接反馈次数小于等于 2 次且最终并未形成签约，则解决方案方只可获得 20 积分，需求方不获得积分
4	案例上传	上传意向签约案例	15	意向签约案例所需材料包括但不限于甲乙双方盖章合同（签订时间在 2024 年 1 月 1 日之后）、供需对接案例全流程描述。需求方获得 150 积分、解决方案方获 360 积分、案例提交者获得 90 积分

续表

序号	操作节点	积分获取途径	奖励数量上限	分值获取说明
		上传落地签约案例	30	落地签约案例上传所需材料包括但不限于甲乙双方盖章合同(合同签订时间在 2024 年 1 月 1 日之后)、供需对接案例全流程描述;且合同需为技术开发、技术转让类别。需求方获得 1000 积分、解决方案方获 2400 积分、案例提交者获得 600 积分。四技合同:提供已签订的四技合同材料,案例提交方额外获得 500 积分;未签订四技合同并在本平台进行四技合同申报,材料提交方额外获得 1000 积分

同时,加强南京科技资源整合共享政策法规研究,营造良好的科技创新政策环境,采取公平、公正、公开的原则对科技资源进行整合、集成、开放和共享,促进科技与经济紧密结合、创新要素与生产要素良性互动、创新成果和产业需求有机衔接。结合本市实际,制定出台《南京市科技资源开放共享条例》《南京市科学数据、文献和仪器设备共享管理办法》《南京市科技资源共享绩效评估机制》等规定性文件,通过立法明确科技资源共享过程中各主体的权利义务,维护科技资源拥有者的合法权益,保障科技资源整合共享有法可依。在区(园区)层面建设基层工作站,增加成果转化考核指标(需求挖掘、活动举办、促进交易等),充分调动基层服务力量,如《南京市科技成果转化联络员工作实施方案(试行)》。将各创新主体在平台的运行情况(如发布成果、需求,对接成效登记,举办和参加活动提供服务等)作为各类奖补及绩效考评政策兑现、评优或指标考核的依据之一。

作者:刘叶霏(南京市科技成果转化服务中心)
张　燕(南京市科技成果转化服务中心)
申　辰(南京市科技成果转化服务中心)

产业创新篇

南京智能建造发展的实践创新与对策建议

智能建造是指在建筑全生命周期中综合运用信息化、自动化、智能化等新兴技术手段，实现工程安全、品质提升、降本增效、绿色低碳的新一代建造模式。智能建造不仅是一种技术手段的革新，更是一场深刻的生产力革命，是建筑业发展新质生产力的必由之路，是建筑业转型升级的有效路径。

作为全国首批智能建造试点城市，南京要以智能建造赋能新型建筑工业化，引领建筑业高质量发展。

一、南京探索智能建造的现状与创新

建筑业是支柱产业，但又是传统劳动密集型产业，存在生产方式粗放、劳动效率不高、科技创新能力不强、工业化信息化程度较低等短板，建筑工人老龄化加剧，用工成本不断攀升，用工难成为突出问题。

2022 年 11 月，南京入选住建部首批智能建造试点城市，开展为期 3 年的智能建造试点。两年来，试点取得了阶段性成效，6 项经验做法入选住建部发展智能建造可复制经验做法清单。

1. 顶层设计先行

作为试点城市，南京肩负着探索建筑业转型发展新路径的使命。开展智能建造试点工作的战略方向是实现建筑业全产业链智能建造。出台了《关于推进智能建造与新型建筑工业化协同发展的实施意见》《南京市智能建造试点城市实施方案》《南京市智能建造管理办法》等文件，明确发展目标和政策措施，推动智能建造与新型建筑工业化协同发展和工业化、数字化、智能化技术集成应用。在政策体系方面从源头进行把控。在土地供给环节，以土地出让方式供地的建设项目，规划和自然资源部门在土地出让前应就智能建造与新型建筑工业化的有关要求征求同级产业办的意见，并在土地出让合同中予以明确；以划拨方式供地的建设项目，立项审批部门应在政府投资项目审批时，综合考虑国家、省、市对新建项目智能建造与新型建筑工业化的有关政策规定以及项目增量成本的投入需求，督促有关单位严格落实有关要求。在招标环节，将智能建造和新型建筑工业化技术作为择优因素，招标人结合工程项目特点，在招标文件中可对智能建造和新型建筑工业化技术应用提出明确要求；而采用新型建筑工业化和智能建造技术的建设项目达到有关基本控制指标要求，满足建设工程工地实施差别化管理规定的，可优先享受有关差别化管理政策，在冬春季节环境管控期间，在不改变施工强度和工程进度的情况下维持正常施工。在税收方面，本市企业为开发智能建造和新型建筑工业化新技术、新产品、新工艺发生的研究开发费用，在按规定据实扣除的基础上，符合条件的可在计算应纳税所得额时加计扣除。在评优评奖方面，将智能建造和新型建筑工业化有关控制指标及综合评定结果作为申报各类奖项、示范项目的重要参考和主要凭证，在市级优秀勘察设计奖评选中优先选取智能建造和新型建筑工业化有关项目；在“金陵杯”评选中增设智能建造和新型建筑工业化项目类别，2023 年占比不低于 15%，以后每年递增 5%，有关项目将优先推荐参加省级同类奖项评选。对通过验收的国家、省、市级智能建造示范项目和被确定为观摩工地的项目，在建设完成后且符合条件的可直接授予“金陵杯”，并在建筑市场动态信用评价时对有关参建单位给予相应的加分。

2. 开展试点示范

智能建造的推进发展，离不开试点项目的示范和龙头企业的带动。确定 52 个市级试点项目，总建筑面积 526 万平方米。13 个试点企业涵盖了勘察设计、建筑施工、部品生产及技术服务等全产业链。按照“BIM 技术一体化应用、全要素动态数据一次采集、分析预警信息一屏统览”的原则，编制了《南京市智能建造项目级综合管理平台建设指引》，并在各试点项目中推广应用。无人驾驶智能塔吊、空中造楼机、成体系应用成型钢筋骨架技术、建筑施工机器人在项目中得到应用。利用 BIM 三维可视化技术进行设计问题检查。部品部件智能生产采用二维码技术，实现质量可追溯。喷涂机器人、抹平机器人等代替人工“危繁脏重”作业。编发南京市智能建造适宜技术应用场景目录,在全市推广。

中国移动长三角(南京)科创中心一期工程 A3 楼项目是南京公布的首批智能建造试点项目之一。在这个项目工地上,南京首个应用成型钢筋骨架完成吊装,仅用时 10 分钟。成型钢筋加工配送技术是住建部发布的 2017 版建筑业 10 项新技术之一。由专业化钢筋加工机构在加工场所预先将钢筋加工成为工程所需的成型钢筋制品,再运送到项目工地中,现场可快速组装成为项目所需要的钢筋骨架。吊装完成的两段钢筋笼连接处的"双螺旋组合套筒",是组装钢筋笼时的关键配件。按照传统工艺,即使是绑扎钢筋的熟练工,每个柱钢筋笼也需要两人在现场做一天。现在施工时间缩短为 10 分钟。经测算,使用这项技术的 A3 楼项目,可减少现场钢筋工作量 70%,项目装配率由 45%提升至 58.8%。该项目还有不少技术领先的智能建造设备。5G 无人值守塔吊让工作人员在空调房里即可遥控操作,再也不惧严寒与酷暑。无人机土方测绘及测量机器人、抹灰机器人等 7 款机器人上岗,工作效率高、精准度强。此外,还有精准的 BIM 设计、信息化管理系统等。

3. 培育产业体系

成立智能建造产业联盟,成员包括开发建设、勘察设计、建筑施工、生产制造、技术服务、智能装备等企业,科研院所及行业协会等单位。

培育了南部新城 1 个智能建造项目集聚区,同时也是住建部 BIM 和 CIM 双试点片区。目前,集聚区内富华路两侧教育配套工程、国际路社区中心、大明路社区中心等 6 个项目入选市智能建造试点项目,其中富华路两侧教育配套工程入选省试点项目。南部新城搭建管委会、公司级和项目三级 CIM 平台,实现一屏通览全局,推进 BIM 全流程应用,聚焦施工作业中"危、繁、脏、重"的典型场景,推广应用建筑机器人及智能施工设备。

作为南部新城第一个遵循 BIM 交付标准全流程实施的项目,全民健身中心通过实施项目级 BIM 智慧工地建设及运维管理,利用云计算、大数据、物联网和人工智能等信息技术,实现楼宇质量、安全、水电运行、环境管理等方面的可视、可管、可控。

大明路东侧居住社区中心项目中激光混凝土整平机代替人工进行现场施工效果显著,效率是人工振捣的 3.2 倍;实测实量机器人自动测量平整度、垂直度、阴阳角度、进深、开间等数据,生成 3D 房间数据模型,通过等高线图查看超规范不合格区域,安排现场整改并复测,效率约为人工测量的 3 倍,误差也更小。除利用机器人代替人工进行现场施工、提高施工质量效率外,南部新城各试点项目还积极运用智能施工电梯、3D 打印、低空无人机等智能关键技术,推动建筑业与先进制造技术、施工技术、新一代信息技术的深度融合。智能无人升降机主要用于工地垂直物流，实现建筑机器人无障碍跨楼层通行；低空无人机广泛应用在建筑设计场地勘察、施工进度检测、地形测量和测距、安全环保检查、土方测量等方面。3D 打印以热塑高分子聚合物聚乳酸与再生材料制成的复合材料为耗材，通过建筑的图形设计模型转化成三维信息并打印，节约成本并保护环境。

但是，智能建造发展也存在一些问题，主要有：

（1）受到市场需求萎缩的制约。随着房地产市场形势变化，住房建设项目锐减。由于土地收入减少，地方政府债务管控化解要求趋严，经济下行压力加大，财政困难增多，公共建设项目减少。

（2）工业化、数字化、智能化同步推进的工作难度大。制造业等产业一般是先实现工业化，再推进数字化，在数字化的基础上，开启智能化。而建筑建造技术比较落后，在尚未实现工业化的情况下，又开始了数字化、智能化。

（3）在财政压力增大的情况下，依靠政府主导推动，难以持续，同时出台政府奖励补贴政策的难度增加。企业应用热情较低，传统行业对新技术存在抵触情绪。

（4）技术创新有待加强。关键核心技术亟待突破。建筑信息模型（BIM）应用广度深度不足，各环节 BIM 使用割裂，建模软件操作不便。

（5）成本压力较大。智能新技术应用初期，难免会增加项目施工成本，加重施工企业负担。而目前施工企业困难较多。

二、 智能建造的行业趋势与展望

智能建造在推动建筑业高质量发展中将发挥更关键的支撑和引领作用。江苏现已确定智能建造目标，在省政府 2024 年 11 月印发的《关于促进全省建筑业高质量发展的意见》中明确，到 2025 年，转型升级取得新突破，科技赋能成效明显，培育 30 家智能建造骨干企业；到 2030 年，建成智能建造与新型建筑工业化协同发展的产业体系、标准体系和政策体系，基本实现建筑产业现代化，更高水平建成建筑强省。为加快推进智能建造，江苏提出建立健全智能建造全产业链标准体系。鼓励大型建筑企业建立科技研发中心，建设建筑产业互联网平台。有序推进 BIM 技术在建设项目规划、勘察、设计、施工和运营维护全过程集成应用，建立全省统一的 BIM 设计交付和智能审查数据标准。同时，支持企业研发和推广应用建筑机器人及智能装备、部品部件智能生产、智能施工管理等智能建造关键技术。引导条件成熟的地区打造智能建造产业园，吸引上下游企业集聚，形成智能建造产业链供应链集群。一些激励措施也在陆续落地实施。2023 年 8 月，省委、省政府在《关于促进经济持续回升向好的若干政策措施》中提出，支持各地对参与智能建造试点项目建设及生产科研投入的企业予以资金补助。

南京是传统的建筑业大市，智能建造应用前景广阔。南京出台了《南京市智能建造试点城市实施方案》，将在完善政策体系、培育智能建造产业、建设试点示范工程、创新管理机制、打造智能工厂、推动技术研发和成果转化、完善标准体系、培育专业人才等八个方面开展试点，推进建筑业、制造业融合发展，形成可感知、可量化、可评价的试点成效，打造彰显南京特色的智能建造生态。出台激励政策和管理举措，以政府投资大中型项目为重点开展市级示范培育，建设一批带动效应明显的试点示范项目和基地，形成可复制可推广的实践经验。

到2025年末，全市智能建造与新型建筑工业化协同发展的政策体系、产业体系和监管体系基本完备，实现BIM技术在规模以上新建工程项目中普及应用，新型建筑工业化建设项目新开工面积占新建建筑面积的比例达到60%以上，智能建造适宜技术在政府投资大中型项目应用中占比达到60%以上。推进工业互联网在建筑领域融合应用，以新型建筑工业化项目为基础，以政府投资建设项目为重点，初步建成建筑产业互联网平台，实现建筑业产业基础、技术装备、科技创新能力、劳动生产率及建筑品质全面提升。

三、南京深化推进智能建造的对策建议

1. 完善政策支撑

要尊重规律，面向市场，正视问题，克服困难，积极稳妥推进，既不能急于求成，也不能畏缩不前。一是制定长期的智能建造发展规划。针对商品房、保障房、农房等不同对象，综合考虑技术发展、产业结构调整、市场需求和社会影响等因素，统筹发展方向、阶段目标、扶持政策、监督实施。二是健全制度。将智能建造相关要求纳入地方性法规，健全组织推进机制，确保发展智能建造政策的长期性、连续性。三是建立智能建造技术标准体系，包括安全标准、产品质量标准、工程技术标准、工艺流程标准等。推动相关技术及时形成地方标准。四是探索项目降本增效方法。拓展政府开发的智能建造信息服务与监管平台应用范围，开发可供施工项目使用的项目管理平台，包含材料管理、施工进度管理、质量管理、安全管理等多个功能，免费提供给项目使用，为企业节省平台开发、技术服务等费用。提高施工机器人和智能设备流转效率，鼓励企业由购买改为租用。链接高校资源开展产学研合作，为项目打通技术壁垒。

2. 注重科技创新

一是强化企业创新主体地位，增强自主创新能力，抓好机遇、用好资源，做优做强、做精做专，强化核心技术研发，参与行业标准制定。培育智能建造骨干企业和领军企业。成立创新联合体，积累更多科技储备。二是变革建造方式。推动智能建造与新型建筑工业化协同发展，促进工业化、数字化、智能化技术集成应用。推动工厂生产的半成品和施工现场的半成品生产、施工及管理的有机融合。推进BIM全产业链全生命周期集成应用和数字化管理，实现建设项目BIM正向设计、图模一致数字化交付、审查、归档与数据集成一体化管理，提高建筑品质、运维服务水平和建筑产品附加值。三是聚焦关键领域和重要环节开展科技攻关。明确重点科技攻关方向，加强重点领域科技创新布局，建设一批科技创新平台，实施一批科技计划项目，发布典型应用场景。出台科技创新支持政策，构建全周期、可持续的科创金融生态。推动AI大模型在施工过程中应用。训练“AI决策大脑”智能体，基于大模型能力，打造新一代交互工具，形成AI决策辅助生成式驾驶舱，赋能质量安全监管。研发适用于复杂建筑施工场景的AI大模型技术，赋能施工安全隐患智能排查。研发国产自主可控的BIM技术软件，开展BIM底层图形引擎等“卡脖子”技术攻关，打破国外技术垄断。建设智能建造装备研发与服务中心、智能装备4S店和打磨机器人、测量机器人等柔性生产线，促进“地面三件套”、“墙面四件套”、建筑机器人、智能施工电梯等产品迭代升级。推动数字关键技术研发，打造“端＋云”智能设计环境，实现设计一键成图、一键生成计算书、设计生产一站式管理。开展创新场景应用、智能成套装备、3D打印、机器人施工、智能工厂、部品部件智能生产线、建筑废弃物处置与再生建材等研发。四是强化高校基础人才培养、社会人才技能培训，培养适应人机协同模式的专业化人才，形成供应稳定、技能专业、使用合理的产业工人队伍。

3. 培育产业体系

一是构建集科研院所、孵化器、产业园、产业基地、产业基金、产业博览会于一体的智能建造现代产业体系，实现智能建造产业链、创新链、资金链深度融合和科技成果化、成果产品化、产品产业化、产业集群化，形成政产学研金服用协同创新的智能建造产业生态。聚焦大型建筑设备、机器人、智能成套装备等重点领域，培育壮大产业链重点企业，突破关键共性技术，布局集研发、制造、应用、服务于一体的智能制造生态体系。用好信托、科创投、股权投资、天使投资等多种新型金融工具，超前布局数字孪生、元宇宙、脑机接口、高端机器人等建筑业关联战略性新兴产业和未来产业。聚力数实融合，依托海量数据资源，推动跨领域资源与能力协同，构建"数字化＋工厂＋现场"融合建造方式，强化市政基础设施、工业建筑等标准化程度高的项目应用，深化人工智能技术在分流分拣、物料搬运等工作中的应用，形成"智能建造＋智能网联汽车""智能建造＋低空经济"等合纵连横的融合业态，实现从"搬砖头"到"按键盘"的转变。增强产业链韧性，支持企业落地创新业务板块，加速设计、生产、建造、运维全链建设，推动"链长＋链主＋链创"深度融合，鼓励中小企业走专精特新差异化道路，形成上下游融通发展的完善产业生态。推动产业资源汇聚，挖掘本土成熟市场，引导企业"抱团出海"开辟新兴市场，扩大行业外向度，提升智能建造产业及相关行业产值。二是以智能建造产业园为抓手打造智能建造产业集群。整合装备制造、科技材料、研发服务等产业资源，形成园区化发展模式，建设智能建造产业基地、智能建造科技产业园、智能建造装备产业园、建筑机器人产业园，形成错位布局、竞相发展的"一园区一特色"产业格局。在园区内凝聚产业链各环节的优质企业，为园区企业提供试验、技术熟化、检验检测、认证认可的公共服务平台，为园区智能建造产业链上的众多科技型中小企业提供创业孵化服务，为园区配置智能建造主题产业基金，加速园区优质企业成长。三是搭建广泛链接产业上下游的建筑产业互联网平台。打通建筑产业链资源和产品体系，优化全产业链资源配置，提升生产、施工、监管等全流程效率，发挥数据集聚和规模效应，培育建筑业数字经济发展新动能。通过建筑基因与数字基因双基因融合，建筑生态与数字生态双螺旋发展，构建资源共享、共生发展、多方共赢的建筑产业互联网新生态。

4. 丰富应用场景

一是着重开发 6G、人工智能、智能网联等新技术在设计、研发、维护、管理等产业链前后端的应用场景。找准应用场景，提炼一批可推广的领先技术和实用技术。在建筑机器人、智能装备等高技术含量领域，及深基坑、高空作业、有限空间作业等"危、繁、脏、重"作业环境中加快研发创新应用场景。推进 BIM、5G、VR 等信息技术与现场管理的深度融合，支持新一代信息技术在建筑运维中的场景应用，打造对整体建筑可感、可视、可管、可控的立体交互体验。采用智慧监测技术对老旧房屋进行智能化监控，实现风险动态预警。二是布局多元化应用场景。统筹推进"场景—产品"双向适配，编制智能建造技术产品清单、应用场景清单，引导应用智能建造技术，并列入社会项目土地出让条件，鼓励引导有条件的项目广泛应用智能施工电梯，实现智能建造技术装备应用尽用，形成更多带动作用强、技术含量高的标杆项目。三是扩大试点。形成可复制推广的先进经验和案例，逐步扩大智能建造技术推广应用范围。

5. 推动建筑业数字化变革

一是推进规划、建设、管理全生命周期数字化、智能化升级。建立项目全生命周期监管平台，从政府、企业、项目、风险管控、建造管理、数据服务六个维度，构建监管链条，推动规、建、管、用全过程 BIM 数据应用，让数据在监管系统内高效有序流转。二是深化现有城乡建设政务信息系统整合。理清业务逻辑联动关系，找准数据“转接环”，实现系统和数据横向纵向互联互通。推进城市信息模型（CIM）基础平台建设，实现无延迟决策、零距离指挥、跨空间监管。以场景为牵引、应用为导向，推进行业监管服务平台整合互通，夯实数据底板，建立“城乡建设一张图”，实现智慧住建信息化体系统建共用和监管数据互联共享。三是充分利用建筑数字资产价值。树立建筑数字资产是建筑产业价值创造的理念，按照可交易、可控制及预期价值等要求，明确建筑数字资产组成和确认条件，探索数字化技术在智慧住宅、智慧社区建设的多场景应用。四是推进与智能建造匹配度更高的“放管服”改革。在新技术应用、新设备管理、新市场主体行为等方面推行柔性执法和包容审慎监管。

作者：汪广丰（南京市城乡建设委员会）

南京低碳技术和产业创新发展的现状与对策

2020 年 9 月，习近平总书记向世界宣布，中国将力争 2030 年前实现碳达峰、2060 年前实现碳中和。党的二十大报告指出，要“完善支持绿色发展的财税、金融、投资、价格政策和标准体系，发展绿色低碳产业，健全资源环境要素市场化配置体系，加快节能降碳先进技术研发和推广应用，倡导绿色消费，推动形成绿色低碳的生产方式和生活方式”。可见，国家十分重视低碳产业的发展。《江苏省国民经济和社会发展第十四个五年规划和二〇三五年远景目标纲要》指出，“十四五”时期，是江苏深入贯彻党的十九大和十九届二中、三中、四中、五中全会精神，全面落实习近平新时代中国特色社会主义思想特别是习近平总书记对江苏工作重要讲话指示精神，深入践行“争当表率、争做示范、走在前列”新使命新要求的重要时期，是开启全面建设社会主义现代化国家新征程、奋力谱写“强富美高”新篇章的关键阶段。其中的“美”代表着江苏要在环境和人居方面追求美丽和宜居，其内涵包括保护自然环境，改善城市环境，提高空气和水质量，促进生态文明建设，使人们生活在一个更加美好的环境中。那么为了实现“美”的目标，就要改变传统的高能耗、高污染、高排放的经济模式，促进低碳产业的发展，构建可持续发展新模式。南京作为江苏省省会，正在着力打造具有全球影响力的产业科技创新中心主承载区，那么在低碳产业发展方面，南京应当率先垂范，有所作为。

一、发展现状

（一）政策保障力度不断加大

近年来，为了加快推进绿色低碳转型发展，南京先后出台了《南京市"十四五"生态环境保护规划》《南京市"十四五"低碳发展规划》《南京市推进碳达峰碳中和工作方案》《关于推动高质量发展做好碳达峰碳中和工作的实施意见》《南京市生态优先、绿色发展示范三年行动计划（2022—2024 年）》《绿色低碳循环发展三年行动计划（2022—2025）》《南京市全力打造五千亿级智能电网产业集群行动计划》《南京市加快发展储能与氢能产业行动计划（2023—2025 年）》等一系列政策文件，为南京低碳产业的发展构建了一个明晰的顶层设计。2024 年 6 月，《南京市碳达峰实施方案》正式印发，明确了"十四五"和"十五五"期间南京碳达峰行动的主要目标，提出了产业提质培育行动、能源绿色转型行动、节能降碳增效行动、循环经济助力行动、科技创新赋能行动等 8 个方面的 30 项重点任务。在科技创新方面，《南京市碳达峰实施方案》要求培育低碳创新平台载体、加强低碳关键技术攻关、健全绿色低碳科技创新体制机制以及推进低碳科技应用示范。此外，《南京市碳达峰实施方案》还要求从构建政策支撑体系、完善市场减排机制、创新财税金融制度、强化低碳合作机制 4 个方面入手，加强政策保障。

（二）园区发展水平持续提升

"双碳"目标提出后，南京高新区在产业基地建设、绿色工厂创建、绿色建筑投运等方面加快推进低碳化工作。《关于支持南京高新区绿色发展的实施细则》的制定出台，进一步明确了对于绿色产业和企业的培育支持。推动企业加快实现绿色技术成果转化，依据企业项目申报组织评审，给予每项目最高 50 万元支持。2021 年，南京高新区规模以上工业企业万元增加值能耗降至 0.05 吨标准煤，低至国家高新区平均水平的 10%，远优于国家考核指标（≤0.5 吨标准煤）。2022 年，全市高新园区组织开展绿色创新项目培育，共征集项目 132 个，经过专家评审，在节能环保、智能电网、新能源汽车 3 个领域，立项培育了 46 个优质项目，并给予资金支持共计 2000 万元，对企业创新发展和高新园区绿色转型升级起到了有力的促进作用。2022 年，江苏省科技厅印发《省科学技术厅关于同意首批江苏省碳达峰碳中和科技成果转化基地建设的通知》，以江宁开发区高新园（江宁国家高新园）为建设单位申报的"江宁高新园低碳高效智能电网科技成果转化基地"成功入选。2023 年，国家发展改革委发布《国家碳达峰试点建设方案》，提出将在全国范围内选择 100 个具有典型代表性的城市和园区开展碳达峰试点建设，江宁开发区名列其中，这是南京市唯一进入试点的园区。2024 年，《国家碳达峰试点（南京江宁经济技术开发区)实施方案》印发,明确将以碳达峰试点园区建设为抓手,打造面向全球、国内领先的可操作、可复制、可推广的“江宁范式”。2024 年,江苏省发改委、省财政厅和省生态环境厅联合发布《关于印发首批省级碳达峰碳中和试点名单的通知》,南京六合区、江宁区、南京徐庄高新技术产业开发区、南京经济技术开发区、南京鼓楼高新技术产业开发区均榜上有名,这标志着南京园区的绿色发展水平正在稳步提升。

(三)企业低碳转型成效显著

2020 年至今,江苏省工信厅已公布了 4 批省级绿色工厂名单,南京共有包括国电南瑞科技股份有限公司、江苏奥赛康药业有限公司、南京依维柯汽车有限公司、艾欧史密斯(中国)热水器有限公司、南京宝日钢丝制品有限公司、南京斯迪兰德机械科技有限公司、南京玻璃纤维研究设计院有限公司、创维电器股份有限公司、博西华电器(江苏)有限公司等 62 家企业入围,显示出南京企业在低碳转型的道路上正迈出坚实的步伐。

国电南瑞科技股份有限公司在推动清洁低碳发展方面,坚持科技创新,围绕“大数据、云计算、物联网、移动互联、人工智能、区块链”等核心技术深入研究,用以增强电网调节能力、促进清洁能源消纳、降低电网建设成本。2023 年,国电南瑞科技股份有限公司的研发投入达到 34.59 亿元(占营业收入的比重为 6.7%),获得 400 项授权专利,发表 176 篇核心期刊论文,获得各级各类科技奖励 169 项。爱尔集新能源电池(南京)有限公司在 2022 年已实现 100%绿电,根据清洁生产审核报告,资源消耗、能源消耗、排放指标均为 I 级,为行业领先水平。南京正大天晴制药有限公司建设的“花园式”绿色工厂具有高度集约化、智能化、低碳化的特点,已实现工业用电量下降 75%。南京天加环境科技有限公司的制冷空调系统解决方案,将中国建筑制冷机房综合能效提升至 6.93。

(四)技术创新成果蓬勃增长

经检索,2014—2023 年,南京低碳技术领域的专利共计 56013 件,其中,发明专利 29879 件,占比 53.3%;实用新型专利 26134 件,占比 46.7%。从专利申请的年度发展趋势分析(见图 1)可知,2014 年是 187 件,2020 年达到峰值 9167 件,2021 年开始下降,这可能是因为专利申请审查周期导致数据公开的滞后,但总体而言,近十年来,南京低碳技术领域的专利申请数量爆发式增长,技术创新呈现蓬勃向上的态势。从专利申请人的类型分析,在南京低碳技术领域,企业申请的专利最多,达到 37273 件,其下依次是高校 14438 件,个人 3492 件,科研院所 3348 件,事业单位 223 件,机关团体 178 件。从专利的法律状态分析,有效专利最多,达到 29416

件，占比 52.5%，失效专利 17443 件，占比 31.1%，处于审查中的专利 9154 件，占比 16.4%。

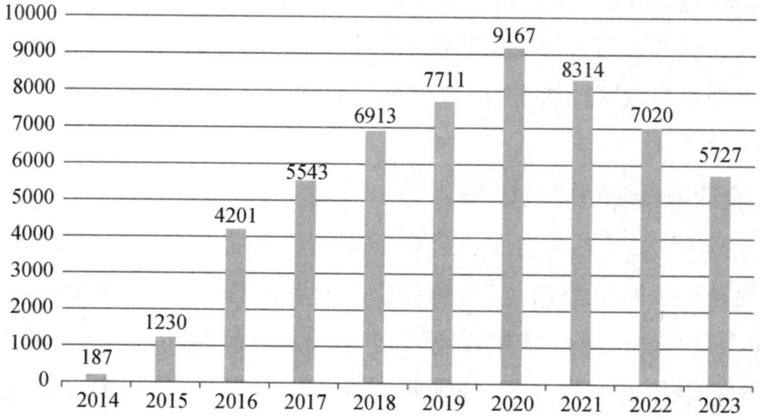

图 1　2014—2023 年南京低碳技术领域专利申请数量趋势分析(单位:件)

(数据来源:壹专利数据库)

从主要专利研发机构分析，在低碳技术领域，专利申请数量排名前十的南京企业和高校分别见表 1 和表 2。

表 1　2014—2023 年低碳技术领域南京企业专利申请人排名(前十)

排名	企业名称	专利数量(件)
1	国电南瑞科技股份有限公司	858
2	国网江苏省电力有限公司	846
3	江苏省冶金设计院有限公司	494
4	国电南瑞南京控制系统有限公司	493
5	南瑞集团有限公司	427
6	国网江苏省电力有限公司电力科学研究院	409
7	光大环境科技(中国)有限公司	346
8	光大环保技术研究院(南京)有限公司	314
9	国网电力科学研究院有限公司	290
10	国网江苏省电力有限公司经济技术研究院	254

(数据来源:壹专利数据库)

表 2　2014—2023 年低碳技术领域南京高校专利申请人排名(前十)

排名	企业名称	专利数量(件)
1	东南大学	2068
2	河海大学	2055
3	南京林业大学	1836
4	南京工业大学	1444
5	南京大学	1007
6	南京理工大学	905
7	南京信息工程大学	651
8	南京航空航天大学	599
9	南京工程学院	548
10	南京邮电大学	485

(数据来源:壹专利数据库)

在低碳技术创新方面,南京高校表现出了强劲的研发实力,东南大学、河海大学、南京林业大学、南京工业大学、南京大学的专利申请数量均超过千件,相较而言,南京企业的研发能力稍显薄弱,仅有国电南瑞科技股份有限公司、国网江苏省电力有限公司两家企业的专利申请数量超过 500 件。进一步分析可知,在 TOP10 的企业申请人中,有国电南瑞科技股份有限公司、国网江苏省电力有限公司、国电南瑞南京控制系统有限公司、南瑞集团有限公司、国网江苏省电力有限公司电力科学研究院、国网电力科学研究院有限公司、国网江苏省电力有限公司经济技术研究院 7 家企业属于电力行业,凸显出南京的低碳技术在电力行业得到了广泛的应用。

从技术类别进行分析,南京低碳技术专利主要集中在污染控制与治理、节能节水、清洁能源等类别中,而在温室气体捕集利用封存、绿色农业/林业、绿色交通、化石能源降碳、绿色管理和设计类别中,分布的专利数量相对较少(见表 3)。

表 3　技术类别分析

排名	技术类别	专利数量(件)	其中:	
			企业专利数量(件)	高校专利数量(件)
1	污染控制与治理	25924	17748	5867
2	节能节水	10503	7072	3098
3	清洁能源	7684	4700	2409
4	循环利用	5279	3829	985
5	绿色建筑	2454	1848	433
6	环保材料	1938	943	732

续表

排名	技术类别	专利数量(件)	其中:	
			企业专利数量(件)	高校专利数量(件)
7	储能	1398	890	493
8	温室气体捕集利用封存	1294	652	607
9	绿色农业/林业	1106	500	363
10	绿色交通	1032	572	380
11	化石能源降碳	1016	718	249
12	绿色管理和设计	101	45	51

(数据来源:壹专利数据库)

从战略性新兴产业分析,南京低碳技术在节能环保产业分布最多,达到 33239 件,其后依次是新能源产业 12258 件,新材料产业 6064 件,新一代信息技术产业 4635 件,生物产业 4330 件,高端装备制造产业 2215 件,新能源汽车产业 1973 件,相关服务业 1350 件,数字创意产业 604 件。

二、比较分析

将南京与广州、深圳、杭州、苏州进行比较,2014—2023 年,深圳低碳技术领域的专利数量是 74067 件,广州是 64462 件,苏州是 58591 件,杭州是 50317 件。从各城市的企业和高校申请人分析,南京企业申请人在低碳技术领域的专利数量低于深圳(66011)、广州(42004)、苏州(54096)、杭州(37918 件),而南京高校申请人在低碳技术领域的专利数量高于广州(9179 件)、杭州(8720 件)、深圳(2229 件)、苏州(2026 件)(见表 4)。

表 4　2014—2023 年低碳技术领域几大城市专利数量比较分析

城市	专利数量(件)	其中:	
		企业专利数量(件)	高校专利数量(件)
南京	56013	37273	14438
深圳	74067	66011	2229
广州	64462	42004	9179
苏州	58591	54096	2026
杭州	50317	37918	8720

(数据来源:壹专利数据库)

从各城市的技术类别分析,南京在温室气体捕集利用封存、化石能源降碳两个类别的专利数量排名第1;在污染控制与治理、循环利用、绿色管理和设计3个类别的专利数量排名第2;在节能节水、环保材料、绿色农业/林业、绿色交通4个类别的专利数量排名第3;在清洁能源、绿色建筑、储能3个类别的专利数量排名第4(见表5)。

表5　技术类别比较分析

技术类别	南京专利数量(件)	深圳专利数量(件)	广州专利数量(件)	苏州专利数量(件)	杭州专利数量(件)
污染控制与治理	25924	19837	25873	27511	21905
节能节水	10503	31738	18133	9703	9610
清洁能源	7684	10159	6927	9141	8138
循环利用	5279	4659	5651	5169	4712
绿色建筑	2454	3809	2885	3087	2361
环保材料	1938	1352	2167	2120	1463
储能	1398	2063	1984	1184	1574
温室气体捕集利用封存	1294	649	1081	913	1105
绿色农业/林业	1106	1341	1717	794	932
绿色交通	1032	1703	783	1213	709
化石能源降碳	1016	406	707	484	809
绿色管理和设计	101	114	82	68	83

(数据来源:壹专利数据库)

将各城市的低碳技术专利在各战略性新兴产业中的分布情况进行比较分析,可以看出,南京在新材料产业中的专利数量排名第1;在新能源产业、生物产业、相关服务业中的专利数量排名第2;在新一代信息技术产业、高端装备制造产业、数字创意产业中的专利数量排名第3;在节能环保产业中的专利数量排名第4;在新能源汽车产业中的专利数量排名第5(见表6)。

表6　战略性新兴产业比较分析

技术类别	南京专利数量(件)	深圳专利数量(件)	广州专利数量(件)	苏州专利数量(件)	杭州专利数量(件)
节能环保产业	33239	45395	38980	37761	30447
新能源产业	12258	14647	11337	10650	10262
新材料产业	6064	5255	5775	5951	4972

续表

技术类别	南京专利数量(件)	深圳专利数量(件)	广州专利数量(件)	苏州专利数量(件)	杭州专利数量(件)
新一代信息技术产业	4635	16250	8148	4474	4423
生物产业	4330	3818	5263	3066	3460
高端装备制造产业	2215	2366	2279	1691	1852
新能源汽车产业	1973	5013	2889	2557	2243
相关服务业	1350	476	1428	215	775
数字创意产业	604	1063	814	270	405

(数据来源:壹专利数据库)

三、存在的问题

企业的创新主体地位未能充分体现。在南京低碳技术创新方面,南京高校的表现抢眼,有5所高校的专利数量超过千件,而南京企业的专利数量均未超过千件,超过500件的企业仅有两家。此外,经过南京与深广苏杭四市的比较发现,南京高校的专利总量位居第一,而南京企业的专利总量仅列末位。南京企业在低碳技术领域的创新主体地位应当进一步加强。

部分技术领域的创新研发存在明显短板。南京低碳技术的专利,主要分布在污染控制与治理、节能节水两个类别中,这两个类别的专利数量均超过万件,而在环保材料、储能、温室气体捕集利用封存、绿色农业/林业、绿色交通、化石能源降碳、绿色管理和设计7个类别中,分布的专利较少,这7个类别的专利数量合计不足万件,凸显出专利布局不均衡,技术研发弱项显著。

低碳技术创新对新兴产业发展的支撑不足。新能源汽车是实现“双碳”目标的有效抓手,具有附加值高、产业链长、覆盖面广、拉动经济和带动就业效果明显的特点。但是根据数据分析,在南京低碳技术创新方面,与新能源汽车产业相关的专利仅1973件,远低于节能环保产业(相关专利33239件)、新能源产业(相关专利12258件),且在城市比较中,也低于深圳、广州、苏州、杭州。因此,应当强化低碳技术创新对新能源汽车等新兴产业的支撑作用。

四、经验借鉴

(一)深圳:创新驱动的低碳先锋

深圳是全国首批碳排放权交易试点地区之一,首批碳普惠核证减排量5万余吨上线交易,680家重点排放单位全部完成年度履约。深圳率先立法保障市政府投入基础研究和应用基础研究的资金应当不低于市级科技研发资金的30%；同时，积极推动光伏、风电等可再生能源技术的研发与应用，通过建设分布式光伏电站、风电场等，显著提升了清洁能源的比重。深圳将数字技术深度融合于低碳技术与产业创新中，通过智能物联网管控平台、双碳云网综合信息服务平台等智能化手段，以及智能设备的广泛应用，有效提升了能源利用效率，打造了智慧城市的低碳典范。此外，出台了《深圳市促进绿色低碳产业高质量发展的若干措施》等系列文件，明确了低碳技术与产业创新的发展方向及重点扶持领域，为深圳低碳技术与产业创新奠定了坚实的制度基石。

（二）广州：综合施策的低碳典范

广州多措并举深入推进低碳技术的应用与创新：一是聚焦工业领域，通过改造节能减排技术与淘汰落后产能，驱动提升能源利用效能与环境保护水平；二是大力推广绿色建筑标准与前沿技术，有效提升建筑能源使用效率；三是加快新能源汽车的推广和充电基础设施的建设，推动交通工具的电气化和低碳化转型。广州积极发展绿色金融，强化碳市场建设，其绿色金融改革创新试验区建设取得显著成效，连续4次在全国绿色金融改革创新试验区建设评估中排名第一。通过设立绿色低碳基金、发展绿色信贷等方式引导社会资本向低碳领域投入；同时建立健全碳排放权交易市场体系，为企业提供了有效的碳减排工具与激励机制。先后制定《广州市碳达峰实施方案》《广州市加快推进新型建筑工业化五年行动计划》等，为低碳技术应用和创新提供了政策保障和具体路径。

（三）苏州：产业绿色升级的低碳实践

苏州聚焦电子信息、装备制造、生物医药、先进材料四大主导产业和25个重点细分领域，全面推进产业创新集群建设，注重将数字技术与低碳技术相结合推动低碳产业的创新发展，推动人工智能技术与制造、金融、科研、低空经济、建筑等15个重点行业领域交叉融合、互相促进，建成了全国首个“风光一体化”零碳智慧物流园。苏州工业园区也在积极构建“光伏—储能—充电桩—综合能源站”区域能源互联网络。先后出台了《苏州市碳达峰实施方案》《苏州发展数字经济时代产业创新集群二十条指导意见》等政策，明确提出动态投入超1000亿元财政专项资金和总规模超2000亿元的产业创新集群发展基金，用来专门推动发展创新集群，将苏州打造为创新集群引领产业转型升级示范城市。

（四）杭州：数字赋能的低碳引领者

杭州通过财政补贴与税收优惠等措施，激励企业与科研机构加大低碳技术的研发与应用力度。同时，积极参与碳排放权交易市场建设，推动碳排放权的有偿使用与交易，以市场机制引导企业节能减排。此外，杭州还大力发展绿色金融体系，鼓励金融机构开发绿色信贷、绿色债券等金融产品，为低碳技术与产业项目提供资金支持。发挥数字经济优势，建设“云碳”等数字化管理平台，实现了对碳排放的实时监测与分析，积极推动大数据、人工智能等技术在低碳领域的应用，探索新的低碳技术与产业发展路径。出台《杭州市碳达峰三年行动计划(2023—2025)》等文件，建立碳排放统计核算体系，为低碳技术和产业创新发展提供了全方位的政策支持和保障。

五、促进南京低碳技术创新和产业发展的对策建议

（一）加快培养低碳领域的创新型企业家

低碳产业的创新发展离不开创新型企业，而创新型企业的发展离不开创新型企业家。一个缺乏创新精神的企业家，很难带出一家创新型企业。那么如何培养创新型企业家，一是组织针对企业家的培训班，邀请知名高校专家围绕战略规划、企业管理、财务管理、人力资源管理、知识产权等内容做专题讲授，提高企业家的创新力、领导力、决策力和执行力。二是组织企业家去苹果、微软、华为、腾讯等国内外知名企业参观学习，学习先进的创新理念和企业管理经验。三是深入企业调研，充分倾听企业家的诉求，确保政府部门出台的各项政策措施落实到位，并切实帮助企业家解决在生产经营过程中所面临的问题。四是围绕低碳产业发展，邀请企业家参加座谈会，向企业家问计，增强企业家的大局意识、使命感和社会责任感，提高企业家参政议政、建言献策的能力和水平。五是要加强对于优秀企业家的宣传，对于在低碳创新领域做出突出贡献的企业家，要通过电视、报纸等传统媒体和微博、微信公众号、抖音等新媒体进行宣传，报道企业家的先进事迹，塑造企业家的良好形象，提高企业家的知名度和社会影响力。六是要给予企业家荣誉激励，引导并推荐符合条件的企业家担任人大代表、政协委员等社会职务，参与劳动模范等评比表彰，在医疗保健、子女就学等方面对企业家给予支持。七是建立容错机制，企业家在创新创业中不可能一帆风顺，出现失败在所难免，对于企业家的失败要给予理解和帮助，营造宽容失败的社会文化氛围。

（二）充分发挥双碳科技专项的引导作用

2022 年，为推进南京绿色低碳技术创新应用，市科技局出台《关于碳达峰碳中和科技创新专项的实施细则》，细则中明确，专项支持的关键核心技术包括可再生能源、储能、氢能、CCUS、生态碳汇、低碳或生物碳(负碳)产品、生物绿色流程再造等，专项的组织方式是联合攻关、竞争择优，专项对于每个项目的资助经费不超过

1000万，在项目立项和通过中期评估后分两次拨付。从前文的分析可知，南京在环保材料（环境工程材料、环境友好材料、环境功能材料）、储能（机械储能、热储能、电化学储能）、温室气体捕集利用封存（CO_2 的捕集利用封存、其它温室气体减排）、绿色农业/林业（交替灌溉技术、杀虫剂替代物、土壤改善）、绿色交通（电动车辆，充电、换电及加氢设施制造，新能源内燃机）、化石能源降碳（煤炭清洁高效利用石油及天然气清洁化）、绿色管理和设计[通勤，例如共乘车道（HOV）、远程办公；碳排放交易；静态结构设计，例如社区、规划]等技术类别的专利数量较少，也就是说，南京在这类技术领域的研发是不足的，建议在组织申报碳达峰碳中和科技创新专项的工作中，将上述技术类别列入申报指南，作为重点攻关的方向。此外建议，在经费资助方面，应留有一部分经费，在项目验收合格之后，再行拨付。

（三）全面促进低碳技术和产品的市场应用

一是通过各类媒体、公益广告、户外大屏等渠道向社会公众广泛宣传低碳理念，倡导绿色低碳的生活方式，树立社会公众低碳消费的意识，让社会公众了解低碳产品，愿意购买低碳产品。二是定期编制绿色低碳技术和产品目录，并通过多种媒体平台向社会发布，对于具有典型示范作用并能产生较大社会经济效益的低碳新技术和新产品，宣传部门应做重点专题报道。三是组织低碳技术和产品开发企业进机关、进园区、进工厂、进校园、进社区等，针对不同主体的低碳需求，提供差异化的低碳新技术和新产品，创建绿色机关、绿色园区、绿色工厂、绿色学校、绿色社区等。四是将低碳产品纳入政府采购目录，发挥政府机关的采购引导作用，并逐步将低碳采购推广至国有企事业单位。五是开展消费品以旧换新。引导市民淘汰使用年限过长的冰箱、洗衣机、空调等老旧家电，在给予一定比例补贴的基础上换购具有绿色节能特点的新型低碳家电。六是建议给予一定的资助，支持低碳技术和产品开发企业参加国内外的展销会、推荐会，开拓美日德法等发达国家及“一带一路”沿线国家市场，并与淘宝、京东、抖音等电商平台展开合作，开设低碳产品销售专区和直播间。七是支持回收企业与生产厂商共同开展废旧电器、废旧汽车、废旧电池、废旧物资等的分类回收、拆解处理、再生利用，并给予补贴奖励和减税政策支持。

（四）系统推动南京高校的低碳技术成果转移转化

根据前文表4可以看出，南京高校产出的低碳专利数量为14438件，与广州高校（9179件）、杭州高校（8720件）、深圳高校（2229件）、苏州高校（2026件）的低碳专利数量相比，位居第一，表现出了非常显著的技术优势。南京应当充分利用高校的技术储备，系统推动在宁高校的低碳技术成果向产业界转移转化。一是建议以文字、图像、动画以及短视频等多媒体呈现方式，借助各媒介平台，充分宣传在宁高校最新的低碳技术成果。二是以免培训费的方式，鼓励并支持高校科研人员参加技术经理人培训，培养既懂技术又懂市场的复合型人才。三是完善激励机制，将科技成果转化的收益进一步向一线的科研人员倾斜，激发科研人员开展低碳技术成果转移转化的热情和活力。四是建议政府部门加强对于高校科技成果转化的工作指导，将涉及科技、教育、卫生、国资、财政等多个部门的有关科技成果转化的政策文件进行集中整理，绘制工作流程图，从实操的角度为高校提供说明书，并可定期为高校提供案例集，让高校从中学习经验。五是建议对高校的低碳技术成果开展转化前评估，由技术专家、市场专家、法律专家、风投专家等，从技术层面、市场层面、经济效益层面、社会效益层面、科技伦理层面、知识产权层面等对拟转化的科技成果进行体检，甄别风险和问题，重点支持最有潜力和价值的“种子”科技成果进行转移转化。六是完善支撑低碳技术成果转移转化的配套服务环境，如科技金融服务、情报数据服务、评估评价服务、试验检测服务、知识产权服务以及市场调研咨询等相关服务。

作者：季春　钱宸（南京市科技信息研究所）

资本招商背景下地方国资基金平台转型创新路径

——以“咖啡夜路演”品牌建设提升基金平台投研能力为例

一、 地方政府产业招商发展现状

产业招商作为地方政府推动经济发展的重要手段，其背景随着中国经济的转型升级而不断演变。改革开放初期，中国通过设立经济特区、开发区等特定区域，先行先试市场机制，吸引外商投资，推动了地方经济的快速增长。随着中国经济进入新常态，高质量发展成为主题，产业招商的目标和模式也随之发生变化。

（一）“血拼”式招商引发无序竞争

鼓励区域竞争是改革开放以来中国特色社会主义市场经济体制的一大特征，各地政府部门通过对政策、项目、人才等资源的充分竞争，市场效率得以释放，经济发展因此提速。然而随着招商竞争愈发激烈，越来越频繁地出现“血拼”内耗、超常规优惠、大水漫灌式招商等恶性竞争现象。全国许多地方在招商方面以财政补贴、税收优惠、低价土地等方式“砸钱、砸土地”，新增项目炙手可热，一些地方依靠地区之间的存量项目转移，竞争趋于白热化，甚至陷入“内卷”。很多地方在争取相对稀缺的优质企业或重大项目时，往往存在大量资源浪费。比如，个别地方不具备产业基础和人才优势，却执意引进生物医药、新能源、智能制造等热点项目，引进代价很高且引进后“水土不服”。一些地方片面追求本地局部利益，为争夺投资、项目，违规实施税费、用地等各类优惠，人为制造政策洼地，使招商引资陷入盲目无序竞争。

"内卷"式竞争的不良后果也愈发显现：一是过度的税收优惠和奖补政策加剧了地方财政的压力，甚至导致了一些地方政府的债务负担过重；二是对地方政府招商部门之间产生非合作博弈，对财税部门来说在国内形成了"避税岛"，冲击中央财权和税收法定原则；三是没能"招龙引凤"，反而催生了一批投机的"候鸟企业"，这些企业通常以获取地方政府的财政补贴和优惠政策为目的，将项目短期搬迁到当地，使得地方政府不得不持续"用钱留"项目，给地方造成了损失和困扰。四是干扰要素合理流动，降低资源要素整体配置效率，阻碍经济循环畅通，一定程度上导致产业低水平重复建设和产能过剩，制约了全国统一大市场优势的有效发挥。

（二）中央和地方全面清理招商引资税收优惠和财政补贴政策

随着土地财政的逐渐弱化，地方政府的"钱袋子"越来越紧，过度依赖优惠政策的时代已经一去不复返，传统"血拼式"招商模式不可持续。二十届三中全会提出，构建全国统一大市场，加强公平竞争审查刚性约束，清理和废除妨碍全国统一市场和公平竞争的各种规定和做法；规范地方招商引资法规制度，严禁违法违规给予政策优惠行为。2024 年 6 月，国务院发布《公平竞争审查条例》（以下简称《条例》），该条例首次以行政法规的形式对公平竞争审查的对象、标准、机制、监督保障等进行系统的规定，明确出台有关政策措施的行为规则，划定了红线底线，从源头上防止含有影响市场公平竞争内容的政策措施出台。

随着《条例》的发布，"税收优惠"式、"奖补"式招商引资模式已经不能持续。《条例》不仅明确禁止了无依据或未经国务院批准给予特定经营者税收优惠，还涵盖了财政奖补、要素获取优惠等多个方面，堵住了政策执行中的漏洞。将政府干预经济的政策措施纳入审查框架之中，旨在管住政府这只"有形的手"，使其充分尊重市场的公平竞争规律，尊重市场对资源配置的基础性作用，突破制约经营主体公平竞争的"玻璃门""旋转门""卷帘门"等隐形壁垒，为持续优化营商环境提供制度支撑。

（三）"以资招商"逐渐成为本地产业振兴的重要举措

《条例》中对于税收优惠、财政奖励或补贴等行为的严格限制，使得地方政府不能再依赖于通过传统政策优惠手段招引企业的能力，资本招商模式逐渐兴起，以资引商、招投联动逐渐成为地方政府招商引资的重要方法。相对于以前税收等政策优惠型的招商方式，"精准""高效"是资本招商的特点和优势。资本招商指地方政府通过设立产业投资基金等，利用基金等的专业化运作和资源整合能力，引导资金流向高潜力、高回报的项目和产业，吸引优质项目落地并推动经济结构转型升级。例如，财政或国有企业出资的母基金作为引导，通过杠杆效应吸引其他资本成立各类产业子基金，这些采用市场化方式建立的股权投资基金，为地方产业招商嫁接了金融资本、社会资本和产业项目资源。各地多通过专业的投资机构和管理团队负责基金的管理和运作，能够根据企业需求和市场变化及时调整投资策略，在完成招引和促进地方产业发展的同时相应减少投资风险。

不少地方政府在招商引资中将财政直接补贴方式转变为资本招商。上海市出台的《关于新时期强化投资促进加快建设现代化产业体系的政策措施》明确提出，支持社会资本、园区平台、国有资本等参与设立总规模1000亿元的系列产业投资基金，重点用于服务招商引资项目落地；鼓励金融机构协助开展招商，鼓励行业龙头、优质企业等通过兼并重组、产权转让等方式吸引新企业、新业务落户；加强招商项目的路演推介、产融对接服务，提供相关金融资源支持。通过“基金招商”的模式，聚力招引“三大先导产业”，布局发展“四个新赛道产业”。深圳、合肥等地资本招商的成功案例证明了资本招商对于地方政府招商引资、发展本地产业、扶持关键企业确实起到至关重要的作用。

2024年8月，南京市出台了《关于打造南京市“4＋N”产业基金集群 聚力推动产业强市发展的实施意见》，意见中明确指出：要整合各方资源，形成300亿资产规模，围绕重大项目落地、重点产业发展、强链补链延链、科创人才培育四大方向，撬动各类社会资本设立N支基金，力争形成总规模超2000亿元的“4＋N”产业基金集群，构建“重点产业全覆盖，服务生命全周期”基金接续投资体系。该意见的出台意味着南京将依托产业基金集群，进一步发挥国有资本引领撬动作用，聚力推动产业强市。

二、资本招商发展形势分析

尽管资本招商已经成为许多地方政府在招商引资中的重要举措，但在实际操作中，这一模式却面临一些挑战。

（一）国资体制机制增加投资决策复杂性

一是管理机制的复杂性，国有资本通常具有较强的政治属性，其投资决策往往需要考虑到政治任务、社会效益等多重因素。二是国资的投资决策过程相对保守，风险偏好较低，一定程度上限制了其在创新型和高成长性项目中的投资意愿。三是缺乏国有资本循环发展机制。产业母基金的投入主要来源于财政以及国有企业，其他主体出资积极性不高，资金持续稳定投入不够，而所投资的一些创新和重大产业项目成长期较长，资金退出渠道不畅，再投资压力较大。

（二）投资标的选择的主观性与不确定性

投资标的的选择是资本招商整个流程中关键的一环。无论是通过基金投资，还是直接投资，最终的效果如何，很大程度上取决于投资标的的选择。但资本招商项目往往涉及多个利益相关方，包括地方政府、基金管理人以及社会资本等。而这些参与方在选择投资标的时，可能会基于各自的立场和利益做出不同的判断。尽管资本方和政府在项目选择前通常会进行详细的市场调研和尽职调查，但由于市场环境、技术发展以及政策变化等多种不可控因素的影响，项目的实际表现许多时候与预期存在较大差距。

（三）风险问责制度导致“怕亏损、不敢投”或“宁可错过，不愿投错”

产业引导基金的资金主要来自财政和国有资本，保值增值是重要前提。母基金出资人和基金管理公司高管作为国企干部首先要考虑的是投资存在的风险，对许多创新创业项目的投入都存在较高的不确定性，资金投入未必能够获得市场化的对等回报，而一旦投资失败导致国有资产流失，则会追查决策者和基金管理方的责任。

（四）资本逐利性更偏好短期高回报，不愿长期投入

资本招商最显著的局限性在于资本的逐利性，它的本质是资本往往更倾向于短期内能够实现高回报的领域，这就导致了资本招商在某种程度上偏向于“快钱”项目，而忽视那些需要长期投入但对地方经济具有战略性意义的产业。目前我国投资于创新创业领域的耐心资本较为缺乏，更多基金青睐成长期和中后期项目，对“投早”“投小”的支持力度不够。而对推动国家经济结构调整具有重要作用的创新型企业、高技术附加值企业，目前很多还处在企业发展早期阶段，需要更多耐心资本流入“投早投小投硬”领域，而长期资本还远远不够。

（五）忽略自身发展独特性一味盲目跟风、照搬照抄

无论是合肥的“以投带引”、上海的“国资主导”还是苏州的“服务企业全生命周期”，各家成功的资本招商模式都有其独特的发展背景。但当下很多地方尤其是中西部县域经济所在区域，缺乏对本地实际情况的认识一拥而上发展资本招商，将会产生一系列问题和挑战。一是对本地产业中长期发展缺乏精准的产业规划、科学定位，导致资本招商从一开始就失去真正有价值的方向，一味贪大求热，最终流于形式。二是企业招引落地后，短期内虽有投入资金支持，但由于与当地产业链结合程度较弱，不能真正适应地方产业发展的实际状况，导致企业中长期发展困难重重。优秀企业“招进来”，却“活不下去”，最终还是“留不下来”。三是缺乏强有力的国有运作主体。一些负责产业投资和产业引导基金运作的公司，资产规模小，缺乏专业人才，难以支撑前期资本投入和大型项目投资运作。

三、地方国资基金平台转型创新路径的对策建议

总的来说，资本招商在实际操作中也面临着诸多困境。“懂产业是前提、懂资本是基础”，地方国资基金平台作为资本招商的重要依托，需要从传统的招商模式中转型，创新提升自身的投资研判能力，更好地服务于优质项目落地，助力地方产业转型升级和地方经济的高质量发展。

（一）因地制宜打出“组合拳”促进母基金引入各类资源

积极发挥母基金的引导带动作用。一是引入头部基金管理人和产业投资人。积极对接国内头部基金管理人，引进产业基金注册登记，带动投资项目和产业落地。对新设或迁入的基金，有实际投资项目的且运作良好的，按比例认缴和实缴投资。二是创新子基金设立模式。加快母基金投资布局，运用新型基金参股模式，多种运作机制合作，广泛吸引社会资本，形成“基金＋资源”“基金＋产业”“基金＋园区”“链主企业＋产业基金＋龙头项目”等运作机制，按照基金双向赋能的工作思路，强化基金引投能力，撬动更多基金参与优质项目招引。三是高质量建设基金集聚区。制定专项扶持政策，提供全方位“一站式”服务，吸引风投创投机构入驻。四是加强与上级政府引导基金的对接。及时了解掌握上级政府引导基金、上级国企基金和市场化基金投资方向、投资规模和现状，积极对接各类基金争取合作引入，扩大朋友圈，争取更多资源、资金支持。五是建立基金服务平台。线上线下融合，加强基金招商服务。以数字化改革为牵引，多渠道、多平台展示各类基金的基本情况、投资领域、投资案例，将基金推荐项目纳入项目全流程跟踪服务。线上发布项目信息，提出基金需求意向，发布拟投资的项目信息。线下根据产业总体布局，与各类项目资源开展对接。

南京江北新区于2023年设立了规模为100亿元的江北新区高质量发展产业投资基金（以下简称“高质量母基金”），南京扬子江基金管理有限公司（以下简称“扬子江基金”）作为高质量母基金的基金管理人，今年以来积极探索转型创新发展路径。围绕科创企业全生命周期融资需求，科学打造“1＋2＋1＋N”的子基金矩阵，构建“重点产业全覆盖，服务生命全周期”基金投资集群。第一个“1”，即天使基金，通过投早、投小、投硬科技，旨在培育孵化早期项目，促进科技成果转化，打通研产贯通关键节点。“2”是指2类产业专项投资，第一类是产业园区子基金，由园区管办发起，规模3亿—5亿，以成长初期、中小规模科创企业为投资对象，助力园区企业发展和招新引优；第二类是优质项目子基金，新区相关主体和符合条件的市场化基金管理机构都可以发起，规模8亿—10亿左右，以具备一定规模，能带动产业链发展的节点企业和（准）链主企业为投资对象，旨在通过培育、招引，助力各赛道

优质企业发展壮大。第二个“1”，是指重大项目投资，以新区重大项目为投资对象，重点打造产业链龙头企业和总部企业。“N”是指围绕新区重点产业领域，整合各方资源，遴选优秀投资机构，通过母基金参与出资，撬动各类社会资本共同组建 N 支市场化引导子基金，实现“专业化投资管理、社会化资本集聚、广域化项目招引”，最大化发挥基金引导放大和产业赋能效用。作为高质量母基金管理人，需要规范管理、科学运作母基金，建立起高效的基金矩阵，还要根据新区的需要，参与重大项目的直投尽调。

（二）“内外兼修”提升基金投资团队投研能力

近年来，新一轮科技革命和产业变革加速演进，新产业、新模式、新技术、新业态层出不穷，在复杂的市场环境中挖掘到好项目，把握好产业的时与势，实现精准的资本招商，亟需地方政府加强专业产业招商和投研能力。比如，2015 年常州金坛瞄准中航锂电一次性投资 28 亿元，引进了中航锂离子动力电池项目，并在后续企业呈亏损态势时，组建专业团队对动力电池产业以及中航锂电项目进行了反复论证，最终作出“抄底”的战略决策，将中航锂电的企业身份由原洛阳的央企子公司转变为常州的地方国企，现如今中航锂电已成功上市，并有了独立发展的能力，同时中航锂电也“反哺”了常州，在短短数年时间内带动发展了一条较完整的动力电池产业链。又如，合肥秉持“专业的人干专业的事”，提出基金管理团队人员要有高度的职业水准和专业的运营能力。因此，合肥在组建基金的同时培育了三大投资平台，投资目标是“用好产业基金，看懂产业未来”。合肥还专门成立合肥产业研究院，由市委市政府主要领导担任理事长，明确合肥产业研究院要在新一轮产业科技革命和产业变革中，加强产业前瞻性研究、系统性谋划、战略性布局。

总结下来，一是打造专业化投研团队。加大基金投资运作管理人才队伍建设力度，积极探索职业经理人制度，通过自主培养、合作培养、公开选聘等方式招引一批专业基金投资人才，加快打造一支懂经济、懂产业、懂投资的国际化、专业化、市场化的基金投研人才队伍。二是积极合作市场化投资机构，在借力专业投资机构的同时提升自身投资能力，例如苏州市引导基金与市场化投资机构的良性互动，充分发挥优秀管理团队在资本运作、企业管理、市场资源等方面的优势，为被投企业梳理发展战略、加强内部管理、实现产业链对接等方面提供助力。三是做好深度产业研究，抓住产业投资的关键环节，精准把握产业赛道和投资方向。

为全面提升基金团队投资研判能力，扬子江基金依托母公司——南京扬子国资集团创新设立的“咖啡夜路演”品牌，开创“产业夜讲堂”主题，基金团队通过白天背包尽调、晚上路演分享的形式，不断精进提升对重点产业尽调和分析研判能力。

每期活动结合公司内部业务进展情况和各项方针政策设定特定主题，广泛汇聚行业精英与集团内部团队，展开深入交流与探讨。在精心策划与持续推动下，“咖啡夜路演——产业夜讲堂”目前已成为集团内部及与外部合作伙伴交流思想、碰撞智慧的重要平台。这一创新性的活动形式，不仅促进了基金团队对产业发展与项目情况的深刻理解，还加强了与各界精英的紧密联系，共同探索高效投研的新方法、新路径。一是围绕江北新区主导现代产业体系，特别是生物医药、集成电路等五大重点领域，组织专题性、针对性的路演与研讨，促进技术、市场、产品等多方面的深度交流与合作。二是加强基金平台与各行业的交流与合作，邀请政府部门、产业园区、行业领袖、专家学者等参与活动，共同探索产业发展的新趋势、新机遇。三是通过营造积极向上的学习氛围与创新生态，通过实战化学习与交流沟通，不断提升基金团队的专业素养与综合能力，激发团队成员的学习力、创造力与凝聚力。

（三）完善基金投资绩效考评体系，鼓励国资基金平台“敢投、放心投”

地方基金平台的转型发展离不开国资国企管理部门对基金招商设定科学合理的考核和约束机制。一是研究建立符合基金市场化投资运营规定的国资运营监管考核机制。坚持政策目标导向，遵循市场规律，完善绩效考评体系。重点考核评价母基金支持重大项目落地、行业龙头企业重大资本招商、新兴产业及优势特色产业转型升级与发展等。二是建立产业基金绩效评价指标库，将基金规模，基金招引项目数量、质量，基金投资项目数量、质量，与国家、省、市、园区产业基金联动程度，推荐有效招商项目数纳入基金考核。强化考核评价结果运用，将绩效评价结果作为基金存续、计提管理费的重要依据。

目前多地积极探索建立国资创投容错机制，鼓励国资基金在项目投资上“敢投、放心投”，真正发挥耐心资本的作用。如《广东省科技创新条例》关于国有天使基金、创投基金考核的规定中明确：监管部门对国有天使投资基金、创业投资基金的投资期和退出期设置不同考核指标，综合评价基金整体运营效果，不以国有资本保值增值作为主要考核指标。成都高新区发布全生命周期资本支持服务体系，对各类投资基金明确了亏损容忍的尺度。种子、天使、创投、产投、并购基金等政策性基金的容亏率从80%到30%进行设置，市场化基金的容亏率设置为20%，这是全国范围内容忍度最高的容亏尺度之一。

（四）创新基金招引模式，提高产融结合度

一是组建基金招商联盟，形成基金招商矩阵。联盟成员由股权投资机构自愿申请或组织推荐。申请的机构应在行业内具有较高知名度、具备专业资本运作能力和丰富的产业资源整合经验。联盟为成员单位提供项目、资源信息对接服务。二是创新资金投入方式。强化基金投资与银行贷款、融资担保、融资租赁等金融工具的协同联动,有效撬动社会资本等全面跟进,切实发挥财政和国有资金的杠杆效应。三是组织基金投资活动。不定期组织举办论坛活动、产业投资对接会,积极开展产业发展趋势和投资经验交流与平台推介、项目路演、对接洽谈、签约等活动。四是鼓励各类基金引入招商项目。鼓励注册的各类基金引导其投资的相关实体企业落户。重大项目或社会效益明显的项目,可按照"一企一策"给予基金管理人奖励。

(五)重视产业发展长期战略的"恒心",当好并引入耐心资本

一是在政策设计和实施过程中,充分考虑资本的逐利性特点,根据区域经济的实际情况,制定科学合理的产业发展规划,合理引导资本流向那些符合地方经济长期发展规划的产业和项目,尤其是那些能够带动整个区域产业链发展的重点领域。二是地方产业引导基金当好耐心资本,以长期主义方式支持产业发展。尤其是在能够引领产业变革的重大战略领域、能够推动社会进步的重大项目上,服务国家和省市发展战略,以更长期主义的方式支持产业发展和新质生产力培育。三是发挥撬动功能,引导更多资本长期布局创新领域。政府产业引导基金除了本身成为耐心资本外,更要引导撬动更多社会资本转化为耐心资本,特别是引导产业资本步入良性循环、更深度参与硬科技成果转化,在基金体系打造上全力引导支持科技创新和创投行业发展。

近期,国家出台政策,引导保险资金等资金做耐心资本,支持科创投资,具有鲜明的政策导向。深圳在险资基金方面,先后与头部保险机构共设基金,拟合作总规模高达 200 亿元。今年新设规模 100 亿元的平安重大项目基金,由头部险资机构主要出资,市区国企联动出资,用于重点支持深圳市基础设施建设、重大产业项目投资和"20+8"产业集群发展。存续期为"12+3"年,其中投资期可达到 7 年,退出期 5 年,经全体合伙人同意还可延长 3 年。

作者:许发银(南京扬子江投资基金管理有限公司)

南京外资研发中心现状与发展对策

外资研发中心作为开放创新的重要载体，是国际创新资源高效配置的重要平台，也是我国科技创新体系的重要组成部分。2023 年以来，我国出台《关于进一步鼓励外商投资设立研发中心若干措施》（国办函〔2023〕7 号）、《关于进一步优化外商投资环境加大吸引外商投资力度的意见》（国发〔2023〕11 号）、《扎实推进高水平对外开放更大力度吸引和利用外资行动方案》（国办发〔2024〕9 号）等政策，积极支持外资企业在华设立研发中心。2023 年 6 月，江苏省商务厅、科技厅联合出台《关于鼓励支持外商投资设立和发展研发中心若干措施》（苏政办发〔2023〕24 号）并制定《江苏省外资研发中心推进工作实施办法》（苏商资〔2023〕453 号），南京积极响应并完成首批 31 家外资研发中心核定。发展外资研发中心有利于南京提高研发国际化水平、提升产业竞争力、打造国际化人才队伍、优化开放创新生态，推动更高水平科技开放创新合作。

一、南京已核定外资研发中心发展现状分析

南京早在 2022 年《关于深入推进引领性国家创新型城市建设的若干政策意见》（宁委发〔2022〕1 号）中已提出“加大对外资研发中心综合支持力度”，2023 年将“外资研发中心数”纳入产业科技创新中心主承载区建设方案，力争到 2035 年建成外资研发中心 100 家。

(一) 南京已核定外资研发中心基本情况

截至 2024 年 6 月，南京累计核定外资研发中心(以下简称“研发中心”)31 家，主要来自中国香港、德国、美国、日本、韩国、马来西亚和新加坡 7 个国别(地区)，其中外商独资 15 家，占比 48.39%。研发中心分布在 6 个区，以江宁区(含江宁开发区，共 15 家)和江北新区(6 家)总数最多。从产业来看，装备制造(13 家)、生物医药(8 家)和电子信息(8 家)企业占比超九成。从行业来看，制造业企业最多(22 家)，其次是软件和信息技术服务业(6 家)、科学研究和技术服务业(2 家)和零售业(1 家)。除研发中心，外资倾向于在南京布局生产制造基地(17 家)、地区总部(14 家)和市场销售部门(11 家)，金斯瑞、泉峰汽车、汉桑、华士电子 4 家企业实现总部、采购、生产、销售、服务、培训等全产业链布局。

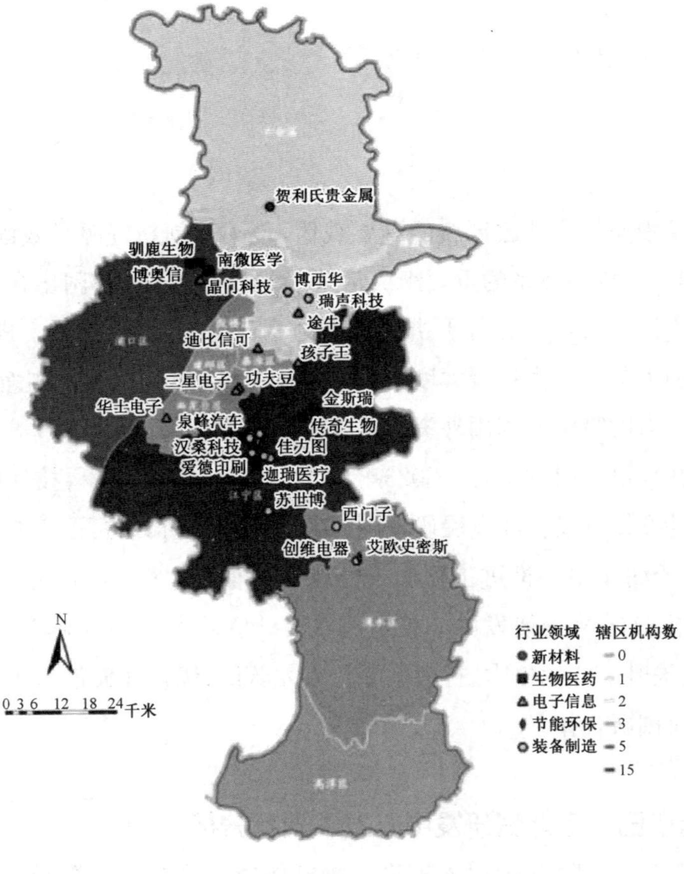

图 1　南京已核定外资研发中心分布

研发中心大部分为中小企业(25 家，80.65%)，近三年在宁总营收 1552.16 亿元，14 家年均营收超过 10 亿元，长安马自达达到百亿元规模；在宁员工共 9296 人，规模集中在百人区间(48.39%),金斯瑞、汉桑2家员工超千人。研发中心多面向细分领域市场,专精特新明显,包含制造业单项冠军企业2家、专精特新“小巨人”7家、专精特新中小企业16家、独角兽企业4家、瞪羚企业3家。

表1 南京已核定外资研发中心专精特新“小巨人”行业领域

序号	企业名称	行业领域
1	晶门科技	显示器集成电路芯片
2	华士电子	轨道交通车辆牵引系统及辅助电源
3	佳力图	数据机房等精密环境控制
4	苏世博	洗衣机、汽车、家具减振系统
5	美埃	空气净化
6	传奇生物	免疫细胞疗法
7	汉桑	智慧音频

研发投入方面,近三年研发中心研发总投入159.39亿元,企业年均研发投入规模集中在千万元(18家,58.06%)和亿元(11家,35.48%)区间,博西华、福特2家超过10亿元。仪器设备、核心原材料和零部件采购主要分布在长三角地区(24家),研发设备国产化率高,使用进口设备较少,仅5家研发设备及材料供应商主要来自海外。

研发产出方面,研发中心创新成果主要为技术专利和新产品新工艺(各26家),在行业标准(12家)和学术论文(5家)方面也有产出。近十年研发中心专利申请量总体呈上升趋势,其中南微医学(84件)和金斯瑞(83件)近十年申请PCT专利最多;有效发明专利量共3565件,博西华以1369件遥遥领先,其次为创维电器(274件)、佳力图(239件);累计申请战略性新兴产业领域专利共1891件,生物、节能环保、新材料产业总体体量靠前,专利申请量分别为809件、392件、236件,占全部申请比例达76%。

(二)南京已核定外资研发中心典型特征

研发中心依托主体大致可分为跨国公司、海外归国人才创立公司、港股投资的本地公司三类,特征如下:

1. 跨国公司,德企以福特、西门子、贺利氏和迪比信可为代表;日企以小原机电、长安马自达为代表

跨国公司设立的南京研发中心最初引进国外技术,后续根据国内市场需求和销售反馈,自主开展生产型研发和产品优化,海外总部仅对南京研发中心的项目、

财务、人事进行审批。跨国公司研发中心设备国产化率普遍高达90%左右，研发人员本土化程度高，外籍人才较少，一般由总部根据项目需求短期派遣来宁提供技术指导，南京研发中心也会定期选派本土人员赴总部培训交流。德企在华布局较广，集团内部研发交流密切，注重商业秘密保护，均享受过政府项目支持，校招设有管培生计划，一般通过文献和展会联系权威专家建立合作。日企从事传统制造业，行业认可度高，注重工匠精神，内部有稳定管理模式和职业晋升机制，参与政府项目较少，与本地高校合作少。

2. 海外归国人才创立公司，以博奥信、金斯瑞为代表

海外归国人才创立公司大多属于生物医药产业，在美国成立后业务引入国内，总部立足南京，研发面向全球，且在海外均设有研发中心并持续开拓海外市场。此类生物医药企业研发投入均高达亿元以上，设备与用人成本高。人才团队国际化程度高，对生物化学专业高端海归人才、国际临床项目运营人才有需求。企业部分技术领先高校，与本地南京大学、中国药科大学等高校开展联合研发、人才定向培养等，且与本地药企交流密切，享受多项政府项目扶持和本地科技服务。

3. 港股投资的本地公司，以华士电子、佳力图为代表

此类企业创业、布局和资源均在南京，南京为企业全球唯一研发中心。企业主打差异化竞争，致力于开发利润率高的小众产品填补市场空白，持续产品优化升级，产品在国内细分领域市场占有率高。此类企业多为本地校友企业，与南航、南理工、南师大等高校广泛开展合作，合作形式包括建立联合实验室、研究生工作站、博士后创业实践基地等，积极申报并享受政府计划。企业人才招聘以社招为主，校招较少，因致力细分领域小众市场，有时本地难以匹配所需专业人才。

二、 南京已核定外资研发中心发展面临问题

（一）政府项目参与度不高

一是企业研发方向与政府项目支持方向不匹配。一些专注于工艺调整的传统制造企业，研发方向不符合物联网、智改数转、数字上云等政府项目主要支持方向。二是企业不满足项目申报条件。如政府项目对知识产权和论文有要求，但一些外企注重研发，在专利申请方面无硬性规定，因而专利和论文较少。再如，现有政策规定申请主体为独立法人，有的研发中心属于大型跨国公司的分公司，作为非独立法人无法享受税收减免、人才安居等政策优惠。三是企业对项目申报信息披露与后续管理存在顾虑。多家研发中心反映申报材料所需信息涉及企业商业秘密，不便公开。

（二）专利申请意愿不足且申请数不多

一是申请专利的创新点不易寻找。传统制造业企业因技术趋于成熟，难以寻找新的技术突破点申请专利。二是企业专利布局不注重本地专利申请。如部分德企技术研发前期为避免技术公开，不申请本地专利而是作为商业秘密保护。三是专利侵权事件频发影响企业申请意愿。一些企业虽有大量可梳理申请专利的技术点，但因发生专利侵权案，专利申请意愿下降。

（三）普遍面临运行成本上涨压力

一是用人成本高。如国内新能源车企员工薪水过高导致传统外资车企为争夺人才提高员工起薪，增加企业用人成本。二是进口设备材料成本高。有的外资企业进口设备材料依赖度高，国外采购耗时长、成本高的物品过海关程序繁琐且售后维保国内无法保障，增加企业成本。三是企业活动成本高。部分企业反映房租、培训和参与行业活动成本高。

（四）人才需求未得到充分满足

一是关键岗位存在人才缺口。如传统制造业难以吸引软件、电力电子、电控方面的产业人才，计划开发海外市场的药企急缺有海外市场开发背景的人才。二是中外行业模式不同导致人才吸引力不足。如日企基于日本人工作稳定性强的特点内部依据职级设置固定薪资标准，而国内人才倾向于选择起薪高且发展势头良好的新能源汽车企业，使得在宁传统行业日企出现招聘难、工资倒挂严重和人员离职率高等问题。三是人才质量不高且稳定性不强。多家企业反映，聘用人员专业水平和职业素质不高，缺乏工匠精神，人才流动性大，招聘新手传帮带时间长，招聘5年以上经验的熟手，易被同行高薪挖走。

（五）本地产学研合作有待加强

一是校企技术方向不同且高校对于校外合作管理严格。高校偏向理论科研，企业关注商品化，导致产学研合作堵点多。同时，高校知识产权和技术项目对外合作管理严格，部分企业偏向与专家个人合作。二是企业难以匹配上下游合作企业。一些外资研发中心希望寻找上下游内资企业开展产业链项目合作，但依靠自身难以匹配合适企业。三是技术平台使用不便利。有的企业依托技术平台开展设备租赁和委托测试，但平台有自营压力后，企业使用公共资源等待时间较长。

三、国内外资研发中心发展历程及经验做法

（一）我国发展外资研发中心的实践进程

外资研发中心在我国发展经历了从封闭到开放的过程。改革开放以后，跨国

公司为开发市场，将产品和生产组装环节转移至我国，开始设立研发中心，提供产品适应性改造和技术支持服务；90 年代中期以后，跨国公司向我国转移生产基地，为解决制造和加工环节的技术问题，设立研发中心开展产品本地化和应用研究，我国外资研发中心数量快速增长；2009 年以后，全球创新资源日益向我国聚集，跨国公司为提升市场竞争力，设立研发中心并加强产学研合作，开展面向全球的新产品新技术研发和基础研究，外资研发中心发展由量的扩张进入质的提升阶段。

表 2　外资研发中心在我国发展历程

发展阶段	时间	设立动机	功能作用	产学研合作	典型案例
起步阶段	改革开放以后至 1994 年	市场驱动	产品适应性改造、技术支持与服务	提供先进设备、研发资助、非核心项目外包	摩托罗拉研发中心、北京邮电大学—北方电信研究中心
快速发展阶段	20 世纪 90 年代中后期至 2008 年	制造驱动	先进技术转移、产品本地化、应用研究	开展联合研发，建立培训中心和联合实验室	微软亚洲研究院、IBM 在华研发中心
稳定增长阶段	2009 年至今	研发驱动	应用型基础技术研发、全球技术支持	联合开展技术孵化、产品开发、基础研究、人才培养等	GE 中国研发中心、陶氏中国研发中心

近年来，我国外资研发中心发展呈现出以下特点：一是质量结构日益优化。截至 2023 年 6 月底，来自 19 个国家的 295 家世界 500 强企业在华设立研发中心 946 家，区域布局除热门城市北京、上海和深圳外，西安、成都、重庆等西部地区的内陆中心城市成为新选择，产业布局涵盖先进制造业、战略性新兴产业和现代服务业。二是注重研发开放与创新协同。跨国公司搭建开放创新平台，与国内产学研合作，大量聘用我国科研人员，如赛诺菲与再鼎医药、礼来与信达生物、罗氏与华领医药等跨国药企与中国企业合作开发新药。三是全产业链集聚发展。跨国公司在华设立地区总部和功能性机构，实现业务总部、制造工厂、研发中心等全产业链集聚，形成本地研发、本地生产、本地销售的纵向一体化产业链模式。四是助力中国创新走向全球。跨国公司在华承担全球研发任务，实现全球同步研发，助力中国融入全球创新网络。

（二）国内发展外资研发中心的经验做法

国内其他省份外资研发中心专项政策一般由省政府或商务科技部门联合出台。2023 年国家专项政策出台之前，上海、北京和浙江已出台相关政策，上海市政府于 2017 年最早出台并于 2020 年、2024 年两次更新，北京市政府于 2022 年、2023

年两次发布，浙江省科技厅将外资研发中心嵌入国际科技合作载体建设体系。国家政策出台后，广东、天津、长沙、山西、重庆等地政策陆续发布。其中，长沙首倡“全球研发中心城市”概念并提出“功能布局基于全球、研发任务源自全球、研发资源来自全球、研发成果用于全球”的发展目标。

表 3　重点省份外资研发中心相关政策

发布时间	发布单位	政策名称
2017 年 10 月	上海市人民政府办公厅	《关于进一步支持外资研发中心参与上海具有全球影响力的科技创新中心建设的若干意见》（沪府发〔2017〕79 号）
2020 年 11 月	上海市人民政府办公厅	《上海市鼓励设立和发展外资研发中心的规定》（沪府办规〔2020〕15 号）
2024 年 3 月	上海市人民政府办公厅	《上海外资研发中心提升计划》（沪府办规〔2024〕3 号）
2022 年 3 月	北京市人民政府办公厅	《北京市关于支持外资研发中心设立和发展的规定》的通知（京政办发〔2022〕11 号）
2023 年 8 月	北京市人民政府办公厅	《关于进一步发展外资研发中心的若干措施》（京政办发〔2023〕19 号）
2022 年 6 月	浙江省科学技术厅	《浙江省国际科技合作载体体系建设方案》（附件 5：浙江省外资研发中心研发投入激励政策指引）
2023 年 2 月	广东省人民政府办公厅	《广东省人民政府办公厅转发国务院办公厅转发商务部科技部关于进一步鼓励外商投资设立研发中心若干措施的通知》（粤办函〔2023〕25 号）
2023 年 6 月	天津市商务局、科技局	《天津市关于进一步鼓励外商投资设立研发中心的落实举措的通知》（津商外管〔2023〕2 号）
2023 年 7 月	浙江省商务厅、科技厅	《关于鼓励设立和发展外资研发中心的指导意见》（浙商务联发〔2023〕81 号）
2023 年 8 月	长沙市人民政府	《关于全力建设全球研发中心城市奋力打造具有核心竞争力的科技创新高地的实施意见》（长发〔2023〕9 号）、《长沙市全力建设全球研发中心城市的若干政策》（长办发〔2023〕14 号）
2023 年 9 月	山西省商务厅、科技厅、人社厅、市监局，国家外汇管理局山西省分局	《关于进一步鼓励外商投资设立研发中心若干措施的落实举措》（晋商资〔2023〕204 号）
2024 年 1 月	重庆市商务委员会、科技局、经信委	《关于进一步鼓励外商投资设立研发中心的若干措施》（渝商务发〔2024〕2 号）

总体而言，我国外资研发中心支持政策包含五方面：一是分级分类认定，鼓励提级扩容。根据研发投入、研发条件、研发团队设定标准，分为研发中心和开放平

台两类，奖励提升能级。二是提供研发便利，支持协同创新。开放公共服务平台，提供各类科技服务，提升数据跨境、技术进出口、物资通关便利度，鼓励参与科技计划项目和本地产学研合作，实施研发激励。三是聚焦主导产业，重点集聚发展。围绕重点产业引导项目落地，提供产业配套支持，强化土地、设备等要素保障，打造国际研发集聚区。四是畅通国际往来，完善人才服务。优化出入境、工作居留许可、跨境支付等来华工作管理，完善住房、医疗保障、子女教育等人才服务。五是扩大制度开放，优化营商环境。扩大服务业开放水平，积极对接国际经贸规则，提供采购国产设备增值税退税、利润再投资递延纳税等税收优惠，加强知识产权和商业秘密保护。

四、南京外资研发中心发展对策建议

（一）优化项目设计，完善政策支持

一是提供专项支持。提供外资研发中心专项研发支持，根据不同类型研发中心特点合理设置申报要求，允许符合条件的分公司等非独立法人申报。二是规范项目管理。简化项目申报流程，允许企业申报时隐去涉及商业秘密信息；明确立项后管理方式，消除企业隐忧。三是加强政策宣传。畅通政企交流，及时点对点传达最新政策，丰富政策宣传渠道，推荐符合条件企业申报重大专项、创新联合体、紫金山英才等科技项目。

（二）开展专利辅导，加强保护力度

一是鼓励专利合作。鼓励企业积极与相关企业、高校院所开展专利合作，共享市场信息、研发经验和技术成果，推动技术创新，提高专利创新性和实用性。二是丰富专利申报形式。开展专利辅导，助力企业优化专利布局，支持申请 PCT 专利，允许企业将商业秘密作为知识产权申报方向或质押商业秘密。三是强化知识产权保护。开展外资企业知识产权保护专项行动，发挥知识产权保护中心和快速维权中心功能，面向外资研发中心开通纠纷快速处理通道。

（三）做好企业服务，提供税费优惠

一是提供财政支持。每年根据研发中心当年度实际利用外资额按比例给予奖补，对企业技术研讨、对接交流等活动，可按活动实际发生金额提供一定比例补助。二是提升物资通关便利度。扩大进口退税范围和种类，推荐外资研发中心纳入出入境特殊物品多部门联合监管机制试点企业。三是落实税收优惠。宣传并落实好研发费用加计扣除、科技创新进口税收、采购国产设备退税等各项减税降费政策。

（四）重视人才引育，优化评价激励

一是重视海外引才。利用科技组织、外商协会、校友会，吸引海外高端人才回流，重点引进高端产业技术人才和高龄资深专家。二是培养本土人才。鼓励校企以组建联合实验室、人才定向培养、开展创新竞赛等方式培养本土人才。三是完善人才激励。宣传弘扬工匠精神，不断完善工匠培养、选树、使用、评价、激励等机制体制，对参与重点研发计划的人才提供奖励。

（五）深化产教融合，搭建交流平台

一是深化校企合作。发布协同创新项目，支持研发中心采取专利合作、授权研发、创新基金等方式，与产业链上下游企业和本地高校深入开展联合攻关。二是搭建交流平台。打造“在宁外资研发中心系列活动”平台，组织开展政策宣介、企业对接、专题沙龙、考察交流等活动。三是开放科技服务。支持外资研发中心充分利用本市各类科技创新公共服务平台，为其开通科技查新、技术平台使用等快速通道。

作者：曹海月（南京市科技信息研究所）　苏永杰（南京市科技成果转化服务中心）

城市交通基础设施智能检测监测技术集成应用的创新思考

一、现状与分析

（一）基本情况

交通基础设施安全性能事关人民群众生命财产安全。随着交通基础设施服役年限的延长，加之环境侵蚀作用、荷载长期效应等因素影响，交通基础设施养护管理压力凸显。今年以来，广东梅大高速路面塌陷、陕西柞水大桥垮塌等事故的发生，凸显了高速公路、铁路沿线等各类风险隐患及时排查的重要性，砂土路基、边坡护坡、桥梁隧道等高风险点位巡查和动态监测至关重要。当前智能检测监测技术在桥梁、隧道、边坡等高风险路段的预警应用越来越广泛，它结合传感技术、数据分析、人工智能、北斗卫星等技术，实现对各种安全问题的快速识别和响应，可以实时监测结构变形、位移等情况，及时发现安全隐患并发出预警，与人工检测相比，智能化检测监测系统在连续性、准确性、实时性、安全性上具有全面优势。①

近两年，我市以华设检测科技有限公司为代表的省内头部检测企业已围绕结构健康监测陆续研发了“结构群云平台、轻量化系统、长大桥隧系统”三位一体综合解决方案，实时监测能力覆盖了针对高速公路、普通国省道、市政道路和农村公路的桥梁养护管理系统。其中面向长大桥隧的检测系统“江苏省公路长大桥梁结构

① 尹煊：《桥梁智慧检测技术应用研究——以珠海燕羽大桥为例》，《新城建科技》2024 年第 9 期。

健康监测平台”作为省交通运输厅扎口系统与交通运输部对接，汇聚了高速公路、普通国省道、农村公路所有长大桥数据结构健康监测数据，实现长大桥隧安全状态实时监控和数据汇总传输，有力保障了重大交通基础设施的运行安全。

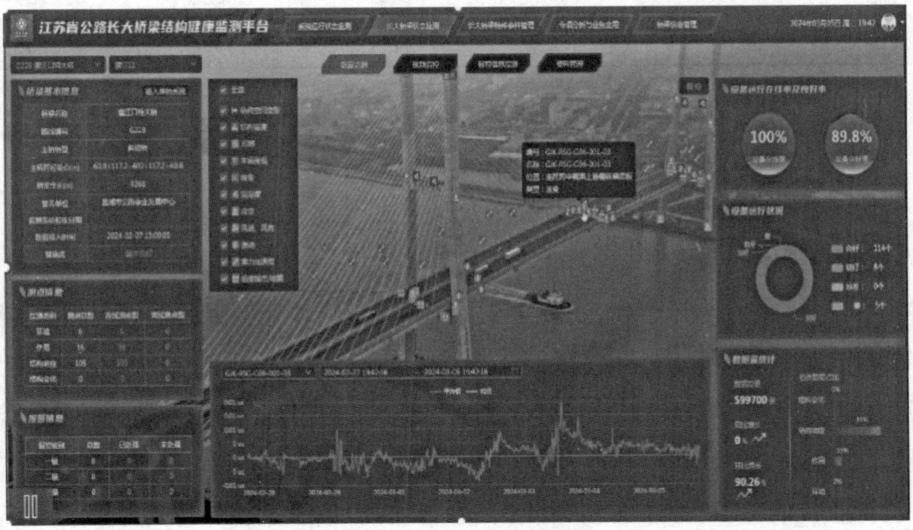

图 1　华设检测自研的江苏省公路长大桥梁结构健康监测平台

（二）存在问题

1. 重点对象检测监测尚未实现全覆盖

目前公路检测感知设施布设密度不足，尤其是低等级干线公路，与公路运输管理需求脱节①。以南京市为例，目前针对桥梁隧道等重大交通基础设施结构健康监测设备覆盖较为完善，已建成的 13 条过江通道基本实现状态实时监测，但从公路领域来看，占比达到 81.4％的二级及以下公路，存在较多高边坡、软基路段和滨水路段等潜在风险点，此类道路路面、结构、道路运行状况尚未实现智能监测。

表 1　2023 年南京市公路网基本状况表

行政等级	里程（公里）	占总里程比例	技术等级	里程（公里）	占总里程比例
国道	885	8.95％	高速	553	5.59％
省道	784	7.92％	一级	1295	13.09％
县道	1942	19.63％	二级	995	10.06％

① 黄帅凤：《公路重大交通基础设施群数字孪生感知系统建设》，《中国交通信息化》2024 年第 8 期。

续表

行政等级	里程(公里)	占总里程比例	技术等级	里程(公里)	占总里程比例
乡道	3942	39.85%	三级	1828	18.47%
村道	2340	23.65%	四级	5223	52.79%
合计	9893	100.0%	合计	9894	100.0%

资料来源:《江苏交通年鉴2024》

2. 先进技术工程化应用还是单点碎片化创新

当前技术创新边界趋于模糊,技术交叉与融合加速,南京集聚了雄厚的高校、软件研发和科研院所资源,多家检测领域头部企业也具有一定的技术创新基础,但整体上仍停留在依托于垂直应用场景进行的单点、碎片化的系统建设①,面向新技术工程化应用、产品化封装和平台化运营的创新不足,对设备制造、应用软件研发、服务输出等产业链的带动较弱,创新资源尚未真正转化为发展动力。从全国检测行业数据统计来看,2023年,全行业获得科研经费总计293.21亿元,户均54.47万元;全行业仅有3851家参与科研项目,参与科研项目总计42323项,户均不足1项。多数小微型检验检测机构基本不具备科研和创新能力,相关投入也十分不足。有效发明专利量占有效专利总数比重为41.46%,技术含量高的发明专利比重不高,创新能力偏弱,仍然是制约行业技术创新能力提升的重要因素之一。

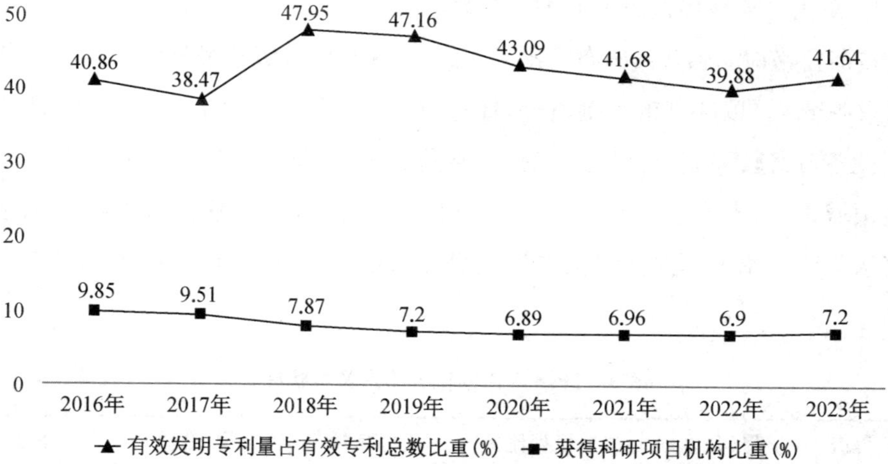

图2 2016—2023年有效发明专利量占有效专利总数比重和获得科研项目机构比重

(资料来源:《2023年全国检验检测服务业统计报告》)

① 李辉:《交通工程试验检测的现状与对策探讨》,《城市建设理论研究(电子版)》2024年第5期。

3. 检测监测数据应用缺乏数据积累和应用环境

智能检测监测数据的应用需要依托于大量的数据积累和成熟的应用环境，但目前行业全样本数据、建管养运全链条数据积累不足。江苏省数据局于今年1月份正式挂牌，交通领域数字资产化也在稳步推进，针对不同的应用功能，虽然形成了一些数据库，但从检测领域来看，一是服务于不同功能的数据往往是相互分割孤立，数据之间还没有深度“握手”，数据资源的集群合力效应有待提升。二是积累的大量数据大多还处于数据存储管理阶段，数据信息资源挖掘深度不够，更多的是简单的统计、筛查，针对重大项目的检测数据尚未全部实现数字资产化，企业主体仅能获得部分项目、部分周期的碎片化数据，难以依托历史数据形成高价值分析结果。三是检测监测数据与设计、养护、运营数据相互脱节，面向预防性养护、精准化改善和动态化管理等的决策能力尚未形成，对于功能业务的支撑度不足。

另外，从数据资产化应用来看，根据2023年中国数据交易市场研究分析报告，2021—2022年中国数据交易行业市场规模从617.6亿元增长至876.8亿元，年均增长率约为42.0%。预测至2030年中国数据行业市场规模有望达到5155.9亿元。数据交易市场主要集中在华东、华南和西南地区，其中长江经济带的数据交易市场规模占全国数据交易市场的比例为27.7%。未来，随着数据确权、数据分级分类和数据资产入表等相关利好政策的推动，各类数据产品的应用价值有望被持续开发，交易规模将持续提升。交通基础设施检测监测数据，对落实基础设施建管养运一体化及全生命周期成本控制等先进理念有重要的支撑作用，数据价值亟待挖掘。

二、发展趋势展望

（一）交通基础设施管理已逐渐由建设期向运营期转变

随着我国城镇化进程进入下半场，大规模基础设施建设高潮已过，受国内经济结构转型叠加地缘政治冲突导致的外部环境不确定性增加影响，2014—2022年全社会固定资产投资增速进入下降区间，2023年全社会固定资产投资降至50.97万亿元。但另一方面，面向运营维护的高质量发展要求越来越高，根据交通运输部《关于推进公路数字化转型 加快智慧公路建设发展的意见》，到2027年，公路数字化转型将取得明显进展，构建公路设计、施工、养护、运营等“一套模型、一套数据”，基本实现全生命周期数字化。这意味着交通基础设施的管理将不再局限于建设阶段，而是扩展到运营阶段，实现从建设到运营的无缝对接和数据连续。城市交通基础设施的智能监测是智慧交通全面“可测”的必然要求，也是智慧城市建设的重要组成部分。我国已制定国家标准《智慧城市 城市交通基础设施智能监测技术要求》，规定了城市交通基础设施智能监测技术应用及智能系统建设过程中所包括的监测内容、监测数据要求以及预警和评估要求等。这表明智能检测监测技术将在交通基础设施的运营期发挥重要作用，提升监测工作的技术先进性和经济合理性。随着公路养护业务数字化水平的提升，依托工程建设数字化成果，以业务应用场景提质增效为抓手，结合大中修工程和路况检测等，逐步实现在役公路数字化，切实提升公路养护智能化水平。此外，还需规范数据的标准化采集、处理，实现部、省、市多级平台联动建立数据规范，实现数据标准化采集和处理。这些措施将促进检测监测数据的积累和应用，为运营期交通基础设施提供更加精准和高效的管理与服务。

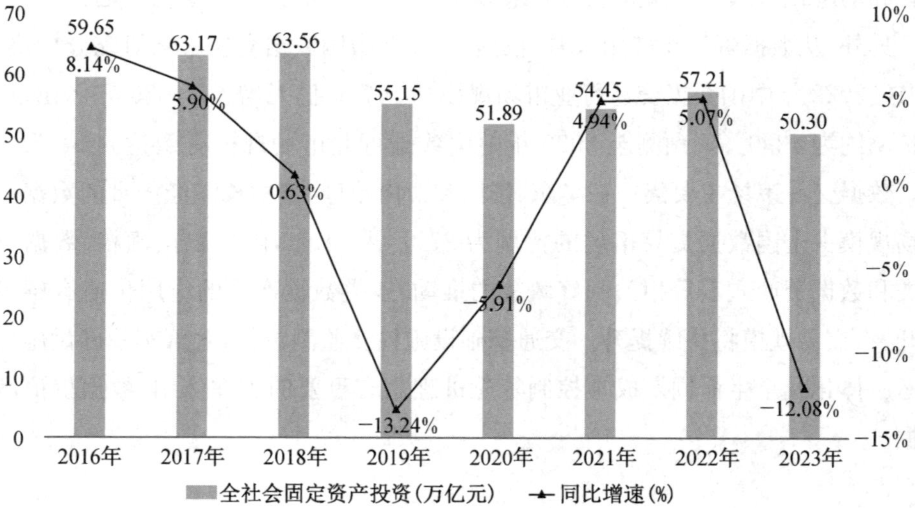

图 3　2014—2023 年全社会固定资产投资情况

（数据来源：国家统计局）

（二）新质生产力发展要求检测行业更加注重技术创新和软硬件一体化集成

颠覆性技术叠加，催生了大量的新产业、新业态和新模式，未来智能交通系统将进一步加强物联网、大数据、云计算等新技术的创新应用与深度融合，BIM（建筑信息模型）、物联网、大数据、人工智能等技术在工程建设中逐步应用。《交通运输部、科学技术部关于科技创新驱动加快建设交通强国的意见》提出，促进新一代信息技术与交通运输融合发展，推动大数据、人工智能、区块链、物联网、云计算和新一代无线通信、北斗导航、卫星通信、高分遥感卫星等技术与交通运输深度融合，开发新一代智能交通系统。针对交通行业的具体情景，智能交通系统可利用物联网、云计算、大数据等信息技术为智慧交通提供强大的技术支撑，对交通数据传输、数据模型分析进行深度集成。利用物联网技术可以全面感知交通运输基础设施、交通运载工具的建设状况，同时监控整个交通的运行情况。利用大数据技术则可以充分挖掘和利用信息数据的价值，进行分析、决策，服务于交通部门的管理与决策。云计算为各类交通数据的存储提供了新模式，打破信息孤岛，实现信息资源共享、系统互联互通。智能交通与信息技术深度融合将进一步促进行业快速发展，同时有效促进信息技术升级迭代，信息技术与行业发展相互渗透、相互促进。未来城市将朝着高度智慧化的方向发展，强调利用未来科技推动交通基础设施自运营安全。智能化的安全管控需要具备更高效的感知、分析、推理、决策、控制功能，势必将推动智能制造、软件应用等各类软硬件产品的一体化融合创新。随着智慧交通行业的蓬勃发展，在役基础设施存量运营维护需求日益增长的需求下，未来智慧交通将以在役基础设施风险即时监测和处置等现实症结问题为突破方向，由人工检测向自动化检测技术发展，由破损类检测向无破损检测技术发展，以及计算机信息技术的大量应用。在技术创新基础上，向软硬件一体化方向深度融合发展，进一步将相互独立的硬件设备、软件控制系统和应用功能进行有机结合、融合优化与系统深度集成，形成彼此关联、智能控制、分布式与集中式协同作业的有机整体，向终端用户提供软硬件深度融合的整体解决方案。大量新的检测技术和仪器将逐步被运用于检测业务，如激光技术被用于断面检测，探地雷达技术被用于地基质量检测等。新检测技术的应用将不断为行业带来新的检测项目和业务，带动市场需求扩大的同时，工程质量检测服务也将日趋专业化。工程质量检测设备行业不断实现技术创新，推动行业整体技术发展，设备技术进步将直接提升检测结果的准确度，为工程质量检测行业快速发展奠定基础。

（三）智能检测监测是数据基础设施安全治理的重要抓手

《中共中央 国务院关于构建数据基础制度更好发挥数据要素作用的意见》从数据产权、流通交易、收益分配、安全治理等方面构建数据基础制度，提出 20 条政策举措。今年，国家发展改革委办公厅、国家数据局综合司印发的《数字经济 2024 年工作要点》，主要包括适度超前布局数字基础设施、加快构建数据基础制度、深入推进产业数字化转型、加快推动数字技术创新突破、不断提升公共服务水平、推动完善数字经济治理体系、全面筑牢数字安全屏障、主动拓展数字经济国际合作、加强跨部门协同联动等内容。近日，国家数据局发布《国家数据基础设施建设指引（征求意见稿）》提出三阶段发展目标，首先是利用 2—3 年时间，完成国家数据基础设施建设顶层设计，明确国家数据基础设施建设的技术路线和实践路径。2027—

2028 年,建成支撑数据规模化流通、互联互通的数据基础设施。力争到 2029 年,基本建成国家数据基础设施主体结构,初步形成横向联通、纵向贯通、协调有力的国家数据基础设施基本格局。近年来,各地方、行业、领域在数据基础设施建设方面开展了积极探索,形成了隐私计算、数据空间、区块链、数联网等多种技术解决方案,为数据基础设施一体化建设奠定了很好的基础。当前,国家数据局聚焦数据流通利用环节,围绕重要行业领域和典型应用场景,在统一目录标识、统一身份登记、统一接口要求下,部署开展隐私计算、数据空间、区块链、数联网等多项技术路线试点,自上而下谋划数据流通利用基础设施工程项目,支持地方城市先行先试,以真实场景牵引技术进步,丰富解决方案供给,促进数据跨部门、跨层级、跨区域、跨主体的高效可信流通利用。

三、 推动智能检测监测技术集成应用的几点对策

(一) 提升系统安全,强化全市交通基础设施风险点的智能检测监测

根据交通运输部《关于进一步推动公路桥梁隧道结构监测系统工作实施方案(2024—2030 年)》的要求,至 2030 年,高速公路和普通国省道桥梁隧道结构监测全覆盖,监测体系全面建立。依托江苏省公路长大桥梁结构健康监测平台、南京市城市基础设施(道路桥隧)智慧监管等既有技术和平台,根据不同的交通基础设施灾害监测场景,部署适用于该场景的各类传感器,全面获取监测数据,并结合智能算法在设备端完成数据的解算、处理、分析,重点建设重点路段、航段以及桥梁隧道、互通枢纽、船闸等重要节点的交通感知网络,特别是在跨江跨河桥梁、各类隧道以及高边坡路段、滨水路段和软基路段等关键领域①,实现对各类风险点的信息汇聚、预警研判、综合决策和高效处置。积极利用各类地质灾害和风险监测预警系统、公路边坡健康监测预警系统等平台,在一级、二级风险等级边坡安装监测预警设备,督促涉交通基础设施的施工单位提供完整的施工组织方案、安全评估报告等资料,加强巡查、巡检频次,发现边坡扰动、失稳等现象,逐步构建智能全面、高效闭环的智能检测监测网络,提高交通基础设施的安全运行能力和智慧管养水平。

(二) 推动集成应用,推动面向工程化应用的智能检测技术装备研发和产业化推广

相关研究机构数据显示,受国家推进新型工业化、发展新质生产力、加快工业设备更新等政策影响,预计未来几年我国智能检测装备产业将持续保持 10%以上的增速,2025 年整体产业规模将突破 3000 亿。南京各类高校、研究机构和检测企业头部企业云集,可开展跨学科、跨领域攻关,围绕特定无损检测、远程监测、轻量

化监测等的专用检测监测需求，支持产学研用跨学科、跨领域攻关，研制开发一批专用智能检测装备。引导企业和高校合作开展集成传感器、数据采集和处理系统、公路智能检测车、物联网(IOT)检测终端设备、无人机检测和自动化检测等智能化专用检测设备研发。鼓励研究机构开发应用如超声波检测、磁粉检测、涡流检测、雷达波检测、X射线检测、红外成像检测、激光扫描检测和渗透检测等无损检测技术。引导公路水运工程建设行业监管部门、试验检测设备厂商以及试验检测部分头部企业逐步建立智能试验检测设备数据传输接口标准，为建立"平台+设备"的智能化检测生态链奠定基础，进一步推动相关装备制造和产品服务产业化推广。

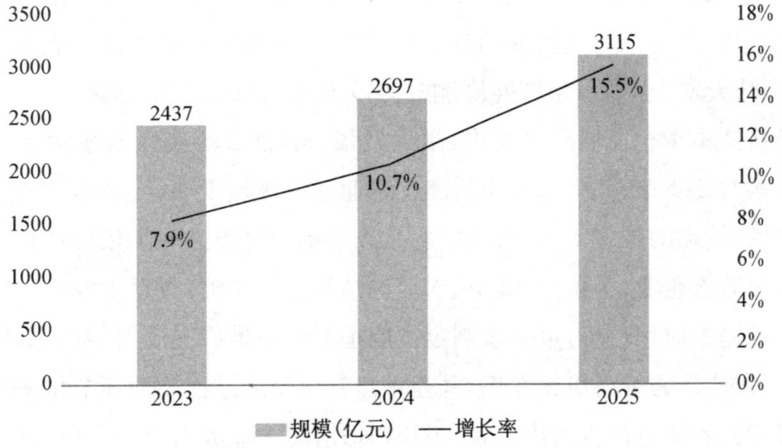

图4　2023—2025年中国智能检测装备产业规模与预测

数据来源:《中国智能检测装备产业发展现状与趋势》(赛迪顾问)

(三) 鼓励数智创新，提升检测监测数据分析应用能力

开展试验检测数据应用研究，推动检测数据融合应用，加快推进历史检测数据数字化，对需要严格保护的数据，审慎推进数据资产化。对可开发利用的数据，支持合规推进数据资产化。深度挖掘数据价值，结合客户需求，发展"工程质量管理大脑"及"工程安全管理大脑"等智能化产品(服务)。建立融合定期检测信息、安全监测数据和日常管养建议的"一网统管"区域级集群监测平台，实现区域内数据共享、联动报警识别、服役性能跟踪和重点区域特性分析。基于"一点一策"理念，融合结构物检测、监测、养护历史等多源数据，采用数字孪生、雷视融合、机器学习等技术，打造包含养护闭环管理、实时智能感知等功能的系统平台。进一步鼓励研发"车—路—桥"安全评价与预警车载智能系统，通过重载运营车群及智能系统实现

"车—路—桥"耦合体系风险识别与损伤评估。构建"空—天—地"协调联动、"数—视—图"智能验证,构建立体化的灾害感知体系,部署于地面的感知终端对监测体进行动态监测,感知终端内置北斗通信模块;通过感知终端和无人机的有效联动,提升灾害应急处置能力;基于"数—视—图"多源异构数据的融合分析,以及AI智能算法的综合运用,有效提升预警的精准性。以项目、业主单位为依托,加强数据价值挖掘,形成具有分析价值的数据池。逐步推动大量检测数据为大数据,为数据资产入表做铺垫。推动检测数据与设计方案、建设材料、养护维修记录、运营交通量等产生关联。统一公路水运工程质量检测各项目管理主体的数字化管控要求,推进跨部门、区域、领域区域协同,打破数据信息壁垒,实现行业层面的数据联通,完善检验检测数字基础设施,促进专业管理软件、智能检测设备、数据应用终端等数字技术发展,实现业务端到端的数字化管理,构建数字化检测技术能力。

(四)壮大本土产业,为智能检测监测技术应用营造良好环境

一是扶持本土企业高质量发展,做大做强。目前江苏省公路水运工程质量试验检测机构共211家,其中有8家公路工程通过甲级及专项类检测,这些企业在全国来看,具有较强的技术实力和创新动力,政府部门可以进一步依托扎根我市发展的本土检测监测企业,为桥梁、隧道、水运等结构健康监测、智慧管养等领域健康监测平台产品提供应用环境,进一步制定智能检测装备推广应用指导目录,组织开展产需对接,宣传优秀装备应用案例,并在重点领域制造过程关键环节检测需求中示范推广智能检测装备优秀应用场景。对有省外、境外业务的企业在研发资助、科技平台设立、资质申报、资金信贷等方面给予政策倾斜,培育一批具有创新型技术、集成化产品大规模商业化应用能力的本土智能检测监测企业。二是支持智能检测监测企业产品研发和迭代。发挥行业主管部门长期耐心资本作用,支持本地企业沉心做好数字化产品迭代升级、集成化产品研发。在结构健康监测成套产品、无人机自动巡检产品、数智养护产品研发和应用方面,为企业创造应用场景,以政府"揭榜挂帅""示范创建"等形式推动先进技术攻关和成果转化。三是推动数据资产管理和数据要素市场化配置。主管部门发力推动历史数据数字化,在保证数据安全的前提下,面向企业数字化创新在检验检测数据交换共享、数据资产评估、数据要素交易方面出台相关政策和办法,为行业数字化治理提供支撑,也为企业持续创新厚植土壤。

作者:陶屹(华设检测科技有限公司)

区域创新篇

深化科创金融改革的建邺实践

金融是国民经济的血脉，创新是发展的第一动力，找准科技创新和金融的结合点，提升金融服务科创质效，对于推动区域经济持续回升向好具有重要意义。建邺区是南京重点打造的重要金融中心核心集聚区，更是市委明确的抢占新领域新赛道的首发区，近年来全力打造的科创金融改革试验区核心区，累计集聚持牌金融机构省级以上总部186家，全市占比超50%；落地科创金融专营机构15家，数量全市最多，已成为具有一定影响力的科创金融高地。2023年，全区生产总值突破1300亿元，增速全市第一；高新技术企业累计通过认定610家，净增数全市第二。南京金融城理事会揭牌成立，华为（南京）开发者创新中心投入运营，已形成“科技—产业—金融”良性循环的良好态势。

一、主要做法

自2022年11月南京市获批建设“国家科创金融改革试验区”以来，建邺区连续两年将“科创金融改革试验区核心区建设”作为“一区一特色”重点改革任务，持续健全组织体系、创新金融产品、优化发展生态，金融服务科技创新水平显著提升。2022年，“金融＋产业＋生态”经验做法入选“中国改革年度地方典型案例”；2023年，“科创金融改革”案例获评全市年度优秀改革案例；2024年10月，中央改革办专题调研江苏普惠金融工作，对建邺科创金融改革试点成效予以肯定。

（一）健全科创金融组织体系，筑牢发展基础

1. “筑巢引凤”集聚高端要素

布局“1＋4”空间片区，设立母基金、S基金、QFLP，积极引入量化基金、并购基金、REITs、一带一路产业基金、沿海产业基金等一批百亿级基金先后落地。创新实施“012科创森林成长计划”，吸引阿里、小米等数字经济头部企业在建邺设立区域总部，带动高瓴、毅达等头部机构入驻。打造近4万平方米金融科技产业生态中心，首期落地南京云清人工智能、南京赛融智能技术等5家科技公司，并与恒生电子等20余家科创企业达成入驻协议。依托华为政务一网通联合创新实验室，打造金融公共服务平台，嵌入智能算法模型，嫁接金融政策资源，吸引上下游科创金融企业入驻。

2. “精耕细作”拓展专业机构

大力引进科创金融专营组织，针对科创企业普遍缺少抵（质）押物的实际，鼓励开发专属产品，提升科创企业融资担保服务能力。南京银行、交通银行等15家金融机构先后在建邺设立专营组织。持续丰富新兴业态，加快集聚融资租赁、商业保理、资产管理等地方金融组织，为科创企业融资拓展渠道、优化服务。在金鱼嘴基金街区引入投行、咨询等行业头部机构，加速人才、资金、平台、市场融合，在法律服务产业园集聚以金杜、德勤为代表的律师事务所、会计师事务所、审计事务所等新中间业务机构超百家，为科创金融企业提供资金募集、创投、上市等全链条服务。

3. “管服并重”做优发展生态

积极对接省市监管机构、人民银行及其相应协会，集聚江苏证监局、江苏金融监管局等一批省市机构。挂牌运行全市首家金融法庭，对全市部分涉金融类案件集中管辖。成立全省首家长三角金融多元调解中心，以“线上＋线下”调解模式，将小额金融纠纷，批量化解在诉前阶段。统筹配置平台、项目、资金，做好创新人才引育用留工作，为产业发展提供人才支撑。设立建邺人才公寓建设投资基金，打造300万平方米长租公寓，助力青年人才创业就业。打造南京首家面向产业园区的公建公办托育园，持续升级“四点半课堂”，切实解决青年人才后顾之忧。

（二）创新科创金融产品服务，做强资本引擎

1. “风险共担”实现导流增信

创新“建邺高新进园保”系列金融产品，建立“银企导流、风险共担、政府增信、专员服务”四项机制，让中小微科创企业实现“不能贷”能贷、“贷得贵”便宜贷。组建区属担保公司，与江苏省信用再担保公司以及商业银行合作，设立“代偿资金池”，按照4∶4∶2比例共担风险，并允许弹性调整，大大降低三方风险。以不动产

评估值、载体租赁合同等为授信依据，定期向合作银行推送“白名单”，为企业增信。与南京联交所共建“南京创新企业金融服务中心”，合作设立“企业征信平台”，利用海量数据为企业“画像”，通过数字化手段实现优质企业与金融机构之间的信息精准匹配，推动科创企业获得金融资源更为精准的“滴灌”。

2. “架桥铺路”拓宽直融渠道

探索“政府＋人行＋民企”合作机制，推动北交所南京服务基地落地。出台《建邺区推进企业上市联席会议制度》，为科技创新型企业提供专属培育服务，推动科创企业在主板、科创板、创业板和北交所上市，在全国股转系统和区域性股权市场挂牌。协同江苏股权交易中心申报股权投资和创业投资份额转让试点，发挥S基金市场接力作用，进一步拓展资本“募投管退”渠道。在不增加企业融资成本前提下，积极探索知识产权证券化融资路径，全国首单支持民营企业的知识产权类科创票据“南京鑫欣商业保理有限公司2023年度第一期建邺滨江担保知识产权定向资产支持票据(科创票据)”成功获批。

3. “搭台唱戏”撮合资本要素

用平台思维做乘法，畅通科技与资本的对接渠道，实现产融共赢。打造“金鱼嘴每日路演”资本要素撮合平台，为科创企业“画像”，建立前期闭门会议机制，对报名项目充分尽调、研判，精准投放和匹配创投意向机构，提高资本撮合成功率。链接国内500多家头部和腰部投资机构、100多家新中间业务机构、100多位相关领域专家资源，分产业、分赛道举办常态化路演活动，让信息多跑腿，让投资人、创业者少跑路。建立“信息发布、项目筛选、联名推荐、投贷联动”四项机制，常态化组织路演活动，通过配资、直投、跟投等方式，撬动更多社会资本投早、投小、投硬科技，更好助力科创企业发展。

4. “引投跟投”撬动社会资本

探索“基金＋服务＋生态”资本要素供给模式，建成南京首个基金街区——南京金鱼嘴基金街区，协同构建产业、科创、人才、天使四大系列基金，为科创企业成长助力。组建区属金鱼嘴创投公司，成立5亿元的区级科创引导基金、20亿元的东南产业基金，与南京市创新投资集团、东南基金等共同发起设立总规模5亿元的建邺金融科技基金，通过配资、直投、跟投方式，撬动更多社会资本。市场化运作区科创引导基金、产业母基金，引进并配资南京“2＋6＋6”创新型产业集群子基金，通过提供载体、让渡超额收益等措施，约定返投比例，让资本更多投向科创企业和孵化项目。探索“领投＋跟投”模式，依托基金领投人的市场资源、专业能力和丰富经验等优势，组织基金管理机构跟投优质企业和项目。

（三）精准滴灌新领域新赛道，助力产业强区

1. “先发布局”抢抓七大赛道

聚焦金融科技、数字能源、低空经济、跨境电商等7个先发赛道，以精准招引实现“无中生有”，以良好生态推动做大做强，并逐步拓展“7＋X”赛道，培育壮大数字经济核心产业，带动新型生产要素在建邺加快集聚。支持中石化化工物流、三峡能源江苏总部、咪咕互娱等行业龙头发展壮大，打造长三角有影响力的化工物流科技服务中心、数字文娱产业基地。开放低空飞行应用场景，打造全空间无人科技岛；市区联动打造南京跨境电商服务平台，创新推出“跨境电商贷”等金融产品，吸引集聚更多经营主体。

2. “向新而行”深耕“数据要素×”“人工智能＋”产业

构建以“南京数智城”为核心，生态岛、江东、CBD协同发展的数据要素产业园，制定数据要素产业图谱，围绕“人工智能＋”产业，以数据要素为核心加快推动产业深度转型。布局5G基站，支持通信运营商提升全区5G网络覆盖能力和服务质量，联合中国电信在江心洲区域建成5G-A通感一体基站并投入使用，成功打造江苏首个5G-A通感领域创新实验基地。联合蚂蚁等隐私计算头部企业，共建密态计算中心，设立隐私计算（区块链）设施。全域推进5G网络提效，打造“南京AICITY创新赋能中心”公共服务平台，签约华为（长三角）盘古大模型行业应用基地，共同为“人工智能＋”企业提供模型和算力支持。

二、成效与启示

经过连续多年的高速增长，建邺综合实力已走在全市前列，但优势尚未巩固、基础还不牢固。从科技创新看，建邺缺少大院大所、重大创新平台，关键核心技术不多，科技成果转化机制还不完善；从产业集聚看，更多注重招引龙头企业、行业头部，但生态链引育还不充分。近年来，建邺结合资源禀赋和区域特色，持续深化科创金融改革，坚定不移调结构促转型，更加主动地创新发展思维，向新求质，向新提质，加快推动金融、科技等要素加速流动重组，以新质生产力的加快发展实现存量调强和增量调优，创造出产业强区增长极的“乘数效应”。

（一）取得成效

1. 金融要素加速集聚

坚持把金融作为引领发展的重要抓手，全区GDP构成中，金融业占比已超30％，房地产业占比不到10％，产业结构持续优化，经济韧性和后劲不断增强。全区累计集聚金融类机构超1800家；累计备案基金共计404支，占全市36.17％；累

计登记基金管理人202家，占全市48.44%；登记基金管理人在管基金714支，占全市53.97%，已募规模超4000亿元，占全市43.63%。“金鱼嘴每日路演”举办活动超900场，吸引项目超2000个，累计撮合项目融资额度超80亿元。“建邺高新进园保3.0”累计授信超80亿元，惠及企业近2000家。金鱼嘴基金街区连续四年入选清科、投中全国TOP10榜单。

2. 科技创新动能更强

创新实施“012科创森林成长计划”，不断吸引行业龙头、央企总部、赛道新锐落户，阿里、小米等头部企业均在建邺设立区域总部，全国互联网企业20强中有13家落地建邺。2023年，全区科技型中小企业备案累计数达1602家，高新技术企业累计通过认定610家，总量跃居主城第二，净增数全市第二；入选国家级专精特新“小巨人”企业5家、主城第一；新增国家级孵化器1个、省级众创空间3家。华为(南京)开发者创新中心投入运营，中软国际鸿联联创营创新平台注册落地；南京数智城建成运营，城市鸿蒙产业园正式开园，新增优质载体超150万平方米；落地中石化化工物流总部、中化金茂智慧能源等央企总部9家、全市第一。

3. 产业强区势能更足

2023年，建邺区金融业增加值超400亿元、连续三年全市第一，数字经济核心产业实现营收超633亿元、全市第二，总部企业55家、全市第一，已初步构建以“金融+数字经济”为主导产业、以“总部经济+平台经济”为主要业态的产业布局。建邺区在全市率先布局新领域新赛道，7个先发赛道中5个赛道产业规模超百亿元，总规模超千亿。其中，智慧交通物流赛道，集聚中石化化工物流公司、零浩网络、福佑卡车等企业20余家，赛道规模超300亿元；数字能源赛道，集聚三峡能源江苏总部、林洋储能、云快充等企业20余家，赛道规模超200亿元；金融科技、数据要素、数字文娱等三个赛道集聚恒生电子、深信服、咪咕互娱等企业200余家，赛道规模均超100亿元；低空经济、跨境电商赛道规模均超50亿元。

(二) 相关启示

1. 保持定力、接续奋斗是根本

习近平总书记指出，要坚持把远大理想和阶段性目标统一起来，一旦确定目标，就咬定青山不放松，接续奋斗、艰苦奋斗、不懈奋斗。回顾发展历程，建邺区始终紧扣重要金融中心核心集聚区建设这条主线，频道不换、目标不变、力度不减，坚持一张蓝图绘到底，不断增强综合竞争力、区域影响力，从河西金融集聚区到泛长三角区域金融中心核心功能区再到重要金融中心核心集聚区，金融已成为建邺最有特色、最具优势的产业。实践证明，做大做强金融，不可能毕其功于一役，只有保持战略定力、坚持久久为功，才能积小胜为大胜，一步一个脚印向前迈进。

2. 委区协同、同频共振是关键

习近平总书记指出，要坚持算大账、算长远账，做到既为一域争光、又为全局添彩。在推动区域科创金融产业高质量发展的征程中，建邺区坚定不移贯彻党中央和省委、市委决策部署，以科创金融改革试验区核心区建设为抓手，凝聚共识、统筹谋划、协同推进，汇聚强大工作合力，取得丰硕发展成果。实践证明，只有心往一处想、劲往一处使、智往一处谋，才能形成齐抓共管的强大合力，才能推动各项事业发展迈上新台阶。

3. 守正创新、服务实体是宗旨

习近平总书记强调，实体经济是一国经济的立身之本，是财富创造的根本源泉，是国家强盛的重要支柱。要推动资源要素向实体经济集聚、政策措施向实体经济倾斜、工作力量向实体经济加强。建邺区始终把服务实体经济作为科创金融改革的宗旨，多措并举为科创企业发展提供金融服务。实践证明，只有做强服务实体经济的“看家本领”，更好满足科技企业创新发展的多样化金融需求，才能在高质量发展道路上行稳致远。

4. 统筹兼顾、防范风险是重点

习近平总书记强调，金融是国家重要的核心竞争力，金融安全是国家安全的重要组成部分。要完整、准确、全面贯彻新发展理念，统筹发展和安全。建邺区牢固树立现代金融意识，改进金融监管方式，让金融正本清源，有效防止金融虚化、异化和非本质化运行，切实防范了各类金融风险。实践证明，金融事关发展全局，只有压实各方责任，防范好重大金融风险，才能实现经济和金融的良性循环发展。

三、下一步思路举措

建邺区是南京首个整体规划建设和重点打造的新城新区，经过多年快速发展，综合实力已跃居全市第一方阵，连续 3 年获评市对区综合考核第一等次。但对比先进城区，经济总量上还有一定差距。科创金融改革试验区核心区建设是建邺区在新形势新征程上推动高质量发展的重要路径，建邺将进一步推动金融与科创融合发展，加快塑造新动能新优势，为未来更高水平、更深层次参与区域竞争提供战略支撑。

（一）擦亮建邺金字招牌

深化委区融合，完善“党建引领＋业界共治”管理体制，进一步凝聚发展合力。要加快集聚高端要素，大力引育总部型、功能性金融法人机构和海内外顶尖金融人才，不断壮大融资租赁、资产管理等新兴金融业态，推动公募基金尽快落地，持续提升金融能级。抢抓省战略性新兴产业基金集群组建、市打造“4＋N”产业基金集群契机，力争更多省、市产业基金及管理公司落地建邺；强化基金招商，做大产投“基金矩阵”，做强区属国资参与组建的高新产业母基金、科创引导基金等基金，切实把“招投联动”优势延伸到产业和项目最前沿。

（二）培育壮大耐心资本

扎实推进科创金融改革试验区核心区建设，完善“2＋2＋N”科创金融服务体系，持续集聚科创金融专营组织，深入探索知识产权证券化路径，为企业提供多元金融供给。完善以股权投资为主、“股贷债保”联动的金融服务支撑体系，优化授信机制、丰富金融产品，推动实现全链条产投联动、全周期金融供给。坚持“金鱼嘴基金街区＋金鱼嘴每日路演”双擎驱动，构建涵盖产业投资、创业投资的政府引导基金体系，推动“科技—产业—金融”实现高水平良性循环。

（三）持续优化发展生态

鼓励金融市场主体利用人工智能、区块链、大数据等技术加快业务模式、流程和服务创新，不断拓宽应用场景，高水平运营金融科技产业生态中心，大力推进数字人民币改革试点，推动数据要素和金融服务深度融合。加快构建全周期、全业态金融服务体系，发挥私募股权和创投基金份额转让平台、北交所南京服务基地、清华大学五道口金融学院南京教室作用，提升投融资对接、上市辅导等服务质效，持续引进法律服务、财务咨询、评估认证等新中间业务。完善“集中监管＋多元调解”机制，更充分发挥长三角金融多元调解中心、金融法庭作用，不断提升金融风险防范能力。

（四）深入推进科创育林

完善支持科技创新的体制机制，深耕“012 科创森林成长计划”，构建“专精特新”企业、高新技术企业、科技型中小企业梯度培育体系。以小米、阿里、恒生电子总部为中心，联合中国计算机学会、清华大学、南京大学、阿里达摩院等大院大所共建人工智能产业赋能中心，引入百川智能，智谱华章大模型等头部企业，加快建设河西中央科创区，打造培育发展新质生产力的新增长级。统筹推进教育科技人才体制机制一体改革，深化产教融合、产才融合，让广大人才在建邺安心舒心创业。与江宁滨江开发区共建“伙伴园区”，扎实推动科技创新与产业创新深度融合，为全市拓展更广泛的产业纽带，以滨江产业创新带的大发展，为推进产业强市提供更强动能、作出更多贡献。

作者：伍洋（建邺区委常委、常务副区长）

坚持“双碳”目标确定不移
推动环保产业高质量发展

——南京经济技术开发区环保产业发展的调查和思考

随着全球对环境保护的重视程度不断提高，环保产业已成为经济发展的新引擎。2023 年，全国环保产业营收 2.5 万亿，至 2029 年中国环保产业营业收入规模有望突破 4 万亿。总体来看，环保产业机遇与挑战并存，行业正朝着加速整合、高质量发展阶段持续转型、迭代升级。本报告深入研究南京经济技术开发区（以下简称“经开区”）在发展环保产业方面的现状、成果、问题，提出未来南京环保产业发展的对策建议，以期充分发挥南京区域优势，补足短板，服务于全市经济绿色转型和生态环境持续改善，促进产业高质量、可持续发展。

一、 政策导向

环保产业，从狭义上来说，主要聚焦在污染控制与减排、污染清理及废弃物处理等方面，其核心目标是应对环境污染问题，通过末端治理技术与服务，降低污染物排放，减少对环境的损害。广义的环保产业，既包括狭义的环保产业内容，还涉及资源循环利用、生态保护与恢复、环境监测、环保技术研发、环保咨询服务、绿色产品制造等多个领域。

（一）在国家全面深化改革导向方面

《中共中央关于进一步全面深化改革、推进中国式现代化的决定》对深化生态文明体制改革作出部署，决定提出，聚焦建设美丽中国，加快经济社会发展全面绿色转型，健全生态环境治理体系，推进生态优先、节约集约、绿色低碳发展，促进人与自然和谐共生。同时，也提出关于健全绿色低碳发展机制的一系列重大部署，如“加快规划建设新型能源体系”“建立能耗双控向碳排放双控全面转型新机制”等。在这样的宏观背景下，生态环境建设在推动产业转型升级、释放内循环市场潜力、提升外循环层次水平等方面的作用将愈加凸显，环保产业正迎来高速发展的黄金期。

（二）在江苏省循环经济导向方面

以习近平新时代中国特色社会主义思想为指导，深入贯彻党的二十大精神，全面贯彻习近平生态文明思想，完整、准确、全面贯彻新发展理念，加快构建新发展格局，着力推动高质量发展，遵循减量化、再利用、资源化的循环经济理念。要求健全资源循环型产业体系，推进开发园区绿色低碳循环发展，推动园区循环化改造升级，推进废物综合利用、能量梯级利用、水资源循环利用和土地节约集约利用。要求强化社会生活废旧物循环利用，加强工业废弃物管理，推进废弃物分类存储、分类收集，做好工业废水收集处理，推进社会源废弃物分类回收，提高废旧物资再利用水平。

（三）在国家级经开区综评导向方面

目前，在商务部对国家级经开区综评考核中，绿色发展考评指标占 15 分，主要包括二氧化碳排放量、化学需氧量（COD）排放量、工业固体废物综合利用率等指标。各国家级经开区根据综合考评要求，均在年度发展目标中，确立了环保产业发展相关要求，例如，根据《南京经济技术开发区 2024 年经济社会建设奋斗目标计划》，2024 年度，南京经开区规模以上工业单位增加值能耗不高于 0.84 吨标准煤/万元；规模以上工业单位增加值水耗不高于 7.1 立方米/万元；规模以上工业单位增加值二氧化碳排放量不高于 1.672 吨二氧化碳/万元、园区二氧化碳排放量下降 11.96%；化学需氧量（COD）排放量不高于 366.381 吨，VOCS 排放量、NOX 排放量、氨氮排放量分别不高于 80.6 吨、48.2 吨和 0.854 吨；工业固体废弃物综合利用率超 95%等。在新的考评体系下，经开区必须强化双碳引领，加快发展环保产业，形成绿色生产方式，增强节能降碳实效。

二、南京经开区环保产业发展分析

（一）南京经开区环保产业产值情况

2023 年，南京经开区环保产业产值达 63.31 亿元，占经开区工业总产值的 4.72%，但呈现逐年稳步上升态势。其中，污水处理厂 2 家，产值 1.98 亿元；环境治理及修复行业 4 家，产值 1.51 亿元；资源回收与再利用行业 8 家，产值 2.71 亿元;危险废物治理行业 1 家,产值 0.5 亿元;环境检验检测业 8 家,产值 2.55 亿元;环保设备设施及材料行业 2 家,产值 54.06 亿元。此外,立足于三区协同发展,栖霞区近年来坚持绿色转型,充分发挥资源禀赋优势,扎实推进区域产业增绿、生态增容、污染减量、岸线减压,在环保产业方面也有一定布局。例如:博瑞德环境集团股份有限公司,从事水污染治理、大气污染治理、环保污染治理,2023 年产值 6.07 亿元;南京源恒环境研究所有限公司,从事环境咨询、管理等服务,2023 年产值 0.66 亿元;马群科技园环保产业产值约 1 亿元。

(二)南京经开区企业环保投入情况

2022 年南京经开区企业环保总投入 10.65 亿元,2023 年总投入 10.01 亿元,近几年总体保持持平。

表 1 南京经开区代表性企业环保投入清单

序号	企业名称	投入情况	近 3 年总投入
1	中石化金陵分公司	开展近零排放项目(其中废气处理 11 项,废水处理 10 项,固废处理 2 项)	13 亿元
2	爱尔集新能源(南京)有限公司	2022 年投入约 3.16 亿元、2023 年约 1.40 亿元、2024 年截至目前投入 94 万元;2022 年危废处置 814 万元、2023 年 395 万元	4.68 亿元
3	南京京东方显示技术有限公司	污防设施改善及日常运行近三年预计投入 2 亿。危废处置费用 800 万/年,固废处置费用 400 万/年	2.36 亿元
4	爱尔集新能源电池(南京)有限公司	2022 年约 3000 万元、2023 年约 500 万元、2024 年截至目前为 400 万元	0.39 亿元
5	南京港(集团)新生圩港务分公司	近三年环保投资及日常成本支出 6200 万	0.62 亿元
6	喜星电子(南京)有限公司	近三年生态环保投入约 150 万;危废处置费用 12 万;固废处置费用 75 万	0.02 亿元
7	杉金光电(南京)有限公司	2023 年生态环保投入约 0.4 亿元;危废处置费用 440 万元/年	0.53 亿元

(三)经开区环保产业发展趋势

1. 技术水平不断提升

企业在环保技术研发方面取得了一定成果。例如:南京天加环境科技有限公司聚焦能源管理与洁净环境事业,专注控制系统研发与实施,在空调系统、节能运用技术上处于行业前端,已开始探索储能领域,先后荣获保尔森可持续发展奖、国家节能中心重点节能典型案例。南京绿联环境科技发展有限公司专注于废酸资源化利用技术研发工作，自主研发的废氢氟酸、废硫酸综合利用率达到99%以上，达到国内先进水平且已实现规模化生产。南京高科环境科技有限公司综合开发出无人值守技术、智慧节能曝气技术、污废水扩容提标技术、微氧一体化污水处理技术，并与南京大学技术团队合作，建设技术研发中心，实现了工业企业污水站提质增效，构建了智慧低碳一体化污水处理装备，具有出水水质好、占地面积小、投资运行成本低、运行模式简单、智能化程度高等优势。

2. 产业协同趋势上升

经开区形成了以汇智科技园、红枫科技园为代表的环境检测及咨询行业产业集群。企业依托经开区新型显示、高端装备、新材料以及生物医药、高端装备、人工智能等主导产业，聚焦产业配套服务，强化上下游联动，形成了产业协同发展效应。例如：南京绿联环境科技发展有限公司就废酸处置与南京京东方显示技术有限公司 、电气硝子玻璃（南京）有限公司、爱尔集新能源（南京）有限公司等园区企业建立了合作关系；江苏恒祥环保再生资源有限公司就废旧物资回收、利用、销售与爱尔集新能源（南京）有限公司、博西华电器（江苏）有限公司、南京夏普电子有限公司建立了深度合作。

3. 产品能力不断增强

园区企业将高端化、智能化、绿色化作为提升产业竞争力、实现高质量发展的关键途径，特别是先进制造业发展水平持续提升。例如：康尼机电股份有限公司建设轨道交通门系统智能工厂项目，实现污染排放从源头到末端全过程闭环管控，使喷涂工序VOCs排放量下降幅度达50%；杉金光电（南京）有限公司从原材料下手，开展压敏胶的研发与更新，完成第二代压敏胶的开发并实现产品原材料的替换，相较于第一代，第二代压敏胶的单位VOCs产生量降低了10g/m^2，减排比例约达13.6%。南京城矿资源环境有限公司专注于报废机动车回收、拆解项目，动力电池回收、贮存、梯次利用及后续动力电池检测、储能电池项目，全面提速区域动力电池产业及固废综合利用发展。

（四）南京经开区环保产业存在不足

1. 环保产业基础较为薄弱

南京经开区作为曾经的传统工业园区，环保产业发展起步晚、基础弱，在传统环保产业方面无明显竞争优势，目前环保产业产值仅占全市环保产业总产值的1.3%，对经开区生态产业链的支撑不足，短期难以实现爆发式增长预期。区内环保企业分布较为分散，未形成规模化的产业集群，产业链上下游企业之间的关联度不高，缺乏完整的产业链条，影响了产业的整体发展效率。

2. 技术创新能力还要提升

区内环保企业在研发投入方面相对较少，缺乏核心技术和自主知识产权，导致在高端环保技术领域中的竞争力较弱。与高校、科研机构的合作机制不够完善，产学研结合不够紧密，难以将科研成果有效地转化为实际生产力。高端环保人才短板明显，缺乏高端环保技术人才和管理人才，难以满足企业在技术创新、市场拓展等方面的需求。

3. 精细管理水平有待提高

大多数环保企业处于中小型规模，盈利水平有限，具有收益低、周期长的特点，社会资本进入“绿色领域”的动力有待提高。园区对环保产业的投入力度和深度不够，未能充分发挥政府在资金、技术、资源等方面的优势，引领和推动环保产业的快速发展。

三、南京环保产业发展的对策建议

（一）强化顶层设计，健全法规政策支撑

坚持将发展壮大环保产业纳入南京市和各开发园区“十五五”规划、年度经济社会建设奋斗目标之中，认真制定完善环保产业发展规划和实施细则措施，明确环保产业发展的“时间表”“路线图”，在守好生态底线的基础上，推动区域生态环保产业和绿色低碳经济发展。充分发挥环保法规、政策、标准在引领环保产业发展中的先导作用，从市区级层面严格把控环保企业市场准入制度，加大污染治理收费的调节作用，推动单位产品中的环保成本核算，发布高污染产品、高环境风险产品名录，实施绿色税收政策、信贷政策、保险政策、证券政策等，严把项目的准入关。积极争取中央、省级财政节能减排补助资金和循环经济发展专项资金等，支持全市环保产业园区建设、环保产业发展有关的企业技术改造项目、关键共性技术研发、科技成果转化等，努力优化顶层设计，赋能环保产业发展。

（二）优化产业结构，提升产业发展层次

发展生态环保产业是南京锻造产业竞争优势、培育新质生产力的重要抓手。要坚持推动全市现有工业企业提质增效、低碳减排。支持引导企业优化清洁生产工艺，进行绿色化生产改造，降低污染物排放，减少能源消耗，从企业内部提质增效，提高资源利用率。（例如，南京经开区爱尔集新能源和爱尔集新能源电池通过废 NMP 回收再利用项目，实现废物减量化、资源化。其中，爱尔集新能源年减少排放废 NMP 溶液 2850 吨，废阳极浆液 1540 吨，爱尔集新能源电池年减少排放废 NMP 溶液 800 吨，阳极废液 200 吨。）要充分发挥招商引资对全市环保产业发展

的引领作用，强化招大引强、招新引优，深入实施绿色低碳产业培育工程，依托全市各板块主导产业配套需求，积极布局新型储能等未来产业新赛道，培育环境服务等新兴服务业，实现产业能级和发展水平双提升。

表 2 环保产业发展建议表

序号	名称	概况
1	电力能源	围绕发电侧、储能侧为主航线，输配及用电侧为辅助，革新发电侧能源结构，配套储能侧完成产业“调峰”： ① 发电侧：由于技术进步和发电成本大幅度下降，风电和光伏将有巨大的发展前景，氢能也有望成为下一个能源爆发点；② 储能侧：其一，电化学储能。锂电池是电化学储能主流技术路线；磷酸铁锂电池更适用于储能场景；钠离子电池从实验室走向实用化阶段。其二，飞轮储能。飞轮储能已率先在城市地铁和电气化铁路领域实现示范应用，产业化尚需时日。其三，氢能储能。氢能有望成为长时间、跨区域储能方案。其四，熔盐储能。目前仍是大规模高温储热技术的首选
2	CCUS	① 硬件设备：工业 CO_2 传感器及物联网解决方案；② 软件系统：碳排放的核算和数字化管理系统、工业数字孪生、碳排放管理软件；③ 新技术/材料研究：碳捕集技术、膜分离技术、生物质能碳捕集、直接空气碳捕集
3	建筑行业	建筑行业碳中和机会主要体现在低碳建筑材料、新能源利用技术和楼宇智能管理技术： ① 低碳建筑材料：零碳水泥、零碳钢铁环保涂料、节能建筑玻璃、石膏板等；② 新能源利用技术：分布式光伏系统（“安装型”太阳能光伏建筑与“建筑型”太阳能光伏建筑）、热泵设施（以热泵取代暖气，降低热量流水和碳排放）、新能源替代（太阳能、地热能生物质能替代传统暖气）；③ 楼宇智能管理技术：“硬件＋软件”，以智能传感器＋管理软件实现楼宇智能运维（水/电/空调/暖气/电梯等）

（三）推进技术创新，实现科技赋能发展

环保产业是技术密集型产业，科技实力对环保科技实力的提升至关重要，必须争夺环保技术制高点，来占领环保产品市场。要全面建立健全以企业为主体、产学研紧密结合的环保产业创新体系。利用南京丰富的高校院所等科研资源，紧密联系环境院校、环保科研机构，探索推动环保产业创新平台建设，依托环保领域的科研院所和企业，向需求企业提供全面的环境诊断、治理方案和跟踪服务，实现“精准咨询—定向研究—成果落地—产业发展”的高效率、高质量循环，培育一批具备提供区域环境系统解决方案的生态环境综合服务商。全力争取国家和省市政策资源，积极支持企业的环保技术创新，每年建设一批国家和省级绿色工厂、绿色设计产品。在国家级经开区优先建设一批省级以上重点环境实验室、企业环境技术中心、环境工程技术研发中心或环境工程实验室，形成试点和示范效应。

（四）加强对外合作，引领更高水平开放

当前，国外企业在环保产业发展壮大过程中的先进理念、应对经验和技术，对我国环保产业发展具有重要的借鉴意义。要通过开展招商引资、国际合作等方式，进一步在环保领域开展对外合作，主动学习国外企业在环保产业领域的经验做法，加快提升南京环保产业的整体标准、创新能力、管理水平，并在发展合作中逐步培育形成本土龙头企业，引导带领全社会投资发展环保产业。同时，要通过加强对外合作，鼓励本土环保企业走出去，支持本市企业与国外企业联合研发共性关键技术、开发新产品，推动科技成果向现实生产力转化。此外，要利用全市开发园区的对外开放属性，鼓励和引导民间投资和外资进入节能环保行业，吸引更多的外界社会资金投资南京、深耕发展。探索设立环保产业基金，支持符合条件的节能环保企业上市发展，通过建立公开、公正、平等的投资环境，加快环保产业的技术更新速度，改善全市生态环境质量。

（五）加大宣传力度，培育全社会环保意识。

习近平总书记指出："每个人都是生态环境的保护者、建设者、受益者。"这一重要论述深刻揭示了生态环保不仅仅是企业的义务，也是社会的责任。在企业层面，要全面推广清洁能源应用，鼓励区内企业购买绿电、绿证，利用厂房屋顶等自身资源，开展光伏发电、余热发电等能源应用新模式，让绿色发展成为南京经济社会建设的鲜明底色。在社会层面，要发挥好各类媒体尤其是网站、微信等新型媒体的作用，在全市范围广泛宣传生态文明理念，加强资源环境国情教育，积极联合群团组织和民间组织，联合开展环保主题活动，提高人民群众自觉守法、践行绿色发展理念的意识，倡导和动员社会各界逐步养成绿色健康的生产、生活方式，营造支持环保产业发展的良好社会氛围。

作者：南京经济技术开发区管理委员会（执笔人：侯森）

紫金山科技城产业科技创新的策略与路径研究

2024 年 11 月，南京未来科技城正式更名为紫金山科技城，此举不仅拓展了其空间范围，更强化了与紫金山实验室等核心科创资源的联动，提升了发展综合能级。作为南京市乃至江苏省科技创新的重要载体，紫金山科技城承载着打造全球领先的科技创新策源地、加速科技成果转化应用、培育新质生产力的重任。目前，紫金山科技城已集聚了高新技术企业、科研院所、国家实验室等战略科技力量，并在资金投入、人才引育、平台搭建以及国际合作等方面享有优渥的政策环境。依托相关政策与规划，紫金山科技城以紫金山实验室为核心引擎，充分整合周边高校、科研机构和企业的创新资源，持续深化创新链、产业链、资金链与人才链的融合，显著提升了原始创新能力，加速了未来产业的培育与布局。未来，紫金山科技城应积极响应我国建设科技强国战略目标，落实长三角科技创新共同体建设和南京市创建综合性国家科学中心战略部署，加速推进产业创新与科技创新的双轮驱动模式，开辟高质量发展新路径。

一、 紫金山科技城发展优势与挑战

在产业创新与科技创新双轮驱动下，紫金山科技城在产业布局前沿化、企业发展集群化、科技成果产业化、产学研合作深化及管理政策前瞻化等方面均奠定了坚实的发展基础。

（一）前沿产业发展动能初显，高新企业集聚势能攀升

紫金山科技城产业创新发展根基稳固，产业门类丰富，前沿产业布局已初具规模，科技型企业持续集聚，为科技成果转化提供了强大的市场需求与应用支撑。紫金山科技城致力于构建多元化产业体系，不仅推动传统制造业向高端装备制造等领域转型升级，还充分结合自身科创资源禀赋与前瞻性市场需求，形成以通信、未来网络、新一代信息技术、网络安全、人工智能等为主的技术研发与服务集群，在科技创新的最前沿领域探索产业发展动能，并紧跟全球科技产业变革趋势，积极布局绿色低碳、新能源、新材料等新兴产业。同时，紫金山科技城注重科技型企业的集群化和规模化发展，引进和培育了大量上市企业、瞪羚企业、独角兽企业和“专精特精”企业。截至目前，区域内已集聚了超过 3000 家经营主体，其中科技型企业 968 家，高新技术企业 253 家，省级以上“专精特新”企业 50 家，规上企业 70 家。其中，龙头企业的培育与布局明显向科技型企业倾斜，包括濠暻科技、磁谷科技等上市企业 12 家，国兆光电科技、嘉隆电气科技等独角兽企业 12 家，美均电子科技、博风采网络科技等瞪羚企业 21 家，为紫金山科技城的科技创新和产业升级注入了强劲的发展动能。

（二）创新主体协作日益紧密，创新载体支撑稳健有力

紫金山科技城拥有丰富的科研资源，不仅汇集了顶尖的研究机构与高等教育学府，还吸引了大量高新技术企业的入驻，已在区域内形成了高密度的创新主体集群，积淀了强大的基础科研能力，并通过产学研合作机制以及孵化器、加速器等高水平科技创新载体支撑，有效促进了人才、资本与技术等关键科创要素的高效流通，显著加速了科技成果的转化与应用。紫金山科技城拥有东南大学等顶尖科研院校，集聚了隼眼科技等 253 家原始创新与科研成果转化能力兼备的高新技术企业，布局了紫金山实验室（PML）、未来网络国家重点科技基础设施（CENI）、毫米波国家重点实验室等高等级国家研发机构和大科学装置，配备了国家级孵化器、众创空间等科创载体，储备了院士、博士等高能级人才，以上科创资源的有效联动推动着一系列重大创新成果的产出，如毫米波芯片的设计开发等。同时，在校企之间、校地之间的长期合作下，已构建较为成熟的产学研创新生态，有力促进了科技成果向现实生产力的转化。截至目前，仅紫金山实验室已发布重大创新成果 20 余项，相关技术被已成功应用至“东数西算”等国家战略工程。

（三）政策体系逐步完善，服务配套不断提升

紫金山科技城注重制定和实施全面高效的创新政策，推动科技创新和产业的高质量发展，并围绕企业和人才发展实际需求，不断提升服务配套的规模与品质，构建了一套多层次、全覆盖的政策保障体系。首先，在江苏省、南京市及江宁区三个层级出台了创新体制机制改革、创新创业环境优化、知识产权保护等领域的政策，支撑紫金山科技城的创新发展。特别是强调深入推进科技体制改革，要求在科技攻关组织、职务科技成果赋权转化等方面先行先试，以激发科技城创新活力和提高科技成果转化效率。其次，制定了多类型的专项政策措施，通过税收优惠、资金补贴、科研项目资助等多种方式，鼓励企业加大研发投入，推动技术创新；设立科技创新专项资金、加强知识产权保护等，以吸引国家和省市科技创新试点项目落户，并重点支持6G通信、芯片研发、卫星互联网等前沿技术领域的发展。与此同时，紫金山科技城关注企业与人才的多样化需求，重视公共设施与环境的优化升级。不断加强基础设施建设，显著提升了交通、通讯、能源等方面的承载能力。此外持续优化区域内人才街区的规划与建设，以高标准高质量的生活环境进一步吸引高层次人才的集聚。

（四）面临挑战

面向未来，紫金山科技城在增强产业关联性与延展性、加速科技成果向现实生产力转化，以及管理政策与服务配套持续优化这三个关键维度仍面临一系列挑战。首先，紫金山科技城存在产业创新关联性不足和前沿产业规模能级不高的问题，尤其是在与创新源紧密关联的产业集群培育方面，产业链和供应链体系尚不健全，且在产业转化与生产制造等链条环节，前沿科技成果的应用仍然薄弱。尽管入驻的科技型企业数量众多，但主要以中小规模企业为主，缺乏龙头企业的引领和带动，在产业链关键环节，也缺乏具有核心竞争力和高成长性企业的支撑。其次，紫金山科技城在促进创新主体深度协作方面，尚缺乏多样化的合作与激励机制，科研成果向产业界转化的流程及效率与世界领先科技城相比仍存在一定差距。在融入全球科技创新网络的过程中，紫金山科技城还面临着应对科创资源快速跨界流动和本地化转化能力不足、高精尖科技成果的形成以及国际市场开拓不够的挑战。此外，紫金山科技城在政策管理体系的精准适配方面仍需努力，特别是在简化企业入驻手续、优化人才引进方案等方面。在服务配套升级方面，企业与科研单位对覆盖全生命周期的专业化服务需求迫切，尤其是综合性技术研发、市场运营等服务。同时，科技城面向人才高品质生活需求，区域内公共服务设施的覆盖度和丰富性仍有待提升。

二、紫金山科技城的战略定位

紫金山科技城作为南京市重要的科创节点，已经初步具备成为产业科技创新中心的基础。推进紫金山科技城的建设，是江苏省致力于构建全球影响力的产业科技创新中心的战略任务，也是精心布局未来产业增量的重大部署。该举措聚焦于未来网络、人工智能等前沿科技领域，旨在将紫金山科技城打造成为“国际网络通信创新策源地、全球顶尖人才集聚新高地、全国未来产业培育先发地、体制机制集成改革示范区”。

为应对产业链关联与延展不足、科技成果转化效率有待提高、创新人才政策仍需适配等挑战，科技城应树立“产—创—人”协同发展理念，持续巩固总体发展的规划定位，进一步提升在全球创新网络中的地位。以高质量发展理念为引领，推动新质生产力快速提升；以技术进步、数字化转型和绿色低碳发展为核心，推动新质生产力的高效培育，成为驱动高质量发展与产业科技创新的新引擎，吸引全球顶尖人才，实现产业链、创新服务链与人才链的深度联动，形成创新发展的核心驱动力。

紫金山科技城应立足长远，聚焦全球未来网络产业策源地建设，强化 6G 通信、网络安全等领域优势，推动核心产业与创新资源的高度协同，特别是在空天经济、智能制造等领域建立全球竞争优势，集聚创新势能引领长三角创新改革，成为制度改革与产业创新的先行示范区；依托院士团队等人才资源推动，人产城融合先行试点，优化以未来网络未来产业科技园和东南大学为核心的创新生态；通过全球创新资源集聚与转化，以及创新链与产业链的深度融合优化，为区域及国家科技创新与产业升级提供不竭动力，打造具有全球影响力的产业科技创新中心主承载区先行示范区。

三、 紫金山科技城的未来发展路径

紫金山科技城需在科技、产业、创新领域持续完善，通过市场资源配置优化促进科技创新转化与市场应用紧密互动，以创新要素为抓手驱动产业转型与科创孵化齐头并进，并以政策机制创新为支撑推动人才政策与产业战略协同互补。

（一）聚焦科技创新与产业创新的深度融合

1. 推动科技创新与市场应用衔接互动

加强科技与市场的对接，提高科技转化的效率，解决公司化运营和落地存在困难的难题。通过打造未来产业瞭望站，预测与评估科技发展的突破点和机遇，为技术合理转化提供科学指导。

加强企业的创新主体地位。通过创新激励的环境营造，支持科技成果的商业转化，引导产业结构向高技术、高附加值产业转型。支持引导大型科技园、卓工学院等高效外溢的功能板块扩大提优。通过创新激励政策支持科技成果的商业转化，加强产业链上下游企业之间的信息交流和合作，推动技术共享、标准统一和市场拓展，带动未来产业集群的发展。

2. 推动产业培育与科创孵化齐头并进

升级改进完善产业招商引资模式，建立与空天技术、未来网络等主导产业相适应的上下游产业链，促进产业集群的形成和发展。依托江宁区领军企业，推动无线通信产业链的发展，加强与紫金山实验室等科研机构的合作，加速科技成果的转化和产业化。

将丰富的科技人才资源转化为驱动产业创新的核心资源，加速高潜力初创企业的孵化进程。打造政府主导、社会参与的全链条孵化体系，设立专项孵化基金，为初创企业提供启动资金。打造多层级的孵化器、加速器，满足不同发展阶段企业的需求。

3. 推动人才政策与产业战略协调互补

在管理政策方面，优化人才服务和配套设施建设，促进科产城相互融合。提升宜居的环境和科研场所，兼顾人才的物质保障与精神需求，全方位提高科技工作者福祉水平。优化紫金山科技城总体发展战略，统筹人才、科技与产业政策形成发展合力，增强人才落户创业吸引力。精准对接主导产业需求，量身定制一系列面向国际的人才引进与培育政策，确保高层次人才能够引得进、留得住、用得好。

深化建设人才友好型的产学研平台，破除政府、企业、高校、研究机构等主体之间的沟通壁垒。完善人才培养、引进和发展的专项机制，建立创新导向的科技评价体系，为科技创新和产业创新的互融共生提供人力资本支持。

（二）构建多维度科技转化服务体系

1. 建立“科研—产业”一体化的服务管理体系

构建覆盖研究开发、检验检测、工程化、产业化、信息化服务和商品转化的全领域、全流程的科技创新服务体系。聚焦技术孵化与加速、概念验证与场景应用等关键环节，加强实验测试环境支撑与初创企业扶持，打通从创新苗圃至产业基地的产业创新服务链条。

建设先进的概念验证中心和实验测试平台，为紫金山实验室科研人员及其他初创企业在6G网络、高精度定位、无蜂窝通信等前沿技术领域提供高度仿真的测试条件，确保新技术、新产品在商业化前的严格验证与优化。

依托九龙湖信息产业科技创新中心，建立健全技术经理人管理制度，由技术经理人负责科研成果的评估、包装与推广，以及与技术需求方的对接与合作。通过构建高效的技术转移与商业化运作机制，引导市场需求与科研成果的有效对接，推动科研成果在低空物流、无人机巡检、无人车间自动化生产等实际场景中广泛应用。

结合国省市及江宁经济技术开发区等有关发展战略推动紫金山科技城以研发计划、重点专项基金等形式，积极联动龙头高校院所、企业共建伙伴实验室与技术转移中心，如全国高校区域技术转移转化中心信息通信分中心，为紫金山实验室等科研机构在6G网络等前沿关键技术领域的原始创新突破，提供一套贯穿“科研—产业”全链条的管理支持体系。

2. 优化科研资金配置与创新激励制度

针对核心领域紧缺技术与科研攻关难题，补足资金投入薄弱点，优化激励机制。通过调整研发投入梯度配比，确保资源向核心科研项目和优秀人才倾斜，提高其薪酬与福利待遇；建立更加科学合理的绩效考核与激励机制，率先实践江宁区所倡导的“先赋权后转化”等前沿创新模式；大力鼓励高校与科研单位将科技成果转化收益的大部分直接赋予科技成果的完成者，将科研成果的转化效益与科研人员的个人收益紧密挂钩，激发科研人员创新积极性与创造力。

推行以项目为核心、以绩效为导向的资源配置模式与创新激励制度，鼓励创新主体根据自身特色和优势，自主规划科研项目。以紫金山集团、未来网络集团等为先行示范，推广“拨投结合”等新机制经验，将部分科研经费以投资形式注入具有市场前景的科研项目，与科研机构或企业共享成果转化收益；建立科研成果转化的资金链快速通道，加强与重点行业、龙头企业的投融资合作，打通成果转化壁垒，共同探索科技成果的产业化路径；加强与江苏省国际数据港等区域重大产业科技项目的合作与对接，推动科研成果对区域产业的广泛应用与深度融合。

3. 完善自主化协作运营与保障支撑机制

强化管理部门高效协作与自主化运营，确保各级政府与管委会在产业平台治理与社会管理中的分工明确、协同高效。在政务服务创新方面，完善一站式的行政流程手续和社区化设施配套等服务，加强科技城、江宁开发区、江宁高新技术产业园各职能部门在科技、教育、财政、产业等领域的协作，形成跨部门协同管理合力；打通行业阻隔和企业围墙，破除区域壁垒与行业市场保护行为，赋予科研机构、高校及企业在科研项目管理、资金使用、人才引进等方面的更大自主权。

完善配套制度与人才保障措施，进一步延长高校等科研机构在职人员离岗创业创新的许可时限，为其提供更多灵活选择的空间和时间支持。实施职务科技成果管理改革，在紫金山集团等国有企业探索实施职务科技成果国有资产单列管理、成果转化尽职免责等制度，解除成果转化过程中的堵点卡点；加强人才培养与引进，提高对中基层科技人才的引进和培养重视，建立完善的全梯度人才评价体系。

（三）提升各类产业创新要素的协同配置水平

1. 加强链主企业协同创新和资源共享

依托江宁开发区的制度"特区"的优势，构建"政策＋资金＋人才＋服务"四位一体的全方位支撑体系，全方位赋能链主企业培育，实现优质企业准入门槛与标准的精准化。通过提供定制化政策服务、搭建高端人才交流平台等方式，支持链主企业加强技术研发、市场拓展和品牌建设。

通过加强与国内外顶尖科研机构、高校及行业协会的合作，建立常态化的科技情报交流机制，确保对人工智能、量子信息、生物技术等前沿领域的最新动态保持技术敏锐。依托无线谷科技园、江宁高新技术产业园等产业基础，将东南大学、南京航空航天大学等在电子信息、航空工程等学科的优势，转化为产业优势、市场优势、人才优势，加快全球性优势主导产业壮大。

2. 提升先进制造业等产业链供应链水平

深化国际合作与竞争网络，主动融入全球科技创新产业环节链条，依托江宁开发区与法、德、以、西等国合作的中外创新工作联络处，与国际先进企业、科研机构建立长期稳定的合作关系，共同攻克未来网络生产的先进制造业的关键技术难题。通过设立国际合作项目、联合实验室等形式建立全球资源对接平台，加速技术引进与消化吸收，提升本土企业在全球价值链中的地位。

强化先进制造业领域关键技术研发与产业化，对接南京空港经济开发区等平台，在空天技术与未来网络等领域加大对关键零部件、核心材料、高端设备等技术研发的投入。完善供应链生态体系，积极培育本土供应链企业，形成从原材料供应、零部件制造到系统集成、终端产品的完整产业链生态体系，降低对外部供应链的依赖风险，提升整体供应链的韧性、竞争力与自主可控能力。

推动产业链多领域跨界融合，充分利用科技创新资源丰富的优势，鼓励支持智能制造、数字创意、绿色低碳等多领域之间的交叉融合。通过设立交叉学科研究中心、融合型产业创新平台等载体，促进不同领域之间的技术交流与合作，催生打造融合型产业新增长点。

3. 创新产业供地方式，促进土地资源市场化配置

超前布局新兴产业链主企业用地，强化规划引领与动态调整。精准把握中软国际等龙头企业用地规模和产业布局要求，确保规划的前瞻性和可操作性。建立与主导产业链主企业用地需求相匹配的监测机制，常态化分析用地需求，及时发现并应对潜在的土地供需风险与矛盾。针对先进制造业产业链的本土化引进项目，制定差异化的用地政策。优化供地流程，建立先进制造业项目用地的快速审批通

道。通过简化审批程序、压缩审批时限、实行并联审批等方式，提高审批效率，加快项目落地速度。

探索新型产业用地模式，适应新兴产业功能混合的特点，兼容研发、创意、设计等功能及其配套设施用地，并为与先进通信、未来网络、人工智能 3 个百亿级未来产业适配的新型产业用地“量身定制”规划指标。根据产业链链主企业和先进制造业项目的实际发展需求，实施弹性灵活的年期出让制度。根据项目生命周期、投资规模、预期收益、企业全周期用地需求等因素，建立产业用地储备库，因企制宜实行先租后让模式等新型土地出让方式。

（四）凸显多尺度分级治理的创新特色与政策亮点

1. 厚植城区型原始创新生态本底

深化产城融合，促进城区空间与功能有机混合。通过优化城市功能布局，确保科研、生产、生活等功能的无缝对接，多元形成高效协同的创新生态系统。加强核心区板块的未来网络小镇与周边社区的互动，完善居住、商业、教育、医疗等配套设施，在科技城云台山河以南片区等住区实现生活区与产业区的多元化链接，营造“宜居宜业宜游”的创新环境。

强化与东南大学、南京航空航天大学等高等学府的校企合作，以技术转移和人才培养为基础，探索共建联合实验室、产业研究院等深层次合作模式，激发创新策源功能共建共享。建立校企人才双向流动机制，鼓励高校教师到企业兼职或挂职，参与企业技术难题攻关；企业也可选派优秀员工到高校深造或参与科研项目，提升整体创新能力。

注重城市文化的培育与自然山水的融合，坚持生态保护修复同城市功能提升并重并举，保留并提升周边牛首山、方山等大山水自然景观格局，打造绿色生态廊道，塑造具有紫金山科技城特色的创新文化标识。通过举办科技节、创意市集、文化沙龙等活动，激发创新思维，增强社区凝聚力，让科技与自然、文化和谐共生，以文化活力赋能城区原始创新生态。

2. 引领长三角区域集成式创新协同一体化

积极布局通信技术、未来网络等前沿领域的大型科学装置和研发平台，吸引国内外顶尖科研团队入驻，形成具有国际影响力的科研高地。以未来网络试验设施（CENI）、紫金山实验室等国家重大科技基础设施为牵引，以技术溢出和产业链延伸，辐射带动长三角北翼产业科创圈的协同发展，实现科研设施、数据资源、人才团队的互联互通，共同打造具有国际竞争力的科技产业创新集群。

凝聚长三角创新区域协同共识，借鉴长三角其他城市科技创新与产业转型有关治理管理的优秀案例，打造先行试点的典型制度样本，如杭州的“链长制”、上海的特色产业园区、浙江省的“区区合一”。以政务、融资、规划等服务赋能产业，做好科技城集成式、一般性的综合服务的同时，将产业科创、生活配套和园区管理的特殊性纳入绩效考核。通过“诉求快递”等方式，集中人才、企业与科研单位诉求，提炼核心共性利益，以最大公约数凝聚共识，以多样化专业化服务赋能产业。

3. 打造服务国家乃至世界的高水平科技平台载体

建设国家级产业合作平台，加速融入全球市场。加强与上海、深圳、合肥等全国性创新高地的区域联系，特别是与张江科学城、鹏城实验室、滨湖科学城等具有实践领先性的科技城和科研平台建立紧密的合作关系。通过构建跨区域的国家级产业合作平台与创新联盟，以科创产业共同体的形式参与国际科技竞合。

积极面向“一带一路”共建国家，拓宽国际化示范合作项目的领域，充分利用科技城内的重点研究型高校与国际高校院所及园区平台所积累的坚实合作基础。深化与阿联酋哈利法科技大学等国际知名学府的合作关系，向内吸引资金投入与项目落地；向外则精准对接“一带一路”沿线科技城与园区建设，如中阿（联酋）产能合作示范园，推动紫金山科技城的科技成果转化模式“走出去”。

聚焦未来网络、信息产业和空天经济，构建一系列全球性示范引领的创新平台，如国际制造业创新中心、技术创新中心和工程研究中心，推动创新要素跨界跨国流动。提升江苏未来网络创新研究院、东南大学通信技术国家实验室、中德技术合作转化中心、信息产业科技创新中心等创新平台的影响能级与资源集中度；实施“揭榜挂帅”、立榜激励等机制，通过创新排行榜、技术突破奖等多种形式的表彰和奖励，形成正向竞争和持续创新的生态环境。

本文系《紫金山科技城打造具有全球影响力的产业科技创新中心主承载区先行示范区的策略与路径研究》课题成果。

执笔人：胡畔　王兴平

课题组成员：许闻博　石钰　龚文晨　张孟瑶　高翰　李晨慧

AI 时代数字政府应对策略与建设路径研究

——以江北新区“智慧民政”为例

随着 AI 时代的到来，“智能社会发展与治理”这一话题已经不可回避地来到人们眼前，成为各级政府必须去面对和应对的重要内容。近年来，南京江北新区卫生健康和民政局在“智慧民政”框架下，充分结合新区实际，不断创新发展思路，大胆探索实践路径，初步厘清了下一步建设思路，形成了一些试验成果。

一、现状与分析

近几年来，随着《“十四五”民政信息化发展规划》（民发〔2021〕104 号）、《江苏省民政事业发展第十四个五年规划》（苏民发〔2021〕7 号）等文件相继出台，民政信息化建设进入了一个新的发展阶段，主要表现在数据更加共享、业务更加协同、管理更加智能、服务更加亲民。同时，新区、街道、社区的民政工作人员对信息化的接受和需求程度也发生了很大的转变，为进一步持续推进智慧民政建设奠定了较好的基础。

（一）江北新区智慧民政建设现状

2019 年底，依据国家、省、市关于民政信息化建设的要求，结合新区实际，在充分调研的基础上，采用统筹规划、分步实施的策略，持续推进“互联网＋民政”服务模式，以民政数据中台建设为核心，按照“1＋2＋N”的架构（即“一个平台，两个门户，多个应用”），在全省率先建成智慧民政全业务数字化平台，推动民政工作制度创新、流程创新、管理创新，新区民政领域的数字政府建设初具雏形。

几年来，我们坚持以需求为导向，以优化为民服务、推动基层减负和提高管理效能为目标，通过应用开发和数据治理双管齐下，一方面不断完善平台功能，同时积极推进与各层级相关业务系统的互连互通，平台的建设水平和使用效能在新区统建的信息系统中始终名列前茅。

1. 全业务矩阵基本建成

依托“我的南京”APP，建设江北民生专版，实现低保、未保、残疾人两项补贴、殡葬、福彩、婚姻、流浪乞讨、社区精神康复、尊老金、社会组织等民政全业务、一站式掌上预审预约和办理申请，上线以来月均访问量 16300 人次，累计访问量达 40 万人次，累计办件 9030 件。除婚姻外所有业务均实现“一趟不用跑”，民政服务“触手可及”。同时，系统对申请业务主动进行数据比对预审，预审不通过率达 40.5%，极大地减轻了基层工作人员业务受理阶段的工作量，避免了大量基层矛盾。

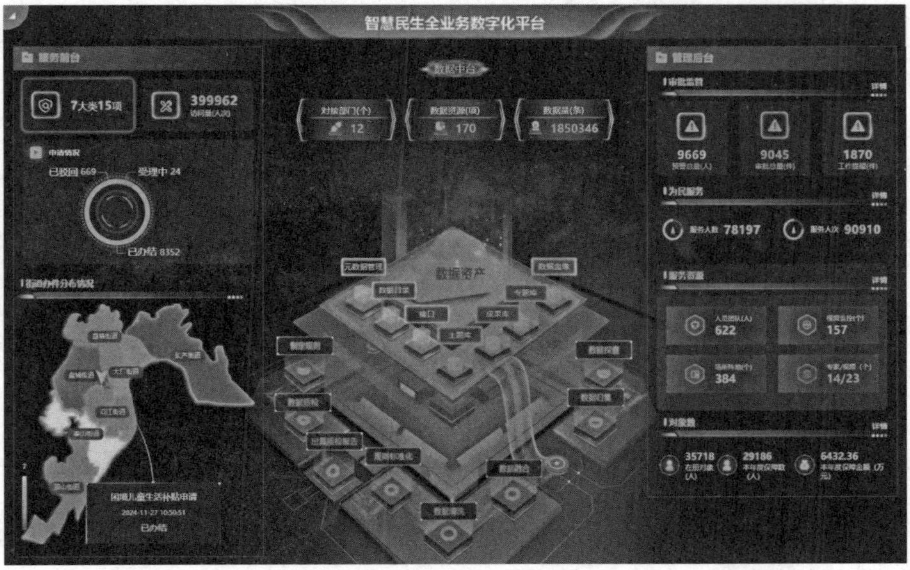

图 1　江北新区智慧民政系统大屏截图

2. 全数据中台逐步完善

全量归集民政业务、对象、过程数据，绘制民政对象个人画像。同时，与市、区两级公安、教育、人社、医保、市场监管、交通等 12 个部门建立数据共享交换机制。建设数据目录、元数据管理、接口管理等数据资产，搭建民政服务、救助、预警等数据专题服务，绘制数据血缘图，形成家庭关系图谱，增强数据共享和数据服务能力，为业务事前预防、事中监管、事后跟踪提供能力支撑。打通国家、省、市业务系统，实现数据个性化统计和自动分发功能，减轻基层繁重的数据统计和重复填报工作压力。

3. 全过程管理更加智慧

一是实现科学预警。预警出死亡、户籍迁出、业务互斥、规则变化等业务 9669 条，实现业务管理更加科学、精准、高效。二是实现资源全要素管理。民政对象、人员队伍、机构场所、服务项目、服务资源（慈善、志愿者、专家团队等）在一个平台里有序管理、智能匹配、共建共用。三是实现一屏统览。直观地展现民政业务全景和局部视图，为业务监管、趋势分析、领导决策提供保障。

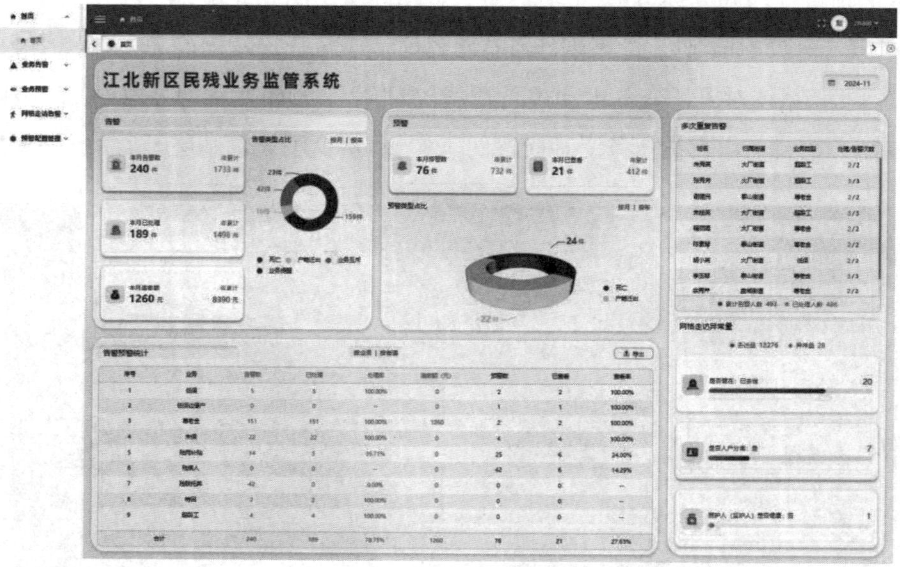

图 2　江北新区智慧民政业务预警系统截图

4. 跨部门联动取得实效

依托民政平台与城市治理一体化平台，携手综治局和科创局，推动民政社区服务体系与网格治理体系业务融合，探索形成“网格员入户＋民政确认”的重点人员探访关爱工作新机制。自开展重点困难人群探访关爱工作以来，共有 1 万余名六类老人及 2000 余名重点残疾人落入网格，安排走访任务，从 2023 年 7 月 31 日起，共派发 100 万余次走访任务，发现存疑信息 4373 条，经民政确认处理 4105 条，从而保障走访对象不断动态更新，及时发现问题。

（二）存在的瓶颈和痛点

一是传统的自上而下的建设模式无法真正为社区赋能。在传统的数字政府建设过程中，社区往往只充当数据采集上报的角色，数据既不能留存又不能灵活使

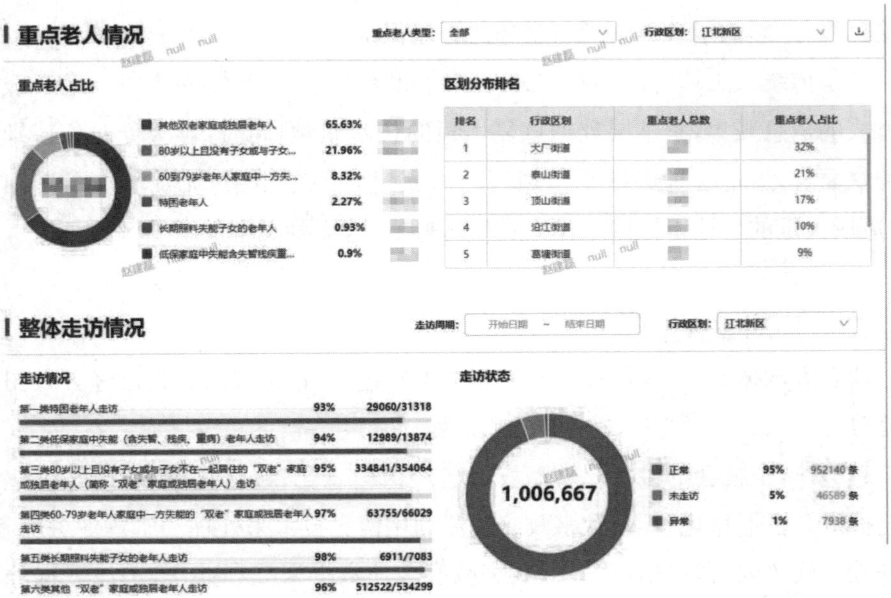

图3　江北新区探访关爱业务系统截图

用；自上而下的各业务系统，不能解决社区自身管理的个性化问题，并不是社区真正要用的系统，同时在街道、社区层面不能准确掌握数据，也无法充分利用全量数据开展政务服务和城市治理工作。因此，社区对信息系统的依存度较低，自社区上报的数据准确性很难得到保证。

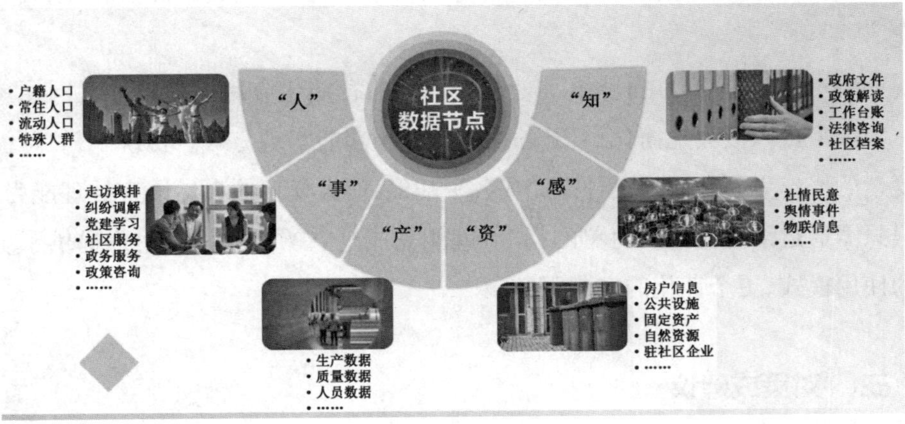

图4　社区数据资产主要内容

二是传统型数据库技术已经不适应多维数据合并处理的要求。不同业务对象只能完成单一个体的业务标识和个人画像，无法对业务之前的政策依据、家庭关系、业务关联等进行更加泛化的处理，更加无法基于关系型数据库提供智能化的业务输出服务，影响了政务管理与服务的智能化水平。

三是传统人工填写的交互方式对基层和“数字弱势群体”不友好。基于表单填写方式的信息采集，是基层数据重复填报的技术瓶颈，同时，对服务对象特别是困难群众而言，通过各种终端手工填写的方式进行服务申请，无疑增加了使用的难度，造成大量的申请由社区工作人员代替操作，这无疑又增加了社区的负担。

二、预测或展望

随着大数据、人工智能技术和应用的不断进步，数字政府建设已经开始出现三大趋势。

趋势一：全社会的数字化转型发展已经由信息化、数据化阶段，向知识化阶段加速推进。在信息化阶段，数字政府关注利用信息技术来处理和管理业务流程，关注基础设施建设；在数据化阶段，数字政府关注数据采集和共享，关注数据分析与挖掘，关注如何实现数据驱动的科学决策。当下，随着人工智能技术的突破，数字化转型已经迈入知识化阶段，强调如何将数据转化为知识，并结合人工智能应用于业务创新和价值创造，从而推动业务模式创新，实现效率的极大提升。

趋势二：政务数据治理由建设主题库、专题库，向建设“全域高质量数据集”的模式发展。主题库、专题库虽有针对性，但也存在较多的局限性。而跨领域、跨层级的全域高质量数据集能够更加适应大数据与人工智能应用需求，为建立综合智能决策提供更全面的数据支撑，促进智能化治理，挖掘更多数据价值，推动政务智能化。

趋势三：以大模型和自然语言处理为代表的智能化应用向移动互联网快速渗透。大模型可以极大地简化 APP 的操作流程与功能实现方式。传统 APP 可能需要复杂的操作界面和流程设计来完成各种功能，而大模型的自然语言处理能力，让用户只需通过语音或输入简单的指令，就能完成复杂的操作。为用户提供了更方便的使用模式、更个性化的定制服务。

三、对策或建议

我们深刻感受到了时代、技术和理念的变革，在过去的建设基础上，紧紧围绕大模型和数据智能，提出了民政“智能治理 1＋2＋N 体系”。“1”指的是“多模态大模型开发和应用支撑平台”，是整个系统的大脑，它为整个系统提供了基础的能力和算力。“2”分别代表“知识中台”和“智能交互引擎”，“N”代表“社区数据节点”。

在"1＋2＋N"的基础能力和算力之上，延伸出了众多的场景应用，如基层减负、智能填表、任务智能分派、智能问数、政策找人、智能办事、智能客服等。这样一个架构，也完全可以应用于绝大部分领域的数字政府建设。

N个社区数据节点让社区成为主角。改变自上而下建设的模式，以自下而上、上下融合的创新模式，大胆地提出了"将数据建在社区"，将社区的所有数据归纳为"人、产、资、事、感、知"等六大类数据全部纳入了微数据中心的管理，为社区基层工作提供全域数据的管理工具，不但要减负，而且要赋能。目前，选取长芦街道陆营社区、盘城新华社区、沿江街道龙山社区开展试点建设工作，帮助社区完成了全量数据的归集和治理，实现20余个各级信息系统数据自动填报。

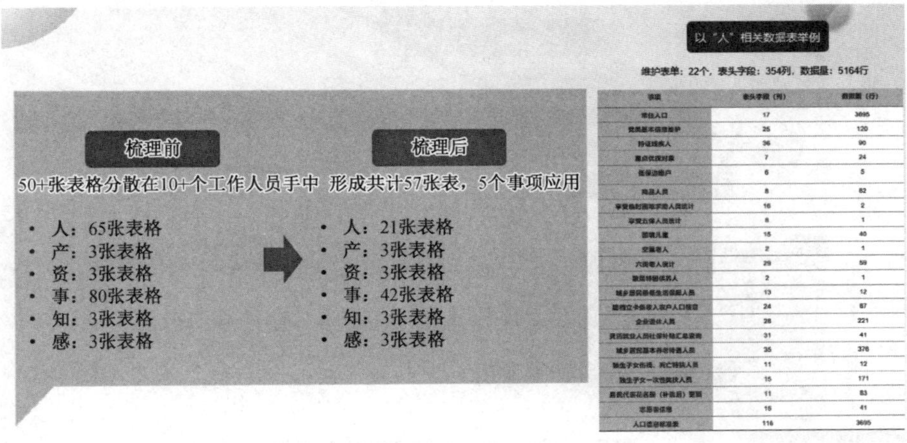

图5　某社区数据节点数据治理成效图

将数据中台转变为知识中台。在知识化阶段，传统的数据中台已经不能完全支撑人工智能在应用中的深度推理，基于大模型与知识图谱技术建设知识中台，对政务知识进行挖掘分析，揭示政务办公、社会治理、便民服务和经济发展等领域之间数据的复杂关系，实现政务知识层面的数据融合与集成，形成政务知识积累，从而充分释放政务知识的价值，真正实现数据分析、政策找人、智能监测、智能审批等应用。目前，知识中台的成果已经被应用于残疾人福利政策找人、探访关爱对象动态监测等功能。

智能交互引擎让AI触手可及。通过AI技术驱动的各种人机交互场景，比如基于纯文本或语音交互的智能问答、智能问数、智能客服等场景，以及AI驱动的呼叫中心平台。这些交互将被应用于困难群众关爱呼叫、婚姻登记服务助手、民政业务智能办理等业务场景，让社区居民和工作人员都获得很好的服务体验。

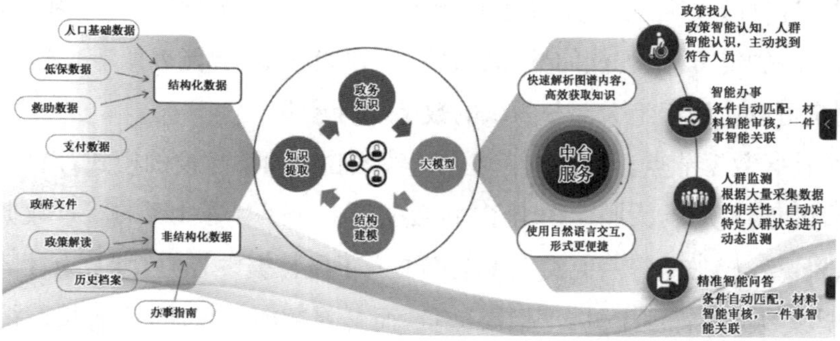

图 6　民政知识中台示意图

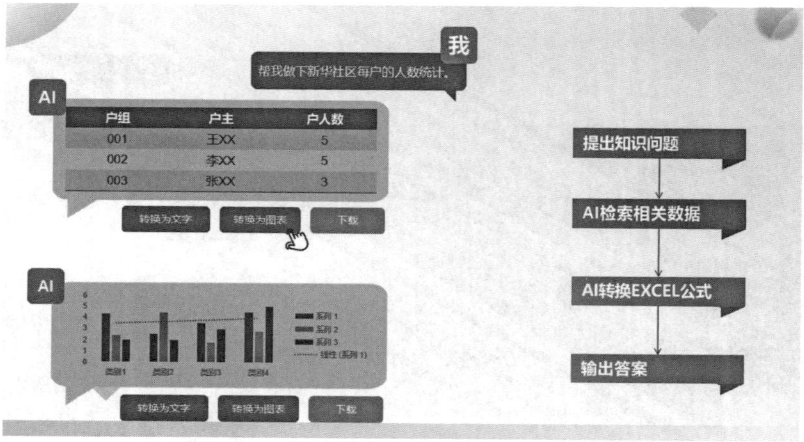

图 7　社区治理 AI 智能问答示意图

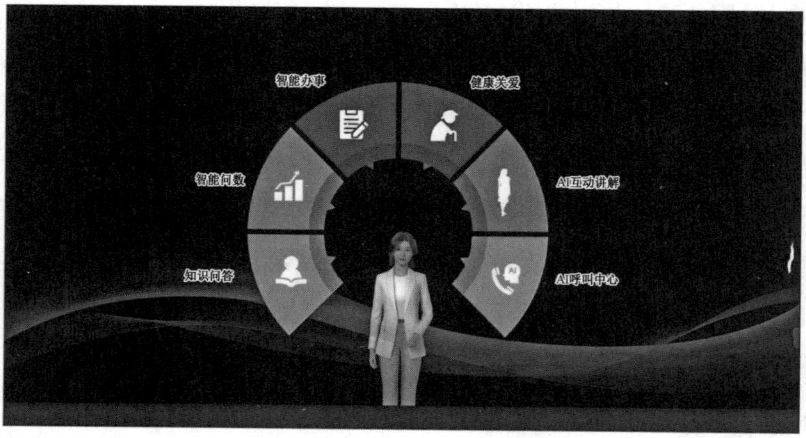

图 8　AI 数字人智能交互引擎图

作者：陆小军（南京江北新区管理委员会卫生健康和民政局）

党建引领国有企业托底老旧小区物业治理的经验与启示

——基于南京市玄武区的考察

党的二十大报告指出，“基层民主是全过程人民民主的重要体现”，要“拓宽基层各类群体有序参与基层治理渠道”，“建设人人有责、人人尽责、人人享有的社会治理共同体”。[①] 社区是城市的“底盘”，是基层治理链条的末梢和社会稳定的关键组成部分。城乡社区治理事关党和国家大政方针贯彻落实，事关城乡基层和谐稳定。[②]

南京市是我国典型的超特大城市，中心城区房屋密集，土地资源紧张，而玄武区是该市中心城区之一，承担着重要的经济发展和政治文化职能。一方面，玄武区是国家重要的科研、电子、信息、文化、商务中心和华东地区现代服务业基地，另一方面，该区是南京市委、市政府及众多省市直机关所在地，也是东部战区、东部战区空军等部队的首脑机关所在地。

作为以老旧小区为主的核心老城区，玄武区建设时间早，开发强度大，辖区内共有居民小区 577 个(建筑面积 2019.2 万平方米)，其中商品房小区 121 个，保障房小区 9 个，老旧小区 447 个(建筑面积 1017.82 万平方米)。老旧小区占全区小区总数 77.5%，占全市老旧小区总数 14.5%，其中零散小区 216 个(建筑面积

① 本书编写组:《党的二十大报告辅导读本》，人民出版社，2022 年，第 35—49 页。

② 耕荒、张乃仁:《“红色引擎”助力社区服务党建统领夯实执政根基——武汉市“红色物业”的实践探索》,《中国民政》2018 年第 5 期。

256.79 万平方米）。①

近年来，随着老旧小区房屋的房龄不断增长、给排水网、楼道灯和路沿等基础设施破损率上升，严重影响居民的生活质量和幸福感，进一步引发居民对物业的不满，12345 相关工单数量激增。针对上述问题，玄武区委区政府积极践行“以人民为中心”的施政理念，指导南京玄武城市建设集团成立区属国有企业百子物业公司，全盘托底玄武区所辖 7 个街道共计 447 个老旧小区的物业治理，打造“百子红”党建品牌，有效解决了辖区内老旧小区的物业治理难题，为众多超特大城市中心城区老旧小区物业治理的可持续发展提供了良好示范。

一、 南京市玄武区党建引领国有企业托底老旧小区物业治理的经验

随着“单位制”的解体，我国住房市场化进程步伐加快，与原有体制不同的是，大量城市居民不再享有住房的实物分配这一福利，部分原有住房也转为公租性质。1998 年，国务院《关于进一步深化城镇住房制度改革，加快住房建设的通知》文件正式出台，②提出要逐步建立住房分配货币化，住房供给商品化、社会化的新体制。③ 在改革进程中，城市社区衍生出多种类型的主体，包括业主、业委会和物业公司，与此同时，市政资源的利用和区域内部公共部分的改造使得公共部门主体——居委会和地方行政主管部门加入进来，共同组成与社区有关的权利及利益主体。本文对玄武区老旧小区物业治理的经验总结主要从“党建引领＋”模式的生成和多主体间的密切合作展开。

（一）“党建引领＋”打造全链条联动与全方位服务

党建引领是基层社会治理的“主心骨”，是完善基层治理体系、提升基层治理能力的关键所在。④《南京市人民代表大会常务委员会关于修改〈南京市住宅物业管理条例〉的决定》⑤提出：“物业管理坚持党委领导、政府组织、部门协同、属地管理、业主自治、行业自律、专业服务、科技支撑的原则。”“建立健全社区（村）党组织领导

① 除特别注明外，本文中玄武区所有数据均来源于笔者所在课题组实地调研所获取的数据。

② 《国务院关于进一步深化城镇住房制度改革 加快住房建设的通知》（1998 年 7 月 3 日），北京市人民政府网，https://www.beijing.gov.cn/zhengce/zhengcefagui/qtwj/201309/t20130924_776668.html，最后浏览日期：2024 年 11 月 28 日。

③ 陈鹏：《从“产权”走向“公民权”——当前中国城市业主维权研究》，《开放时代》2009 年第 4 期。

④ 陈柏峰，石建：《党建引领嵌入社区治理的机制研究——以豫东 B 街道“红色物业”为例》，江苏大学学报（社会科学版）2022 年第 24 卷第 5 期。

⑤ 《南京市人民代表大会常务委员会关于修改〈南京市住宅物业管理条例〉的决定》（2024 年 8 月 8 日），中国法律检索系统，https://law.pkulaw.com/chinalaw/84b7fb4442903ee96eed3e88ca408dc5bdfb.html，最后浏览日期：2024 年 11 月 28 日。

的居(村)民委员会、业主委员会或者物业管理委员会、业主、物业服务企业等共同参与的协商共治机制,发挥社区(村)党组织的党建引领作用。"从法规层面为南京市红色物业的发展以及整个行业的规范化与品质化提供了法律遵循和有效保障。

百子物业组建之初即成立公司党支部,接受玄武区城建集团党委和区物业行业党委双重领导,下属 7 家街道分公司全部成立党小组,全覆盖组建"行动党支部",同社区党组织实施人员"双向进入、交叉任职",即社区党组织负责人担任小区物业分公司的党建指导员,小区物业分公司党员负责人进入社区居委会党委班子,任兼职委员。通过交叉任职这一现实机制,保证了公司主营业务、资金投入及未来发展不脱离党组织设定的大方向,进一步践行了"以人民为中心"的服务理念,极大提升了所接管小区居民的满意度和信任感。随着"百子红"品牌社会影响力的稳步上升,百子物业适时成立"百子红"党建联盟,主动对接辖区内 30 余家重点单位,涵盖水力、电气、通信运营商、金融机构和卫生健康等领域。一方面,通过链接各单位的优势资源,加快社会反响好的优质服务项目落地所在社区,为居民谋得实实在在的便利;另一方面,结合网格化管理实践,实现"网格+公共服务"的模式创新。积极开展党员先锋岗服务,如针线缝补、家电修理和助老送餐等,不断拉近党组织和群众间的距离。截至 2024 年 7 月份,百子物业共开展集物业服务、公益服务和商业服务为一体的"百子红"便民市集活动 45 场,累计设立展位 1000 多个,参与居民超 2 万人次。

"国企作为一个托底主体,要做的就是人心服务,让居民心里舒服了,走进他心里,随后再结合人的需要,以人为本,从人出发,最终还是服务于人。"(访谈记录:20230619-社区书记-XW-006)

(二)多元共治　促成全周期参与和全过程民主

习近平总书记指出:"基层是改革发展稳定的第一线,是各种矛盾和问题的集聚地。任何一项群众性工作,脱离了基层,脱离了群众,口号再多,规划再多,也会成为无源之水,无本之木,都是做不好的。"①物业公司在物业管理过程中无法独善其身,需要主动加强同其他主体的合作,不断提升配合度。通过与社区党组织、业委会、小区居民以及在地相关政府部门等主体携手,共同参与小区卫生、基础设施维护、日常服务和家政养老等基础性、拓展性项目,物业公司可以成为社区物业治理的积极建设者,推动形成社区物业善治的合力。

① 习近平:《始终把广大妇女作为推动党和人民事业发展的重要力量》,载《论坚持人民当家作主》,中央文献出版社,2021 年,第 35 页。

百子物业致力于把物业管理队伍打造成基层党组织的坚强后备力量，打通党联系、服务群众的"最后一百米"。通过号召"党员亮身份"、定期召开党建联席会议，推动物业服务融入社区治理创新全过程，百子物业在完善各级组织架构的同时，将自身建设成为玄武区基层社会治理体系和治理能力现代化的重要载体。

相较于市场化物业公司，百子物业具有国企的先天优势。以小区出新为例，前期的方案设计、中期的细节调整、后期的管养维护都离不开施工方和管理方的相互理解与配合。作为玄武城建集团的下属企业，百子物业服务的小区的出新工程统一由集团实施，因此物业公司可以成为小区居民和出新方沟通的桥梁，大大提高工作效率，降低后期维护成本。玄武区雍园 41 号小区建于 20 世纪 90 年代，年久失修，设施老旧，配备不齐全，为零散未封闭管理小区。在讨论出新整治方案的过程中，出新方与百子物业，先后召开居民议事会 10 余次，听取居民代表意见，不断优化改造方案，最终居民的"心愿单"都落地成为现实。如今的雍园 41 号不仅小区面貌焕然一新，13 个单元 100%加装电梯，物业管理智慧化升级，新设立的"百子红"加油站（物业管理用房）也已成为为民办事的"窗口"，小区房价也同步上升，给小区居民带来了实惠。① 此外，在社区党组织的牵头下，百子物业通过线下组织"百子红"居民物业议事会，邀请居民代表、职能部门、施工方等就涉及居民切身利益的物业收费、停车管理、加装电梯、维修基金使用、公共安全隐患消除、为民办实事项目的选定等议题进行共同民主协商，居民有不同意见均可提出，一次商议不够，就组织多轮协商，直到形成共识。值得一提的是，为及时收集居民意见建议，百子物业线上开设了"400-666-1212"24 小时服务热线，第一时间响应，提升了百子物业在老旧小区居民心中的认可度与满意度。据统计 2021 年"400"热线开设后，物业相关工单占比由 0.07%降至 2023 年的 0.04%，平均满意率由 71%上升至 96%。

"出新之前肯定要有设计方案这些东西，哪些东西要改需要做预算，哪些细微东西需要再更新，我们都会开很多次协商议事会定下来，先把这个事情落实一下，公示完了以后就开始改造。协商的过程中居民会来，我们的施工方还有设计方都会来，街道的也会来，这肯定要达成共识。"（访谈记录：20230627-项目经理-XW-001）

（三）协同赋能　实现矛盾诉求的平稳落地

恩格斯在《家庭、私有制和国家的起源》中就曾指出"为了在发展过程中脱离动物状态，实现自然界中的最伟大的进步，还需要一种因素：以群的联合力量和集体

① 《南京玄武：践行"枫桥经验"新实践，探索老旧小区治理新模式》（2024 年 7 月 1 日），全国党媒信息公共平台，https://www.hubpd.com/#/detail?contentId=4611686018430345900，最后浏览日期：2024 年 11 月 28 日。

行动来弥补个体自卫能力的不足。"[①]但现代社会中"群的联合"并不是简单的集合,而是建立在分工的基础上。分工萌芽于家庭内部,和私有制同源。与分工一同出现是个体特殊利益与家庭、部落乃至国家的共同利益之间的矛盾。[②] 社会分化在现代生产中的一个突出体现即社会分工。出于自身利益考虑,不同主体在参与社区事务的过程中势必带有自身主观意愿或裹挟他人价值判断,从而为自己的利益最大化发声,这也是众多社区纠纷产生的根源。

从百子物业所服务的老旧小区的人员组成来看,既有熊猫电视厂的下岗职工和失地农民,也有退休教师和外来务工者,人员组成较为复杂,利益分化现象明显。为快速及时回应居民诉求,有效化解矛盾纠纷,百子物业将"枫桥经验"引入老旧小区物业管理之中,在矛盾纠纷处理中坚持力量协同和利益融合,充分发动群众,打造"小事不出百子、大事不出社区、矛盾不上交"的百子"枫桥式"工作法。

一是依托社区党委的力量,借助社区政法网格员的资源,定期邀请"三官一律"(警官、法官、检察官、律师)到小区释法明理,普及物业、物权方面的法律知识,参与化解涉法方面的矛盾纠纷;二是与区司法局合作,在 7 个街道分公司设立区公共法律服务中心物业纠纷调解处,解决居民身边与物业相关的法律维权问题,同时也为物业公司在小区治理过程中提供法律法规支撑;三是邀请社区民间(贤达人士)调解工作室成员、社区"法律明白人"等小区居民的"身边人",共同参与所在小区物业矛盾纠纷调解;四是从新媒体客户端着手,开通"老史小石说百子"短视频,通过邀请物业管家、政法网格员、人民调解员、"法律明白人"、小区"老娘舅"(贤达人士)"以案解纷""以例说理",以生动有趣的形式让社区居民了解物业乃至生活圈周边大小事背后的法与理。百子物业通过探索"党支部+居委会+党群服务站"的治理模式,动员多支力量参与到社区矛盾纠纷的解决过程中,锻炼了物业治理队伍,搭建了快速反应机制,实现了社区的和谐稳定。

(四)资源统筹 发挥国企自身优势

在物业治理实践中,国有企业在落实资金监管和均衡资源配置等方面具备较大优势,是国有物业企业在市场竞争中制胜的法宝。

1. *增强物业治理透明度,建立全方位的监管体系*

国有企业在物业管理中既要接受上级党委和行业主管部门的领导与监督,同时也要接受居民业主的日常监督。全方位、全过程、全链条式监督可以有效解决服

---

① [德]卡尔·马克思、弗里德里希·恩格斯:《马克思恩格斯文集》第 4 卷,人民出版社,2009 年,第 45 页。

② 束赟:《中国式现代化视域下的大团结与大联合:大统战格局的目标指向与实现机制》,《南京社会科学》2024 年第 11 期。

务不到位、态度不积极、程序不简洁、配合不及时的问题，这是国有物业公司相对于市场化物业公司的显著性比较优势。同时，国有企业在提供物业服务时能够兼顾大体量和精细化的物业服务，通过资源互补与利益协调，既能够建立完善的监管体系，避免人员冗杂和物资利用效率低下的问题，也能从其他驻区单位获得人力、财力、物力和智力支持，配合街道、居委会完成一系列政治任务与管理任务。

2. 强化自身资源配置能力，完成老旧小区改造任务

老旧小区物业治理是系统工程，离不开上级政府的指导与支持，包括政策供给、资金投入、资源整合等方面。2021 年 12 月，玄武区政府发布《玄武区“十四五”老旧小区改造专项规划》，[①]该规划由玄武区房产局拟定，对改造内容进行分类，提出大片区统筹改造、跨项目组合改造、小区自我更新改造和政府引导的多元化投入改造四种改造模式。

以政府引导的多元化投入改造模式为例，对于零散、分散的片区，单栋房屋无法实现资金平衡的小区或不具备以上三种改造模式条件的老旧小区，主要由市、区两级财政投入改造补助资金，倡导社会资本参与，引导居民出资参与电梯加装及业主受益的“个性化项目”改造。针对这类小区，百子物业创新性地提出“先服务，后收费”的物业服务理念。逐步改善居民收费意识，提高物业费收缴率。同时通过相机挪移源于其他收益较好的小区的企业收益，贴补零散小区的物业服务支出，实现资金与人力资源的片区统筹，为上级政府和一线工作者减轻了资金压力，实现物业治理的规模效益。

二、南京市玄武区党建引领国有企业托底老旧小区物业治理的启示

百子物业作为城建集团下属的国有企业，始终坚持和加强党建引领，在强化自身发展中保障和改善民生，助力老旧小区更新改造，积极履行社会责任，融入和赋能基层治理，取得了显著的治理成效。在当前及今后一段时期，如何对超特大城市中心城区老旧小区物业治理模式进行创新发展，是基层治理领域的紧迫性议题之一，对此可以从玄武区的生动实践和宝贵经验中得到启示。

（一）“三位一体”促进物业善治融入基层治理

综合来看，百子物业不断探索组织、服务与监督三个层面的机制建设，注重机制间的关系互嵌与模块耦合，推动“三位一体”互融互通，是其特色物业治理体系得

---

① 《玄武区“十四五”老旧小区改造专项规划》(2022 年 1 月 20 日)，玄武区人民政府网，http://www.xwzf.gov.cn/xwqrmzf/202201/t20220120_3268388.html，最后浏览日期：2024 年 12 月 11 日。

以建立、物业善治得以生成的重要基础。如图1所示，组合机制承担起有效载体的角色，物业公司服务职责的履行依赖于各层级组织机构的稳健运行与良好配合。如果没有有效的载体和平台，共建就可能面临集体行动的困境。① 服务机制是物业善治的实现路径，只有不断丰富服务形式，开拓更多为民谋利的服务领域与实事项目，物业公司的经济、社会效益与居民的生活品质提升才能并驾齐驱。监督机制是组织、服务机制乃至物业善治的重要保障，社区事务细琐繁杂，工作疏漏时常发生，因此，必要、透明的监督机制能有效规避程序和法律风险，保障物业治理各项工作平稳进行。

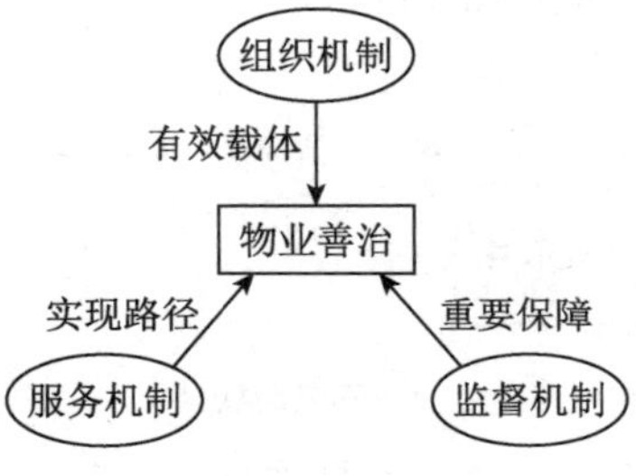

图1　物业善治“三位一体”的内在逻辑关系

具体而言，在组织层面，一方面，百子物业设立分公司、物业片区和服务点三级服务架构，分别对应街道、社区和小区三个层级，实施“双向进入，交叉任职”。另一方面，百子物业紧扣物业服务主责主业，创建“百子红”组织模式，构建了“三方共治”组织架构与运作机制。“三方共治”组织机制由社区党组织牵头抓总，社区居委会、百子物业、业（管）委会协同联动，在民意诉求征集、议事、处置、回馈等方面形成闭环，推进小区共治善治。

服务层面，百子物业首先保证托管小区的安全、整洁及违建控制等专业服务，在此基础上，进一步提供养老助餐、家政代购和家电清洗等增值服务，满足居民和特殊群体的多元需求。与此同时，百子物业依托党建联盟，从自身国企定位出发，通过打造“百子红”品牌，开展“百子红”市集，举行社区生活服务招商推介会，接触洽谈重点项目，实现了专业服务向增值服务、拓展服务和公益服务的链式跃升，推动了玄武区物业治理的全链条、全过程、全领域发展。百子物业在做好自身主责主业，提升服务质量的同时，也在不断强化自我造血功能，在市场竞争中寻找可持续

① 叶敏：《新时代党建引领社会治理格局的实现路径》，《湖南师范大学社会科学学报》2018年第4期。

发展路径。一是稳步扩大服务范围，适宜推动配套设施建设。例如，百子物业尝试推进立体停车场建设和地面泊位拓展，寻找新的盈利点。通过在条件较好的小区产生盈利，有效平摊运营成本，反哺老旧小区物业服务。二是不断整合资源，拓展开源渠道。百子物业聚焦居民“个性”需求，积极拓展物业服务合同之外的特约服务和商务代办服务，并通过盘活零星闲置的经营性资产，整合租赁房屋、车行人行道闸、充电桩、基站、快递柜、广告投放、摆摊设点等资源，拓展小区多种经营业务，打造了以子项目支撑物业大板块的运行模式。三是延伸业务领域，以专业服务催生增值服务、拓展服务和公益服务等服务内容，构建集管理链、服务链、产业链和生态链于一体的物业服务产业链（见图 2）。

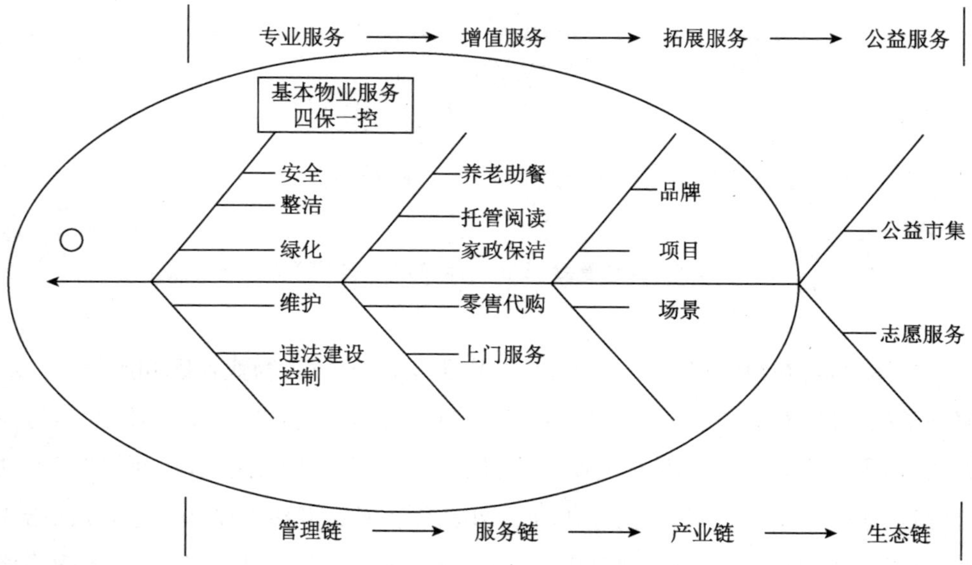

图 2　物业服务产业链鱼骨图

监督层面，根据上级政策指示，百子物业通过建立“百子红”老旧小区治理标准化体系，明确了老旧小区治理规程，开通 24 小时服务热线和监督电话，实行 24 小时党员带头值班巡查、设置每月“项目经理接待日”等制度，保证了居民反馈的直达有效。此外，百子物业每季度需要向社区“两委”专题汇报 1 次工作、每半年向小区业（管）委会专题汇报 1 次工作，每年度在托管小区开展 1 次居民满意度测评。小区业（管）委会每年需要向居民业主作 1 次履职述职；社区“两委”每年要向辖区党员群众代表及共建单位开展 1 次“党建引领基层治理”述职评议。借助工作汇报与述职评议等形式，百子物业把居民意见建议转化为小区治理的动力，将居民最关切的问题纳入“红色物业”年度实事清单，实施“月推进、季调度、年述评”，有效完善了老旧小区物业治理的监督机制。

（二）以党建引领激发物业治理主体的能动性，破除参与意识弱的思想困境

在现代化过程中，在现代国家构建的框架下，中国共产党从多个层面把国家发展目标直接纳入国家建设体系之中。在这样的情况下，国家能够在多大程度上实现现代化转型，取决于党的治理能力和治理水平。① 基础不牢，地动山摇。基层作为治理体系与能力现代化的重要维度之一，在国家治理体系中的地位作用不言而喻。社区是我国的基本治理单元，在中国的社区情境中，主体间的信息沟通与利益交织遵循着“共同体”逻辑，即大量业主往往在面临自身合法利益和合理诉求无法得到保障时才会尝试与他者联合起来，维护自身利益。而时间上的滞后与维权程序上的繁琐易导致业主利益受到损害，引发新一轮抗争式维权。因此，有必要引入党建引领理念，由社区党组织牵头，号召广大党员和居民参与进来，强化自身的主人公意识，在社区基本维护保养和涉及居民切身利益的议题讨论或矛盾产生初期，心平气和地坐下来找准问题源头，将社区纠纷化解在萌芽阶段。同时注重和域外主体（政府职能部门与社会组织）的合作，为建设祥和幸福的社区共同努力。

（三）以全域思维提升治理联动性，破解资源流动梗阻困境

国有企业全面托底老旧小区物业治理过程，也是一个小区治理从无序到有序的过程，一方面是为了便利托管，另一方面也形成基本职责规则化。先前处于小区外的机关、企事业单位、个体工商户等主体都要被纳入小区物业治理体系，以前属于职能部门的职责也需要通过物业公司去统筹和落实。在没有执法权的情况下，很多小区事务需要协同房管、城管、消防、公安、绿化园林、水电气、管线管道等负责部门合力解决。因此，国有物业公司应不断完善跨部门、跨层级的对接会商联动机制，及时、共同、妥善解决居民的急难愁盼问题及更新改造、日常管理中需要执法力量出场予以解决的问题。

为进一步提升物业治理效益，国有物业公司首先应科学合理分析收入缺口的来源和结构，在努力提高老旧小区托管服务收入、拓展多种经营的同时，推动商业物业服务做优、做大、做强。其次，国有物业公司可以尝试对邻近老旧小区物业服务进行连片整合，主动托管小区周围的公有物业和政府收费停车场地，以此获得规模效益。最后，国有物业公司可以探索构建超越行政管理辖区的物业服务片区治

---

① 胡柳娟：《有机政治视野下坚持中国共产党领导的政治逻辑——基于党的二十大报告的分析》，《中共成都市委党校学报》2023 年第 3 期。

理模式，全面整合资源，合理配备人员，优化目标考核，以实现规模经济发展目标。

（四）以智慧赋能提升集成效应

数智治理是社会治理现代化的必然要求，国有物业公司应努力夯实城区物业数字治理新底座，提升整体数据治理能力和全域场景应用智慧化水平。国有物业公司应依托“数字物业”开展城区基础设施管理、小区运行态势监管、公共事件预警预报，实现全要素管理和服务数据的采集汇聚以及市、区、街道三级业务联动，形成一体化的物业治理新格局。

一方面，物业治理应打造一体化的物业服务集成平台，加快服务模式重构，推动治理范式重塑，推进运行流程再造，助推服务渠道、服务能力、服务资源等深度融合，不断提高物业服务智能化水平。另一方面，基于数字化平台的物业治理，应着力推动实现物业服务事项统一入口、统一预约、统一受理、统一反馈，以及物业治理全领域、全业务、全流程数字化、网络化、智能化进程，不断提高物业服务信息化、网络化、数字化能力和水平。

三、结语

玄武区党建引领国有企业托底老旧小区物业治理是对物业治理创新模式的一次大胆探索与实践。基于玄武区物业治理的经验，可以发现：成片老旧小区物业治理的顺利推进有赖于党建引领下的资源联动和服务延伸，得益于多主体间的良性合作与全程参与，更离不开清醒认识利益交织这一前提下的协同赋能。总的来看，国有企业可以在老旧小区的物业治理中发挥平台搭建、主体链接和多维互动的作用，最终实现老旧小区物业治理和基层治理的双向融入。

作者：黄利强（复旦大学国际关系与公共事务学院）

立足基层治理创新
探索智慧社区“向上生长”模式

党的二十届三中全会对治理体系和治理能力现代化提出了新的要求。城市社区是城市的基本单元，是人民群众赖以生存的生活和精神家园。在基层治理中，利用数字化手段为民服务，助力解决社区治理服务中的难点堵点，成为新形势下社区治理现代化建设的重要抓手。在发展智慧城市的战略背景下，为探索数字化转型方式，创造性解决社区治理服务中的难点堵点，聚焦试点先行、多社联动、多维打造、多元参与，推动“场景＋空间”提档升级，秦淮区红花街道探索了一条有红花特色的社区智慧营造路径。

一、智慧社区建设的宏观背景与要求

（一）贯彻国家战略，现代化基层治理新需要

为深入贯彻习近平总书记关于基层治理和民生保障系列重要讲话精神，认真落实党中央国务院和省委省政府关于加强基层治理体系和治理能力现代化建设的部署，根据省政府办公厅《江苏省“十四五”城乡社区服务体系建设规划》（苏政办发〔2022〕60 号）、省民政厅等 10 部门《关于深入推进智慧社区建设的实施意见》（苏民基〔2023〕6 号）、《南京市社区治理现代化创新实验试点工作实施方案（试行）》（宁民基〔2023〕72 号）、《关于确定玄武区梅园新村街道等 6 个街道和玄武区锁金

村街道锁二社区等20个社区(村)为南京市第一批社区治理现代化创新实验(观察)点的通知》(宁民基〔2023〕133号)等文件要求,红花街道被确定为江苏省智慧社区建设特色应用试点、南京市第一批社区治理创新实验点,对街道的社区治理工具和水平提出了更高的要求。

(二) 聚焦治理创新,新城新区建设示范探索

南部新城定位为"长三角中央活力区、都市圈总部集聚区、现代化主城新中心",中芬合作交流中心、中国第二历史档案馆新馆、南京外国语学校南部新城校区等重大项目都落户于此,天然具有宜居宜业宜游的属性,将在未来两年迎来开放入住的高潮。基于高标准、数字化建设的教育、医疗、养老、托幼等公共服务配套设施,亟需以社区智慧化为纽带,打造数字化生活圈,构建面向未来、智慧生活的新型社区和高品质生活方式,不断提升居民的获得感、幸福感、安全感。秦淮区红花街道地处南京市南部新城核心区,北接光华路街道、东临江宁区东山街道、南靠雨花台区宁南街道、西邻中华门街道和秦虹街道,区域面积12.74平方公里,现辖10个社区,常住人口7.2万。区域经济位列秦淮区前列,高质量发展考核连续10年位列秦淮区第一方阵。作为区域发展排头兵,在基层治理方面关于智慧社区的探索、实践和经验,对其他街道有着重要的示范推广作用。

(三) 汇聚民生视角,带动社区发展向上生长

红花街道在前期探索和实践中发现,人们对智慧城市、智慧社区的理解和认识不够统一。社区精细化治理的技术不够成熟,智慧社区场景受众面窄,规划过于强调自上而下,往往让智慧社区泛化成智慧管理,智慧赋能异化成智慧负担。为此,2024年街道将智慧社区建设项目纳入"书记项目",以高质量党建引领社区高质量发展,推动组织向一线覆盖、人员向一线下沉、资源向一线倾斜、力量向一线聚集,实现公共服务水平进一步提升,社会治理能力进一步加强,着力构建基层治理新格局。

二、红花街道智慧社区建设的思路创新

(一) 逻辑闭合,从底层应用到顶层汇聚

红花街道与南部新城管委会坚持党建联建共建,深度交流联动,抢抓城市数字化转型发展契机,深入推动智慧服务创新示范建设,建设面向未来的新型社区,引领高品质生活方式。街道全面掌握社区群众需求,梳理和优化现有线下社会治理方式,整合线下服务资源,在此基础上重塑智慧社区建设逻辑,坚

持开放、交流、共享、活力的原则，以便民服务的底层应用向外围兼容，向上汇聚整合。

（二）开放融合，从单一主体到多方参与

智慧社区建设突出实用导向，摆脱传统智慧建设依托政府“大包大揽”的单一主体建设模式，坚持“政府引领、多方参与”的原则，建立共建共享机制，切实增强智慧社区建设的资金保障能力。政府财政重点保障总体框架建设，积极拓宽市场筹资渠道，围绕具体应用场景进行智慧化开发，充分发挥政府投入的引导和调控作用，鼓励和引导社会资本参与智慧社区体系建设。与此同时，街道坚持统筹协调和分类指导，发挥我市高等院校和职业教育优势，吸引相关院校参与智慧社区共同建设，由相关专业在红花街道设立实践基地，创新人才多样化培养模式，提升智慧社区相关人才素质和能力。

（三）板块整合，从分工作业到治理联动

智慧社区深化“五社联动”机制，积极构建社区服务资源管理板块，践行社会治理共同体。主要实现三方面功能：一是社会组织管理服务功能。建立线下和线上相衔接的社会组织信息采集、服务测评、满意度调查、培训服务一体化功能，加强社会组织管理，为民政服务机构赋能。二是社工管理服务功能。建立线下和线上无缝对接的社工培训大讲堂、社工之家、社工活动组织平台，线上提供社工优惠产品和服务，进一步激发活力，提升社工服务技能。三是志愿者管理服务功能。线下在红花街道社工站设置志愿者服务站，线上围绕志愿者招募注册与审核管理、志愿者技能培训、志愿者服务项目的组织和开展、志愿者服务记录生成与激励，形成线上管理服务平台，线下组织志愿者开展服务，形成志愿者“线上线下”齐发力的工作格局。

（四）信息聚合，从桌面研究到多维实调

2023 年，秦淮区红花街道被列入南京市第一批社区治理现代化创新实验点。街道高度重视创新实验点工作，第一时间成立工作专班，将项目定为 2024 年度第一书记项目，党工委书记、办事处主任多次召开专题调度会，辖区社区根据居民、企业和工作人员的需求积极开展问卷调查，制定总体框架。组织相关工作人员赴上海等先进社区进行调研，了解相关软件使用情况，借鉴吸收好的经验做法。通过多维度信息聚合，全面梳理智慧社区建设的板块和内容，指引线上平台搭建更科学、更实用。

三、红花街道智慧社区建设的内容及成果

构建智慧社区“3＋1”线上线下一体化服务体系，即街道治理领导驾驶舱、移动端（微信小程序）、智慧化管理平台 3 个线上系统和 1 个线下综合性服务空间站。

（一）信息汇聚，构建“一站式”数据平台

红花街道智慧社区的领导驾驶舱分为 5 个板块，对红花街道的综合分析涵盖街道概况、党建、综合治理、惠民服务、红花新貌，为街道管理人员构建“一站式”决策支持的数据平台。通过将采集的数据形象化、直观化、具体化，使得管理者能够迅速把握全局，快速做出决策。同时，驾驶舱数据与小程序打通，保持信息同频。具体包括五大功能：

1. “街道概况”板块：系统归集街道信息

以往对于街道情况的掌握往往分布在不同科室端口，街道信息缺乏统一管理的信息平台。红花街道智慧社区驾驶舱设计“街道概况”板块，对于街道信息进行分类归纳、系统归集。其下涵盖整体介绍、社区/楼宇/网格分布、红花资讯等板块，帮助管理者迅速了解街道概况。

图 1　驾驶舱“街巷概况”可视化界面

2. “街道党建”板块：提升党建工作透明

为了提升党建工作的透明度、吸引力、创新力以及促进监督评估，推动党建工作不断迈上新的台阶，驾驶舱开辟了“街道党建”的信息板块。其涵盖党员情况、党务知识、党建资讯、志愿服务等，帮助管理者一站式了解红花街道党建情况。

图 2　驾驶舱党建可视化界面

3. “综合治理”板块:搭建全局决策智囊

对于街道的综合治理,需要更加精准的关键指标晾晒、更加清晰的目标共识、更加科学的战略决策。“综合治理”板块下设网格化管理、综合监管信息、工地管理分析、工地信用等级排行等综治指标内容,为管理者提供多维度、全面性、动态性的关键治理指标。为战略决策、监督与管理、优化资源配置与利用方面提供数据支撑,推动智慧城市建设与发展。

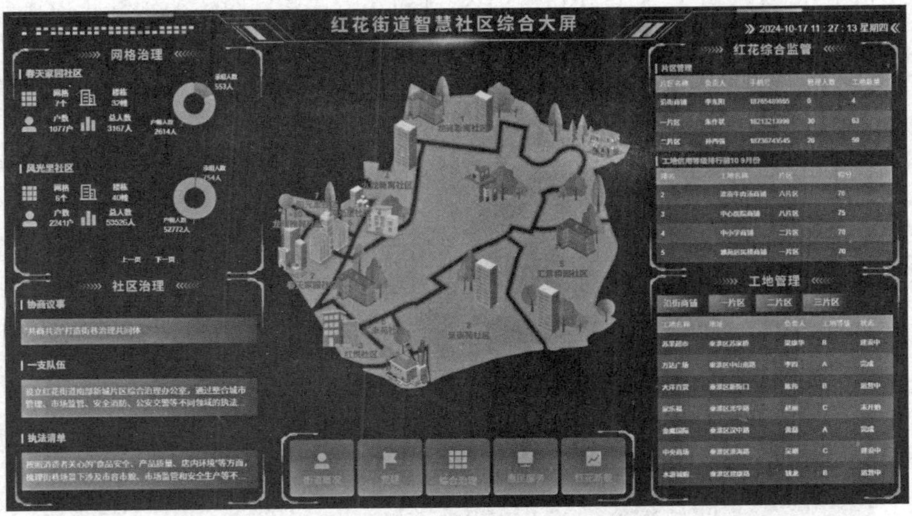

图 3　驾驶舱“综合治理”可视化界面

4.“惠民服务”板块:一站管理服务内容

驾驶舱通过“惠民服务”板块,集中分析辖内护理院、e慈善、居家养老服务中心、儿童友好街区、中心厨房、办事指南、代办服务和一件事的便民服务内容,直观、动态地提供街道在为民服务方面的建设举措和方向。

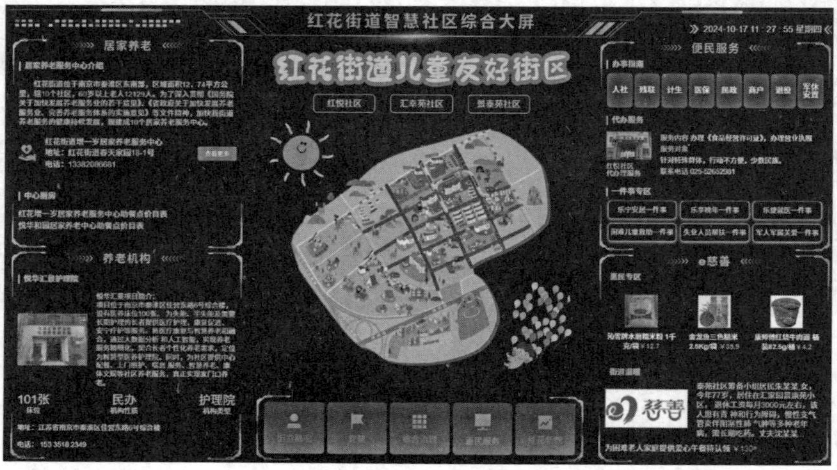

图4　驾驶舱“惠民服务”可视化界面

5.“红花新貌”板块:智慧宣传触达基层

政策的上传下达、理解执行,需要打破街道与居民的信息壁垒,智慧社区系统起到了一个纽带的作用,推动信息更加透明、公开。“红花新貌”板块融合时政新闻、街道工作、社区风采、便民快讯等内容,通过小程序端实时传递到红花街道居民手中,实现智慧化宣传与数字化减负。

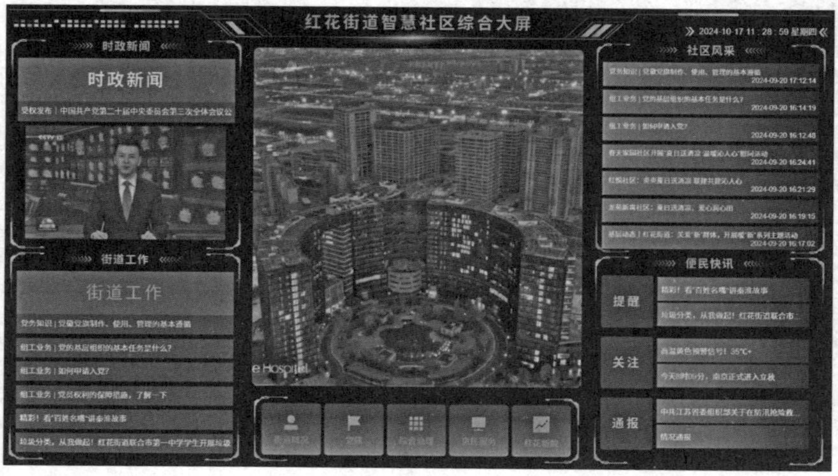

图5　驾驶舱“红花新貌”可视化界面

（二）实用便民，打造群众身边的“小助手”

“智慧红花家园”小程序从用户需求出发，以用户使用便捷性、功能需求实用性、智慧服务惠民性为目标，通过街巷共治、居民服务、服务资源整合为主线进行构思，设计出银发空间、便民服务、企业服务、商户服务、儿童、医疗、活动、动态、党建、e慈善超市十大功能，同时开辟工作人员专属治理功能。

1.“街巷治理”板块：街巷共治、协同发力

聚焦街巷商户，建设基础数据查询分析服务功能，沉淀商户服务信息、协商议事并实时更新，夯实管理和服务的基础。聚焦就业、环保、医疗等重点领域，通过智慧社区建设，有效链接社会资源，助力居民就业、企业招聘、医疗健康等服务。建设有宁企通、企业租房、爱心驿站、协商议事、安全知识培训等服务内容。聚焦再塑流程，建立智慧社区评价体系，将流程已经明确的常规性高频率事项，集成到线上，通过数据沉淀，进行再塑流程，完成减负目标。依托社区党群服务中心，采取嵌入式形式，建设“商圈议事厅”智慧服务场景。依托社区网格化管理，建设随手拍，通过发动群众随手拍，事件轻松上报，相关事件同步推送给智慧社区管理系统。依托社区五社智慧联动中心，定期组织论坛、问卷、座谈，及时收集各方相关意见建议，并吸收改进，相关结果公示，形成闭环。

2.“居民服务”板块：一端在手、服务集成

“居民服务”版块通过智慧应用，关注特殊人群服务、覆盖大众服务，嵌入社区服务设施、社区服务流程，不断提升居民办事效率，主要包括三方面内容：一是聚焦老年人、残疾人等弱势群体，通过智慧社区建设，帮助弱势群体能够有效利用数字技术，从而达到克服数字鸿沟、数字障碍的目的。建设有银发助餐、养老结构、养老指南、老年大学等服务内容。二是聚焦青少年以及儿童群体，通过安全保障、健康服务、教育服务、娱乐与活动、心理关爱与社区融入方向建设，助力青少年及儿童群体的体、智、美、劳全面成长。建设内容有儿童友好街区、幼儿园、中小学、儿童乐园、儿童地图。三是聚焦大众服务，通过智慧社区建设，链接居民衣食住行乐五项资源，全面提升居民的生活品质，通过与居民的高度链接，达到社区、街道“共建共治”目标。建设有“随手拍”共治渠道、“十分钟”掌上服务圈、金陵便民服务、家政服务、办事指南、代办服务、一件事专区等服务内容。

3.“社会资源”板块：五社联动、深度卷积

深化“五社联动”机制，搭建平台聚合社会资源、链接服务管理，在智慧社会平台上积极构建社区服务资源管理板块，实现“五社”资源有机融合。主要体现在三方面：一是集聚社会组织资源，建立有意愿服务、有合法资质的社会组织库，并定期

进行线上线下对接推广。二是集聚志愿服务资源，引入志愿服务积分机制，最大限度盘活辖区志愿服务资源。三是集聚慈善公益资源。依托慈善总会，整合各类有服务意向的慈善组织、社会企业，建立智慧社区公益基金，定期开展联劝、众筹等慈善活动。此外，平台还建设有“E”慈善、彩虹家园、智慧工地、社工站、社工培训大讲堂、志愿者服务之家，以此深度链接各类资源，丰富平台功能。

图6 “智慧红花家园”微信小程序界面

（三）智慧赋能，联动线下综合服务空间站

设置智慧化管理后台，管理人员可对数据、信息、功能进行配置调整，实现领导驾驶舱与居民小程序信息同步、互通共享。

在线上平台建设的同时，红花街道也紧抓线下综合服务空间的打造。街道以复地活力广场为依托，建设“活力空间＋八三驿站”综合性服务站，集企业/商户办

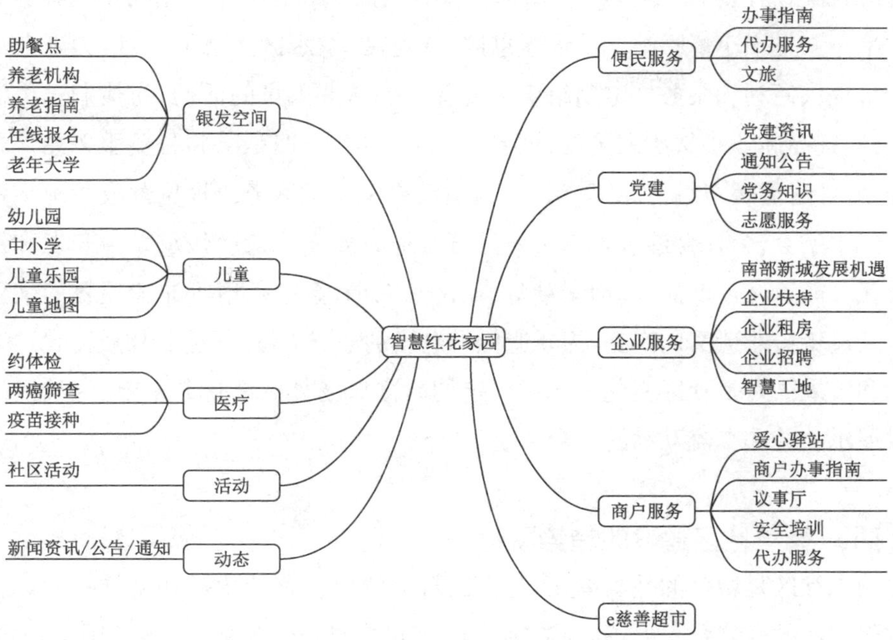

图 7　微信小程序用户界面菜单一览

图 8　智慧化管理平台主界面

事咨询服务、居民旅游、消费于一体，以提升商户、居民、消费者的社会满意度。

综合服务站主要集聚了六大功能：一是社区残疾人帮扶站。开设无声茶饮，邀请社区聋哑人作为工作员工，为残疾人提供更多的生活收入，助力社区解决残疾人就业问题。二是社区儿童成长站。建设儿童友好街区，打造亲子礼仪和阅读空间，为社区居民提供亲子阅读和礼仪教育的场所。定期组织亲子阅读和礼仪教育活动，邀请社区居民和青少年学生参加，提高社区居民和青少年学生的文化素养和礼仪水平。三是宁小蜂驿站。设置休息区、充电区、饮水区等功能区域，为新业态从业人员提供便利和服务。定期组织关爱新业态从业人员的活动，为他们送去温暖和关怀，提高新业态从业人员的社会地位和认同感。四是慈善公益服务站。积极参与社区“送温暖”“纳清凉”等活动，为活动提供茶饮服务。根据营收情况捐赠秦淮区红十字会，为社会慈善贡献力量。五是非物质文化遗产传承站。开发和销售秦淮区的非遗文创产品，包括秦淮灯彩、南京白局、金陵折扇等非遗项目的文创产品。通过销售非遗文创产品，为非遗传承人提供经济支持，促进非物质文化遗产的传承和发展。六是社区文化艺术站。定期举办广场社区文化艺术节，为社区居民提供展示才艺和交流互动的平台。

四、智慧社区建设的趋势展望

城市社区是城市的基本单元，是人民群众赖以生存的生活和精神家园。在发展智慧城市的战略背景下，利用数字化转型方式创造性解决社区治理服务中的难点堵点，成为新形势下社区治理现代化建设的题中之义。

作为南京市第一批社区治理现代化创新实验点，红花街道智慧社区建设以居民应用为导向，推动智慧社区“向上”生长，目标就是要重塑智慧社区建设逻辑，以底层应用向外围兼容，打破政府建平台的单一模式，树立“应用、能用、好用”的服务大众导向，以面向居民、对接社会、提升效率为重点，以数字化、组织化、专业化促进社区人与人之间的联系，促进社区从“个性林立”向“和谐共享”转变，大胆探索一条有红花特色的、可复制、可推广的社区智慧营造新模式。

结合红花街道经验与成果，智慧社区建设趋势主要归纳为三个方面：一是载体信息化，一屏总览、一端触达。通过智慧平台建设，链接领导驾驶舱与居民服务端。领导驾驶舱主要承载信息展示和数据晾晒功能，可以帮助管理者迅速掌握信息、识别问题、实现决策；居民服务端面向基层居民，提供便捷、全面的线上服务，简化办事流程、关键小事马上办。二是主体多元化，多元参与、资源协同。打破以往社区服务的政府“单向输出和供应”的局面，纳入更多社会力量参与，如社会资本、专家学者、高校人才等，力求减少服务过程中的盲点，建设内容和视角更加全面。此外，积极推动“五社联动”，实现社会资源的有机融合与互动，从而提升基层治理的广度、精度和高度。三是服务创新化，视角下沉、向上生长。在基层治理层面，社区居民拥有“被服务方”和“需求发出方”的双重角色。智慧社区新模式就是要调动居民的主体性、积极性，推动居民主动提需、主动联结、主动建设，从而获取下沉视角，提升治理的精准度和契合度。在这一目标下，开放交流、活力共享的平台与机制是建设核心，需要在建设的各个阶段拓宽参与渠道、引入基层意见、听取群众声音。以智慧治理提高街道办事效率，以智慧服务落实居民美好生活。未来的智慧社区建设，必然是创新引入数字化服务手段、坚定推行多元化服务方式、不断推出精准化服务内容，从而构建基层治理新格局。

作者：秦淮区红花街道办事处

协同创新篇

融南汇北　创新争先

——宁淮智能制造产业园高质量发展创新实践

建设宁淮智能制造产业园，是南京、淮安两市抢抓南京都市圈、长三角区域一体化等重大战略机遇，着力做好“区域互补、跨江融合、南北联动大文章”的生动实践。园区位于G25、新扬高速交会区域，紧邻G25高速铁山寺出口，距南京江北新区直管区和高铁北站不远，交通便捷，区位优势明显，是南京进入苏北的“第一站”，更是淮安融入南京都市圈发展的“桥头堡”(如图1所示)。

一、设立过程

2019年11月，省委办公厅、省政府办公厅印发《关于推动南北共建园区高质量发展的若干政策举措》的通知(苏办发〔2019〕50号)，提出“树立高质量发展鲜明导向，按照南京与淮安、苏州与宿迁、无锡与徐州、常州与盐城、镇江与连云港挂钩合作关系，充分发挥比较优势，各优选出1家结对重点园区，开展省级‘南北共建园区高质量发展创新试点’，集中力量重点突破，充分发挥示范带动作用”。

2021年2月，省委办公厅、省政府办公厅批复了《南京淮安宁淮智能制造产业园高质量发展总体方案》(苏办厅字〔2021〕7号)，支持宁淮智能制造产业园开展省级南北共建园区高质量发展创新试点，实施范围位于淮安市盱眙县黄花塘镇，规划面积8.21平方公里(如图2所示)，提出“加快打造全省南北优势互补、共建共享的创新示范区，率先建成南京都市圈高能级产业合作发展平台”。

2021年12月，南京淮安宁淮智能制造产业园管委会挂牌成立，共设立党政办公室、投资促进局、经济发展局、财政金融局、规划建设局、企业服务局(安全生产监督管理局)6个职能机构。

二、主要做法和成效

自2021年获批省级南北共建高质量发展创新试点园区以来，宁淮智能制造产业园始终秉持创新驱动、协同发展理念，扎实推进各项工作任务，加快建设宁淮合作“桥头堡”，全力下好南北合作“先手棋”。

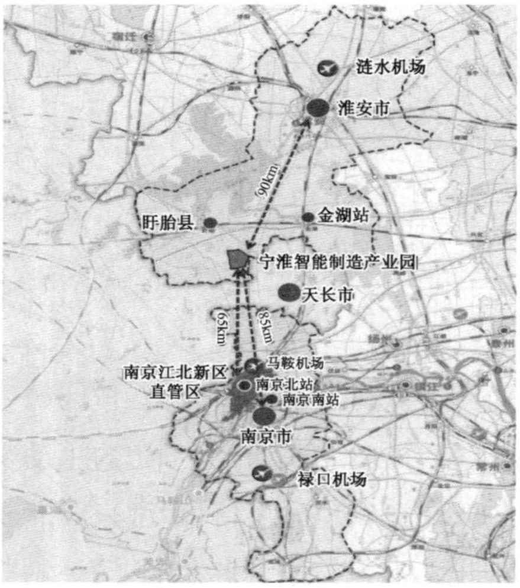

图1 宁淮智能制造产业园地理布局图

图2 宁淮智能制造产业园规划范围

(一)优化体制机制，提升园区运营效能

创新打造“管委会+公司”运行模式。坚持政企分开、政资分开的基本原则，形成“管委会+公司”模式，设立园区金库，实行独立账户、一级财政、一级预算，实现市场化、封闭化运作。先后组建投资发展、开发建设以及投资建设公司，主要负责承担园区的开发、建设、运营和招商等职能，发挥核心关键作用。增强市场化运作功能。着眼长远发展，市场化、多元化筹集园区建设资金，获得工商银行牵头的长期低息贷款支持，发起成立宁淮紫金紫仓、紫金矿业信达、宁淮绿色科技、银河宁淮产业投资等4支基金，总规模10.65亿元，既有效解决投资公司的资本金不足问题，又借助投资机构专业力量甄别项目，有效管控投资风险。

(二)坚持创新驱动，构建开放创新生态

集聚创新优势资源。引入南京理工大学盱眙产学研合作基地，高端装备铸造

技术全国重点实验室、魁元实验室、江苏省商用车智能底盘工程研究中心等国家级、省级重点创新平台正式揭牌;深化与南京师范大学合作,江苏省三维打印重点实验室以及三维仿真建模军民融合重点实验室高效投运,宁淮智能高端装备产业研究院、宁淮人工智能研究院等新型研发机构启动共建。探索创新要素流通。对接苏青科技集团、良匠科技、明合优孚等专业化机构,打造创新创业服务平台,为园区创新主体提供全生命周期定制化、市场化配套服务,打通研发产业流通渠道。推进科创走廊建设。在中国(南京)软件谷、江北新区研创园建成两处宁淮科创走廊研发基地,共计1万余平方米,为园区及淮安优质企业提供技术研发、人才招引、成果转化、企业孵化、产业联动的跨区域创新合作平台,建立"企业在淮、研发在宁"的科创飞地共建机制。

(三)聚焦特色产业,打造智造产业集群

坚持高质量发展要求,瞄准新质生产力发展方向,聚焦新能源、智能装备和机器人、新材料三大主导产业,充分发挥资本招商、产业链招商、飞地招商等新型招商优势,累计签约超40家企业,投资规模约150亿元。智能装备和机器人产业方面,集聚江苏岚江智能科技有限公司、江苏海车神驭无人装备科技有限公司等优质企业落户园区,涵盖农业、安防、仓储、轨道巡检等各类机器人类型,初步形成了产业小集群。新材料产业方面,依托南京理工大学、南京师范大学研发优势,重点规划并全力打造增材制造产业园。与南京晨光集团(航天科工下属企业)、中科煜宸达成深度合作,计划投资60亿元,打造江苏省航空航天增材制造创新联合体、航天科工增材制造长三角创新中心。新能源产业方面,引进上市公司超讯通信,投资10亿元建设4000个机柜的智能算力中心,并分步建设园区综合能源储能站。与苏文电能签约新能源装备生产基地项目,集中开发园区屋顶光伏资源,积极面对全国开拓市场。

(四)突出品质引领,不断增强承载功能

健全完善规划体系。组织编制8.21平方公里国土空间规划、控制性详规和产业发展、市政设施、道路、景观、水系等专项规划,描绘16平方公里产城融合、城市设计的"一张蓝图",确保一张蓝图绘到底、一张蓝干到底(如图3所示)。加快市政功能载体建设。产业载体和配套设施建设方面,已建成智能装备与机器人产业化基地一期、二期工程等各类载体面积31万平方米;已开工和即将开工建设的各类载体面积约25万平方米。基础设施建设方面,累计建成明泉东路、双泉大街等道路11.5公里;加快水系工程施工,累计完成土方18万方,防护工程300米施工;开展南焦河、人民河等4条河道疏浚整治总长4.39公里,以及总面积约0.15平方公里的朱雀湖半岛和迎客湖公园景观建设,宜业宜居生态园区形象逐步彰显。

图 3　园区 16 平方公里规划图

（五）锚定更高标准，持续优化营商环境

做优企业服务。牢固树立“环境是金”理念，突出“淮安政策、南京服务”口号，用“店小二”的思维服务落户企业。积极推行“一网办”“一窗办”“一次办”，打造“宁淮特服”品牌，为来园考察投资客商提供全方位服务，最大程度解决企业困难诉求，真正做到“做得比说得好，服务比需求早”；建立审批事项清单动态管理机制，提高审批效率，推行“拿地即开工”审批模式，简化审批流程、优化帮办服务，围绕政策落地、金融支持、企业用工等方面实施企业服务挂包制。完善配套服务。积极争取宁淮两市交通主管部门支持，开通园区至南京站的双向公交班车，修建篮球场、羽毛球场等体育设施，建成环朱雀湖智慧步道、环湖路灯、供水管道等市政工程。

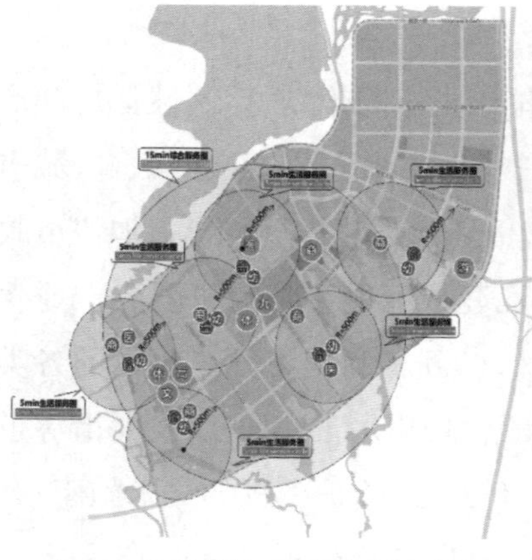

图 4　公共服务设施布局示意图

图 5　园区中央湖链景观带效果图

（六）加强协同联动，增强一体发展水平

全方位深化宁淮挂钩合作。加强宁淮两地部门联合联动，聚焦科技创新、教育、医疗卫生、文旅、养老等领域，开展南北结对帮扶合作资金项目梳理排定，重点投向市场不能有效配置资源的公共服务领域，着力提升公共服务共建共享水平。探索推动宁淮一体化机制建设。以园区为试点和示范，研究与南京同城化发展试点机制，加快公共服务制度接轨，率先让园区的科研人员、企业高管享受南京同城化公共服务；探索招商引资、税收分成等合作共赢机制，并逐步扩大到宁淮两市层面。

三、下一步发展思路

三年多来，在省委、省政府和宁淮两地政府的关心支持下，园区开发建设取得了一定成效，但对照高质量发展总体方案要求，还有不少提升空间。下一步，园区将全面落实宁淮两市新一轮合作共建各项要求，发挥南京所长、立足淮安所需，坚持科创性、特色化、可持续、高品质发展，全力做到“五个突破”。

一是在项目推进提质增效上求突破。突出项目招引签约。坚持“产业集群＋特色园区”发展模式，聚焦新能源、智能装备和机器人、新材料三大主导产业，细分产业赛道，积极主动、多措并举推进招商引资，构建全员招商格局，不断提升招引项目“含金量”“含科量”“含绿量”，打造特色化产业集群。抓牢项目开工建设。把推动项目落地开工摆在关键位置，围绕审批服务、载体建设、要素保障、难题破解等环节持续发力、久久为功，压茬推进在谈项目早落地、落地项目早开工，助力协议投资尽早转化为现实贡献。

二是在创新高地培育打造上求突破。营造开放创新生态。进一步深化与南师大、南理工、省产业技术研究院等高校院所合作，立足市场化、产业化，推动已签约重点实验室及新型研发机构等项目尽快实现产出，形成科技成果与产业发展的有效衔接。发挥科创飞地效能。进一步夯实“企业在淮、研发在宁”“研发在宁、生产在淮”飞地共建机制，着力打造集人才招聘服务、科技资源共享、创新产品展示、企业融资服务、招商引资合作等功能于一体的综合性创新平台。

三是在开发建设水平提升上求突破。抓好产业载体建设。科学测算产业载体需求量，坚持多措并举，除园区配套建设定制化厂房外，鼓励企业自建厂房，吸引有实力的企业建设工业地产，避免出现“项目等厂房”现象，坚决杜绝产业载体使用率不足问题。抓好基础设施建设。全面评估基础设施项目建设必要性、紧迫性，坚持长期和短期相结合，加强项目实施的财政承受能力论证，科学做好道路建设、水系

整治、景观提升等工作。强化用地支撑保障。有序开展征地前期工作，基于项目用地需求，及时完成阶段性供地，持续开展批而未供土地处置工作，积极引导项目选址存量土地，提升土地集约利用水平。

四是在营商环境系统深化上求突破。关注企业投产达效。高度关注企业生产运行，集合力量、集聚资源帮助企业开拓市场、抢占市场、赢得市场。加强重点企业营销帮办，帮助企业积极开拓淮安及周边市场、对接南京开发园区客户资源，助力企业做大做强。提升园区配套服务。加快职工公寓建设，完善公共交通服务，为园区商务人员提供良好生活服务保障。拓宽“南京都市圈通办”和教育、医疗、文化、养老等优质公共服务一卡通覆盖范围，加快实施异地就医免备案结算，探索养老服务补贴异地结算等务实举措。健全安全生产责任、风险防控和监管执法体系，提升社会治理水平，打造安全和谐园区。

五是在体制机制优化完善上求突破。整合平台公司机制。进一步完善园区“管委会＋公司”管理模式，厘清职责边界、充分放权赋能，构建扁平化、一体化的高效管理机制。保障资金筹措机制。探索构建资本金持续导入机制，推动现有基金高效运作，以产业基金撬动资本市场、带动社会投资。积极向上沟通对接，加大专项债、特别国债等国家资金争取力度。与金融机构深度对接，在融资租赁、企业授信等方面开展务实合作。提升帮扶合作机制。推动两市教育、科技、民政、人社、文旅、卫健等部门建立定期会商协调机制，评估往年合作项目实施效果，坚持目标导向、问题导向，共同研究确定年度合作事项，推进落实帮扶合作任务，提高同城化发展的可观可感度。

作者：许宏（淮安市政府副市长、党组成员，宁淮智能制造产业园党工委书记，南京市一级巡视员）

深化宁商协作　谱写新时代“山海情”

开展东西部协作，是党中央着眼全局作出的重大决策，是推动区域协调发展、缩小发展差距、实现共同富裕的重要举措。在国家东西部协作的战略布局下，南京和商洛对口协作历经33年，在产业合作、劳务协作、消费帮扶及教育医疗帮扶等方面取得了显著成效，形成了多层次、多形式、全方位的协作格局，谱写了新时代宁商“山海情”。

一、宁商协作的发展阶段

（一）对口援建阶段：20世纪90年代至2016年

早在1991年，南京市江宁、雨花台、溧水等区县就与洛南、丹凤、商南确立了结对帮扶关系。1996年10月，党中央、国务院出台《关于尽快解决农村贫困人口温饱问题的决定》，安排江苏与陕西开展对口帮扶工作。根据国家和苏陕两省部署，南京和商洛于1997年签订《关于开展扶贫协作和经济合作的协议》，全面开展挂钩协作。其后，南京援助商洛建设了一批产业和社会事业项目，为商洛市经济社会快速发展作出了积极贡献。

（二）脱贫攻坚阶段：2017年至2020年

2017年，根据党中央坚决打赢脱贫攻坚战的统一部署和中共中央办公厅、国务院办公厅《关于进一步加强东西部扶贫协作工作的指导意见》要求，宁商两市签订《关于进一步加强扶贫协作和经济合作战略合作协议》，由从最初的对口援建工作为主，转向全方位开展扶贫协作和经济合作。根据协议，建立了两市、县区党政高层定期互访机制和联席会议制度，明确两市发改委作为扶贫协作和经济合作的牵头单位；南京市派出对口帮扶工作组入驻商洛，工作组成员覆盖全市 7 个县区；两市合作领域扩大到消费帮扶、产业协作、劳务转移、教育和医疗卫生等多个领域。在两市共同努力下，2020 年 2 月商洛市 7 个县区全部脱贫摘帽、701 个贫困村退出、57.28 万贫困人口全部脱贫。

（三）巩固拓展脱贫攻坚成果同乡村振兴有效衔接阶段：2021 年至今

2021 年，随着“三农”工作重心从脱贫攻坚转向乡村振兴这一历史性转移，对口协作工作进入新阶段，由“东西部扶贫协作”扩展升级为“东西部协作”，协作机制、工作重点等发生明显变化。宁商协作迈入新阶段，工作重心转移到聚焦巩固拓展脱贫攻坚成果同乡村振兴有效衔接，工作任务转向特色产业提升、产业集群打造、消费帮扶、助农增收、劳务协作、提升“四项行动”和教育医疗人才“组团式”帮扶，助力促进商洛脱贫群众增收致富和脱贫地区高质量发展，增强内生动力，提升发展能力。

二、 新阶段宁商协作主要工作和阶段成效

2021 年以来，南京市对口帮扶商洛市工作组深入学习贯彻习近平总书记关于深化东西部协作的重要指示精神，按照苏陕两省、宁商两市党委政府的部署要求，积极适应形势任务变化，聚焦巩固拓展脱贫攻坚成果、有效衔接乡村振兴这条主线，加强产业合作、资源互补、劳务对接、人才交流，推动宁商协作工作迈上新台阶。2024 年 5 月，江苏省委省政府主要负责同志、南京市委主要负责同志到商洛考察指导苏陕协作工作，对工作成效给予充分肯定。在 2022 年度国家东西部协作考核（浦口镇安）中获得“好”等次，并实现“零问题”反馈；教育医疗“组团式”帮扶工作获中央组织部肯定；“南京市栖霞区和商洛市商州区两地‘四步走’共建专业化电子信息产业高地”“南京市高淳区与商洛市柞水县携手促进柞水木耳‘四链’发展”被中共中央办公厅、国务院办公厅列为东西部协作典型案例；“东西部协作‘宁商新模式’”被商洛市委全面深化改革委员会评为优秀改革创新项目。工作组先后被苏陕两省评为全省脱贫攻坚暨对口支援帮扶合作先进集体、乡村振兴工作先进集体，被商洛市授予“特别贡献奖”。

（一）强化规划引领、机制创新，系统谋划推进工作

立足五年过渡期。工作组适应新形势新变化新任务，系统谋划、统筹推进新阶段宁商协作工作，加强前瞻性思考、全局性谋划、整体性推进。2021 年以来，统筹

安排苏陕协作资金25.43亿元，谋划实施重点帮扶项目467个。

编制实施三项规划。工作组落实国家新一轮东西部协作的部署要求，编制《南京市“十四五”时期宁商对口协作规划》，高起点谋划“五年过渡期”宁商协作重大项目、重点工程、重要任务，并逐年分解落实工作要点，建立项目储备库。聚焦商洛丰富的历史文化、民俗风情、自然景观等文化资源，编制《宁商协作文化引领乡村振兴行动计划》，研究依托苏陕协作机制赋能商洛文化产业发展策略，助力商洛乡村振兴。深入调研商洛各县区中药材资源状况、发展优势、存在不足，编制《苏陕协作助力商洛中药材发展行动计划》，研究利用南京市场、技术、人才优势，促进中药材高质量发展。

建立项目协调推进机制。工作组围绕提升项目服务保障能力，研究制定《宁商协作及产业合作重大项目协调服务机制》。全面梳理江苏来商洛投资企业，建立重点项目清单，由省、市、县三级重点监测和协调推进，建立“三联动”协调推进机制，明确工作目标，夯实工作责任。实行月统计、季会商研判制度，不定期开展项目督查督导，现场办公解决问题，推动项目早开工、早见效。

建立资金管理考核机制。工作组围绕规范苏陕协作项目实施、提高项目资金使用效益，依据《省级苏陕协作项目资金管理办法》，坚持“问题导向、目标导向、结果导向”原则，建立宁商协作项目资金使用管理和考核工作机制。明确一套项目申报流程，严把“县区申报、科室初审、专家评审、审定上报、下达执行”五个环节；明确一套项目储备体系，严格落实“分级建库、动态管理、确保质量”工作要求；明确考核督促标准，落实“督查、协调、奖惩”工作制度。

（二）强化产业合作、科技赋能，持续增强造血功能

立足商洛地区资源禀赋和产业基础，因地制宜大力发展特色优势产业，聚力打造特色产业集群，有效激发协作地区发展潜力和内生动力。2021年以来，合作共建产业园区8个，引导落地投产企业85个，到位投资额53.2亿元。

聚力发展共建园区。复制推广东部地区在园区规划布局、产业定位、招商引资、服务管理等方面的经验做法，帮助提升商洛结对共建园区承载和服务保障能力，推动园区提标扩容、集群发展。商州区产业脱贫示范园从手工作坊式园区成功转型为高端制造的电子信息产业园，电子科技产业实现从“散乱无序”到“精准专业”、从“单船捕鱼”到“舰队出海”的升级转变；丹凤县新雨丹中药材科技产业园被打造为陕南规模最大的集“种植购销”“研发生产”和“物流仓储”为一体的产业园区，填补了商洛地区中药材物流基地和国家级中药材储备库的空白；洛南县宁洛产业园集聚了江苏煌朝真空玻璃、南京卫岗乳业等一批龙头企业；山阳县电子信息产

业园依托宁商两地资源优势，把电子产业从东南沿海搬到秦岭腹地，实现电子信息产业从无到有、由小变大的跨越式发展。

培育壮大特色产业。坚持把发展特色优势产业作为主攻方向，在研究梳理各县区特色资源、区位优势的基础上，因地制宜做好“土特产”文章，培育发展县域范围内比较优势明显、带动农业农村能力强的特色产业。柞水县将小木耳作为首位产业打造，助力木耳产业由“小”到“大”、由“弱”到“强”，产值超 15 亿元。在商南县，以高标准茶园建设为抓手，支持建设秦岭茶乡、试马北茶小镇等茶产业基地 10 个，推动全县茶产业集群化发展。在镇安县，支持兰花产业发展，建成了集农业生态种植、兰花良种繁育、产品加工销售、生态休闲观光于一体的现代农业综合产业园。

科技赋能乡村振兴。发挥南京科教资源优势，围绕解决商洛乡村产业发展难题，推动江苏省农业科学院、江苏省中国科学院植物研究所、南京林业大学与商洛市政府签约合作，搭建江苏农业科研成果在商洛乃至陕西的转化平台上实现服务成果转化落地；推动南京国家农创中心与镇安县政府签约合作，研究解决县区农业产业科技需求，助力乡村产业振兴。在南京农技专家指导和支持下，洛南、柞水、商州等县区分别实现“南瓜北移”“南稻北种”“南茶北植”“商苗（草莓）宁用”，横溪小西瓜、贝贝南瓜、高淳茶叶、鲜食玉米、新品种水稻等种植面积不断扩大，市场竞争力不断增强，带动商洛农民在家门口实现增收致富。南京干部陕西柞水“种茶”等一批先进典型案例得到国家级媒体广泛关注和报道。

加大招商引资力度。复制推广南京项目招引做法，结合商洛产业发展规划，编制中药材、电子信息产业、氟化工等重点产业链图谱，提升招商引资精准性和实效性。瞄准链主企业，成功招引江苏煌朝真空玻璃项目、南京卫岗乳业三产融合项目、南京金时川食用菌精深加工三产融合示范园项目等一批重点项目在商洛落地。大力招引功能性项目，推动南京政务云异地（商洛）数据备份中心等项目落地商洛，牵头引进 2023 全国沙滩排球锦标赛、2024 国际沙滩排球 U19 世界锦标赛，帮助促成国家排球训练基地、“一带一路”国家青少年排球训练基地落户商洛。

（三）强化消费帮扶、稳岗就业，全力促进乡村振兴

实施消费帮扶，深化劳务协作，是巩固拓展脱贫攻坚成果同乡村振兴有效衔接的重要举措，是推动产业发展、推进乡村全面振兴的有力支撑。2021 年以来，南京累计采购、帮助销售商洛农特产品 23.7 亿元，消费帮扶规模持续扩大；累计帮助商洛农村劳动力转移就业 21253 人，其中脱贫人口 15000 人，促进脱贫群众就业增收成效显著。

提升消费帮扶能级。围绕“塑品牌、促消费”总目标，坚持政府引导、市场主导、社会参与，加快培育优质品牌、加强产供销对接，稳步推进“陕货出陕”。支持企业参加“丝博会”、中国(江苏)老字号博览会、江苏对口支援协作合作地区特色商品展等大型展会，策划举办洛南县苏陕协作美食节、西瓜节、高淳柞水共建茶园开采节、商州区小龙虾节等活动，推动18家商洛农特产品展销店在南京落地，支持商洛19家企业成为苏陕协作农产品基地，打造一批有影响力的苏陕消费协作品牌。持续创新消费帮扶方式，推广“电商＋”“赛事＋”“文旅＋”等模式，推动商洛农特产品进入江苏省总工会消费帮扶平台、鲜丰汇、悦购钟山等线上平台，助力山阳县、洛南县等县区打造宁商协作电子商务平台，推动南京地铁4号线开行“柞水木耳”号列车，S6宁句线开行“商洛超级品牌列车”。借力2023全国沙滩排球锦标赛、2024国际沙滩排球U19世界锦标赛等国际国内知名赛事，搭建苏陕协作沙排集市，大力提升商洛特色农产品知名度。

持续深化劳务协作。完善劳务对接和输转机制，推动成立宁商劳务协作服务工作总站、苏陕劳务协作劳务输出基地，建立两地劳务信息共享平台，精准对接“务工需求清单”和“岗位供给清单”，开展“定向式”劳务协作、“订单式”技能培训、“定点式”劳务输出。培育特色劳务品牌，依托各县传统文化、资源禀赋、技能培训优势，培育镇安月嫂、山阳辅警、丹凤厨工、商南技工、柞水缝纫工等“一县一劳务品牌”，打造一批具有地域特色、行业特征、技能特点的劳务品牌矩阵。提高品牌规模质量，推动“山阳辅警”等成熟型劳务品牌向前后端延伸，推动“丹凤厨工”“商南技工”等美誉度高的劳务品牌与“组团式”职业教育帮扶融合发展。“镇安月嫂”成为陕西省8大知名劳务品牌之一，获人社部“创翼之星”奖。

打造乡村振兴示范。组织开展四个“一百”乡村振兴干部人才培训项目，每年为商洛培训一百名教育教学骨干、一百名基层医疗骨干、一百名招商引资骨干、一百名乡村经营管理人才，助力提升乡村振兴干部人才能力素质，为乡村振兴提供智力支撑和创新动力。开展苏陕协作“四方双结对、共建示范村”活动，组织南京7个经济强村(社区)分别与商洛7个村结对，派驻商洛7个县区的联络组组长分别与共建村党支部书记结对。通过“四方双结对”机制和平台，集中资源，整合力量支持结对村发展乡村产业、推进乡村建设、改善乡村治理。商州区闫坪村被评为国家级苏陕协作典型村、陕西省乡村振兴示范村、陕西省美丽宜居示范村；丹凤县许家塬村被评为陕西省乡村旅游示范村；商南县红庙村成功举办陕西省乡村振兴现场会；镇安县青树村建成市级现代农业产业园区；柞水县中台村建成高品质高山生态茶园近3000亩；洛南县草店村建成核桃王片区精品民宿项目；山阳县法官庙村《坚持

农旅融合 共建和美乡村》被评为陕西省第二批乡村振兴典型案例。

（四）强化民生导向、组团帮扶，不断增进群众福祉

落实中组部部署要求，聚焦教育、医疗等民生重点领域，选派 12 支教育、医疗专家团队分别帮扶商洛 5 个国家乡村振兴重点帮扶县的普通高中、职业教育中心和县人民医院，由过去的"个别选派、单兵作战、输血帮扶"转变为"组团选派、集体作战、造血输血并重"的"组团式"帮扶新模式。2024 年，南京"组团式"帮扶的镇安中学、柞水县医院被江苏省委组织部确定为全省的"组团式"帮扶高中典型、医院典型。

扎实推进"组团式"教育帮扶。帮扶团队在强化师资水平、完善课程体系、提升学校管理、打造专业品牌等方面持续发力，全面提升帮扶学校的教育教学水平。持续投入苏陕协作资金支持帮扶学校改善教育教学条件、开展教学研究项目、提升教师能力素质。建立"宁商时空课堂""宁商协作名师工作站""宁商协作校长发展中心"三个平台，引入南京优质资源支持帮扶学校发展。2023 年，镇安、山阳职教中心 7 人在国家技能大赛获奖（2 银 2 铜），实现"零"的突破。2024 年高考，5 所"组团式"帮扶高中一本上线率 38.59%，二本上线率 91.58%，分别高于省平均水平 9 个百分点、21 个百分点，分别高于市平均水平 3 个百分点、5 个百分点。

深入开展"组团式"医疗帮扶。帮扶团队从强化医院管理、加大人才培养、提升服务能力及健康管理水平等方面开展全方位帮扶。每年向"组团式"帮扶的丹凤、柞水县医院投入 1000 万元苏陕协作资金，专项用于重点学科建设、信息化能力提升和医疗设备更新。丹凤、柞水县医院整体医疗水平、诊疗能力得到大幅提升，2023 年，丹凤县医院实现了门急诊量、住院人次、年手术量同比上升 17.9%、8.6%、38.6%。柞水县医院加入南京鼓楼医院集团，建成全市首家互联网医院，医院门急诊量、住院人次、年手术量同比上升 17.9%、57.6%、43.2%。

持续打造民生实事品牌。围绕民生重点领域，聚焦群众急难愁盼问题，真心实意为群众办实事、做好事、解难题，实施"宁商协作 100 件民生微实事"项目，推动"心佑工程""重塑笑颜""蓝鲸之爱""益青春支教""宁心助商"五大公益品牌落地商洛。南京医科大学第二附属医院专家团队连续四年来商洛开展先天性心脏病免费筛查，累计筛查患儿 1500 多名，帮助 100 多名困难家庭患儿到南京免费手术治疗；南京市儿童医院专家团队连续三年来商洛开展"先天性出生缺陷畸形"儿童义诊筛查，帮助 30 多名患儿到南京免费手术治疗。在江苏大众书局教育文化产业有限公司等爱心企业家、南京大学南京校友会励学公益基金汇的支持下，"蓝鲸之爱"西部支教送教联盟、南京大学"励学敦行"公益团队来商捐助爱心资金、开展送教送培、组织科普夏令营等公益活动。在南京特殊教育师范学院、南京林业大学、南京审计大学的支持下,20 多支团队近 300 名志愿者来商开展暑期夏令营、青少年心理健康训练营等寓教于乐的公益活动。一批批商洛群众的“民生小事”办成了宁商协作的“暖心大事”。

三、 宁商协作的形势任务和下步计划

中央农村工作会议指出,要持续巩固拓展脱贫攻坚成果,提升乡村产业发展水平、乡村建设水平、乡村治理水平,强化农民增收举措,推进乡村全面振兴不断取得实质性进展、阶段性成果。组织开展特色产业提升、产业集群打造、消费帮扶助农增收、劳务协作提升“四项行动”,是新时期准确把握巩固拓展脱贫攻坚成果所面临新形势新任务新要求的具体体现,是巩固拓展脱贫攻坚成果、增强脱贫地区和脱贫群众内生发展动力的有效举措,是提升东西部协作水平、深化东西部携手促振兴的重要抓手。下一步,市工作组将认真贯彻落实党中央决策部署,把“四项行动”作为宁商协作工作的重点,集聚力量资源,形成工作合力,整体协同推进。

(一) 聚焦做好“土特产”文章,抓实特色产业提升行动

围绕“强龙头、补链条、兴业态、塑品牌”,持续支持中药材、茶叶、木耳等特色产业发展精深加工、延展产业链条,对设备更新、科技研发、仓储物流、交易平台等产业升级和服务设施提升项目加大对口协作资金支持力度,助力商洛每个县区做精做强 1—2 个特色优势产业。坚持科技兴农,加大农业科技资源对接力度,在帮助品种培育、品质提升的基础上,拓展规模、形成集聚。提升农文旅融合发展水平,依托商洛生态、文化等资源优势和“22℃商洛 · 中国康养之都”品牌,加强文化赋能和旅游带动,培育乡村旅游新业态,推动研学体验、森林康养、精品民宿、庭院经济、文艺展演等与传统农业有机结合。

(二) 聚焦助推县域经济发展,抓实打造产业集群行动

深化产业园区合作共建,探索创新合作共建新模式,实现资源共用、平台共建、经验共享,为企业集聚发展提供良好环境,推动“一县一共建园区”高质量发展。继续做大做强商州区电子科技产业园、丹凤县新雨丹中药材科技产业园、洛南县宁洛产业园等一批有影响力的合作共建园区。突出强链补链延链,持续引进培育带动性强的链主企业和关键节点企业,发挥其产品辐射、技术示范、市场网络中的“领头羊”作用,推动产业链式发展、集群发展,带动县域产业转型升级。着力完善联农带农机制,推动农户、村集体、龙头企业形成稳定的利益联结及分工合作机制,把产业增值收益更多留给农民。

（三）聚焦实现产销精准对接，抓实消费帮扶助农增收行动

加快建设苏陕协作农产品基地，以商洛 19 家苏陕协作农产品基地为重点，持续共建一批种养殖基地、生产加工基地、"直采直供"基地，以市场化方式建立稳定的产销对接关系，打造一批有影响力的消费协作品牌。拓展消费帮扶渠道，组织南京农产品采购商到商洛开展产销对接，支持商洛企业参加江苏对口支援协作合作地区特色商品展、长三角供销合作名优农产品展销会等。依托南京工业职业技术大学等专业力量，帮助培训电商直播人才，开展直播带货、网络促销等活动。支持开展"体育＋消费""文化＋消费""健康＋消费"等消费协作，利用体育赛事、文化活动等，宣传推介商洛农特产品和旅游产品。

（四）聚焦稳岗就业增收，抓实劳务协作提升行动

坚持把劳务协作作为推动农村劳动力就业增收的有效途径，建好劳务协作基地，持续培育高质量劳务品牌，不断推动就业稳存量、扩增量、提质量。落实《陕西省脱贫地区零工市场建设改造提质提升促就业行动实施方案》，强化"快速对接、精准匹配、多元服务、场所支撑"功能，规范化建设零工市场，推动实现就近就地、外出输转双向便利。加强就业培训和供需对接。针对用工需求，依托职业技能培训资源，开展针对性、精细化培训，持续提升培训质量。瞄准南京需求量大的行业和领域，组织开展订单式、定向式、项目制等培训，建立长期稳定的劳务供需关系。联合开展"春风行动"系列招聘活动，精准收集和推送岗位，建立完善宁商共建、系统互通、岗位共享的劳务协作信息化平台。

作者：蒯旭光　臧扬　王成良（南京市对口帮扶商洛市工作组）

善抓风口机遇　做强产业集群

——金坛、溧阳新能源产业发展经验与启示

风口产业是指顺应社会潮流、成长性强、有巨大发展潜力的产业类型。习近平总书记在参加第十四届全国人大一次会议江苏代表团审议时强调，“在激烈的国际竞争中，我们要开辟发展新领域新赛道、塑造发展新动能新优势”。当前，科技创新、产业升级进入空前活跃期，新的产业风口不断涌现，快人一步抓住风口机遇，就有可能领跑抢占新赛道，塑造新优势。近年来，常州市金坛区、溧阳市精准把握新能源产业发展机遇，加快推进产业集群建设，2023 年两地 GDP 增速分别为 8.2% 和 9.7%，在苏南各区县中形成一道“换道领跑”的靓丽风景线。溧水区是我市先进制造业重要集聚区，根据《南京市推进产业强市行动计划（2023—2025 年）》，溧水所在的南部地区将充分发挥制造业综合配套优势及产业链比较优势，推动产业迈上中高端。溧水应充分学习借鉴金坛、溧阳发展风口产业的经验，勇于拓展新领域新赛道，闯出新路子、塑造新动能，在区域竞争格局中把握主动。

一、 金坛、溧阳新能源产业发展情况

近年来，随着国家政策大力支持、民族企业创新发展，新能源产业快速崛起。风口之下，各地积极布局、加快构建具有地方特色的新能源产业体系。金坛区、溧阳市基本在“十二五”前后开始布局新能源产业，着力打造完整的新能源汽车产业链。目前，无论在产业规模、集群态势还是头部企业、核心技术等领域，都已形成较

大的比较优势，是常州打造“引领长三角、辐射全国、全球有影响力的新能源之都”的重要支撑。

1. 强势崛起，产业总量规模持续扩大

根据《胡润中国新能源产业集聚度城市榜》，常州市在新能源投资热度集聚指数方面连续两年稳居全国第一，金坛、溧阳作为常州市新能源产业发展重点板块，在新能源汽车领域，产值总和占到常州全市近60%。2023年，金坛区新能源、新能源汽车产业实现总产值1265.45亿元，同比增长11.5%。其中，动力电池产业集群为常州市贡献了半壁江山，中创新航、蜂巢能源2家动力电池总部企业装机量入围全球前十，新能源产业入选省级中小企业特色产业集群。溧阳市规模以上新能源汽车产业产值达1016.1亿元，同比增长126.6%，动力电池产业规模实现全国县域第一，被评为“国家新型工业化产业示范地”“国家中小企业特色产业集群”“国家火炬特色产业基地”。溧水区虽然整体发展势头良好，先后创成国家火炬特色产业基地、江苏省新型工业化产业示范基地，但2023年全区新能源汽车产业产值只有520亿元，同比增长19.3%，与金坛、溧阳体量差距明显，规模总量不到溧阳市的一半。

2. 强链补链，联动发展格局逐步清晰

金坛区以建设一流的电池产业和输变电设备集聚区为目标。动力电池方面，2022年产量实现39.5GWh，其中，正负极材料产量约18.9万吨，隔膜产量约9.6亿平方米，集聚了中创新航、蜂巢能源2家总部企业，以及北电爱思特、贝特瑞、当升科技、常州锂源、恩捷股份、江苏厚生、海目星、飞荣达、中迪新材等10余家细分龙头企业，产业链企业超100家。光伏产业方面上、中、下游全产业链完整布局，集聚了东方日升、亿晶光电、正信光电、斯威克、中信博、永臻科技等一批领军企业，产能实现10GW，组件产能16.7GW。溧阳市以打造动力和储能电池高地为目标。2022年动力电池产量实现80GWh，在全国、全省和全市分别占比14.5%、38.6%和73.4%。依托波士顿电池、江苏时代、时代上汽等龙头企业，科达利、紫宸、卓高、嘉拓、联赢激光、立讯精密、震裕科技、壹连电子等60多家配套企业，集聚了涵盖正负极材料、电池隔膜、电解液、结构件、锂电设备、充电桩等完整产业链，锻造出强健的产业韧性。

3. 龙头牵引，产业支撑基础不断夯实

金坛、溧阳不仅拥有中创新航、蜂巢能源这些总部型链主企业，宁德时代、贝特瑞等国内超70%的细分领域链主企业均有设立制造基地或研发机构，这是两地新能源产业发展异军突起的关键支撑。动力电池方面，金坛中创新航依靠独特技术优势抓住了新能源汽车产业爆发式增长风口，稳居国内动力电池排行榜前三，2022

年更是凭借 20GWh 装机量位列全球第 7 位；蜂巢能源连年实现跨越式发展，2022 年蜂巢能源凭借 6.1GWh 装机量位列国内第 7 位；宁德时代于 2016 年落户溧阳，开工建设长三角动力电池生产研发基地，正式开启了溧阳动力电池产业跨越式发展的崭新篇章，先后投资 120 亿元建设江苏时代四期项目，累计在溧投资突破 500 亿元。光伏产业方面，位于金坛区的亿晶光电，主营业务为高效晶体硅太阳能电池、组件的生产和销售，2022 年累计出货量达 28GW，实现营业收入 100.23 亿元，自主研发并上市了“极光 Pro”光伏组件系列产品。

4. 创新驱动，核心技术研发快速迭代

习近平总书记指出：“具有自主知识产权的核心技术，是企业的‘命门’所在。”在大力推动新能源制造业高质量发展过程中，金坛、溧阳持续优化政策、加强扶持，依托龙头企业和科研机构加大创新研发投入。溧阳高新区与中科院物理所相继共建天目湖先进储能技术研究院和长三角物理研究中心，围绕“方形电池激光焊接工艺、设备及检测智能制造关键技术开发”“10MW 及以上大功率海上风电齿轮箱组件成形技术”等 6 个项目实施“揭榜挂帅”。金坛区全力支持企业作为创新主体，江苏时代在高比能、高功率密度、超短快充、超长循环寿命等储能关键核心技术研发及应用领域持续投入，常州市首个动力及储能电池产业领域的高价值专利培育项目，于今年初在江苏时代正式启动。金坛蜂巢能源在无钴电池、果冻电池、高速叠片工艺等方向新技术、新工艺、新产品迭代推出，累计申请各项专利超过 4000 项。

二、 金坛、溧阳发展新能源产业的先进经验

溧水与金坛、溧阳在经济区位、发展基础等方面条件相当，三地新能源产业也几乎同时起步，历经十年发展，溧水新能源产业发展氛围与金坛、溧阳存在着较大差距。探究背后深层次原因，金坛、溧阳主要牢牢把握了五个“力”。

1. 具有敏锐出击、抢抓“风口”的眼力

勇于转变思路，实现弯道超车。2014 年，金坛从全球新能源汽车产业的快速崛起中敏锐发现动力电池的巨大前景，一次性投入 28 亿元引进中航锂离子动力电池项目。新能源汽车产业链涉及整车、电池、零部件、充换电等多个环节，对一二线城市资源依赖性不强。金坛用更优的政策扶持、更灵活的决策机制，抓住了风口，赢得了先机。科学评判决策，提升风险判断力。发迹于河南省洛阳市的中航锂电，当年面临巨亏，将母公司成飞集成拖入退市警告，急需输血。中航锂电同时向洛阳市政府和常州市政府提出请求，洛阳市政府始终举棋不定，而金坛却没有踌躇犹豫。他们组织专业团队、聘请新能源领域专家，对中航锂电的经营状况及新能源电

池产业进行深入的论证，最后果断抄底。整个重组过程一气呵成，彰显了敏锐的风口判断能力和果敢的战略执行能力。着眼集链成群，避免孤岛效应。常州以建设新能源之都为目标，目前已形成“发储送用”新能源全链条产业集群，无论是招商引资，还是规划部署都考虑是否围绕产业链、围绕现代产业集群，在供应链、销售链、产业链配套中都绘出完整的产业链地。金坛、溧阳在发展新能源产业过程中，也都是以头部企业为牵引，围绕新能源产业逐步布局产业链、最后形成整个生态圈，实现以龙头企业强基，以产业集群聚势。

2. 具有勇于改革、创新机制的魄力

全心全意优化营商环境。2016 年，溧阳与宁德时代洽谈动力电池项目初期，溧阳市政府组织部门与招商人员，指导企业做好报建前期准备工作，提高项目落地速度。2021 年溧阳高新区在全省率先实质性开展企业投资项目“信用承诺制”改革，探索“拿地即开工”审批模式，平均实际节省开工时间 70 个工作日，为项目建设、企业发展营造最优营商环境。容缺受理提升办事效率。2020 年，江苏时代在溧阳投资建设四期项目。面对疫情频发等诸多不利因素，溧阳市政府急速提升企业开办服务效率，对材料齐全、符合法定形式的当场受理，对于非关键性申请材料有欠缺或存在瑕疵的，实行容缺受理，最大限度地压缩办理时间。百亿元重大项目，从项目签约到首批产品下线仅用 363 天，实现“当年开工，当年投产”，成为溧阳企业服务高效的生动缩影。大刀阔斧推动企业改革。2018 年，面对巨额亏损的中航锂电，金坛区政府顶住巨大压力，组建专业团队反复论证，最后，金坛国资制定了详细的重组方案并直接与中航工业集团敲定细节，以迅雷之势完成子母公司身份调转，将中航锂电从一家洛阳的央企子公司变为金坛地方国有企业，并聘选具备改革精神的人才担任职业经理人，最大程度激发了组织和个体的创造力和积极性。

3. 具有娴熟运作、善用资本的能力

金坛、溧阳比较成熟的投融资模式，主要是聚焦产业链关键环节重点企业，通过国有资本投入，带动社会资本进入，待项目成熟后，国有资本以市场化方式安全退出，转投其他产业项目，不断延伸拓展地方产业链条。积极发挥政府资本引领作用。2019 年以来，金坛区政府控股的金坛投资集团下属子公司先后投资了超过 10 家新能源产业链公司，还参投了智能装备、新材料、生物医药等领域的科创公司。以中航锂电为例，企业落户金坛时注册资本是 40 亿元，金坛区政府占 7 成。此后，政府通过各种手段持续作价增资，累计投入超过 50 亿元；同时，允许企业将知识产权等无形资产作价评估，大幅减少了企业实际出资金额。溧阳市发挥平陵集团、苏控集团等国有投资平台引领作用，以溧阳市主导产业为重点开展投资，利用股权投资“以投促引”优势，打造覆盖种子期、成长期和成熟期的全生命周期投融资服务。持续放大社会资本杠杆效应。当前金坛区共有私募基金 25 只，其中 19 只都是 2019 年之后成立的，越来越多的 VC、PE 落地金坛，投资新能源等风口产业。2021 年，金坛区全力引进各类基金上市公司持股平台，共吸引创投企业 150 多家、管理资金规模超 150 亿元，全年新增股权融资达 339 亿元。2022 年，金坛与多家银行就新能源产业发展签订 350 亿元战略合作协议，市级银行为动力电池产业链企业签约授信近 150 亿元。通过高度市场化的投融资推动产业健康持续发展。

4. 具有坚定扶持、陪跑企业的定力

“软硬兼施”是溧阳和金坛做强风口产业、培育出“天目先导”等独角兽企业的关键。提供优质高效“软服务”。溧阳市强化“招工引匠”，与江苏时代共同多次赴外地开展劳务对接，深入近百个村开展“点对点、面对面”宣传招聘，共同应对企业招工难问题。常州市将中航锂电作为市级招商引资重点企业纳入白名单，要求各相关部门在涉企事项办理上开辟绿色通道，全力做好服务。中航锂电合肥生产基地所在地的长丰县政府主要负责同志坚持每周到项目现场办公，当场解决保障问题，推动项目快速落地。做实政策扶持“硬支撑”。在惠企政策落实上，常州市允诺中航锂电江苏基地的优惠政策没有因企业的持续亏损而打折扣，全部足额落实到位，给予企业充分的信任和耐心。溧阳市政府一路大力支持“天目先导”企业成长，2020 年天目先导被评为潜在独角兽企业时，溧阳税务局主动提醒并辅导填写税费优惠申报，使其及时享受研发费用加计扣除 946.9 万元，这不仅是企业实实在在获得的优惠，更是政府支持企业、陪伴企业的真心体现。

5. 具有深挖人才、依靠人才的活力

加强重大平台对接。围绕新能源、新材料产业，积极与国内知名科研院所对接合作，引进中科院物理所长三角研究中心、天目湖先进储能技术研究院、毛明院士工作站等重大科创平台 13 家，其中省级新型研发机构 4 家，积极开展锂电池领域关键材料、下一代电池等技术的研发与项目培育，逐步构建起创新驱动发展的“强磁场”。广泛汇聚科研人才。金坛深入实施“金沙英才计划”，构建高层次人才综合服务体系，推动新能源领域产才融合、校地融合。溧阳持续实施“天目湖英才榜”三年行动计划，开发“溧阳人才卡”，推动人才服务精细化。目前新能源动力电池产业集聚了产业链专业人才近 2 万人，天目湖储能院成功获批 10 项国家级、省部级的科研项目，形成人才引领产业、产业集聚人才的良性循环。鼓励倡导乡贤招商。溧阳市充分发挥乡贤资源和能力优势，连续举办溧商大会，表彰“招商引资功臣”“回乡创业功臣”，积极鼓励吸引广大溧阳籍人士为溧阳招商牵线搭桥、献计献策、回乡投资创业。实施“乡情守护”计划，营造全社会招商、引商、亲商的良好氛围，为溧阳新能源、新材料产业招商引资汇聚乡贤力量。

三、 溧水区发展风口产业存在的问题

除常州以外，近年来杭州、武汉、合肥等城市，也通过抢抓数字经济、集成电路、新型显示等风口产业，推动资源要素向风口产业流动，实现跨越赶超。溧水虽然早早抓住了新能源发展的风口导向，但在扶持产业成长方面缺乏完善的战术体系，导致在新能源等风口产业发展上“起个大早、赶个晚集”。

1. 谋划意识超前，但市场研判不及时，市场主体存在“多而不强”的风险

2011 年，溧水瞄准新能源汽车领域，围绕整车龙头企业、关键核心零部件技术、新能源汽车服务市场三大重点领域，谋划打造新能源汽车全产业链。2013 年，溧水将新能源汽车作为全区第一产业重点培育，坚持做强新能源汽车产业，先后引入比亚迪、金龙、长安等整车制造企业，新能源汽车产业快速崛起，成为省级新能源汽车产业基地。但是，比亚迪、金龙(开沃)、恒天等在溧生产基地，都以生产电动公交车、卡车、工程车等专用车型为主，溧水全心全意聚焦商用车赛道，对即将爆发的乘用车市场缺少预判和准备。2017 年，国家对新能源汽车补贴政策大幅调整，商用车补贴大幅下降，三元电池逐渐成为动力电池发展主流，国内比亚迪、蔚来、理想、小鹏等新势力新能源乘用车迅速崛起，与之配套的动力电池、智能网联等产业步入蓬勃发展期。例如金坛等地区，围绕百亿规模的中创新航、蜂巢能源的大项目，带动小精尖项目，集群发展、串珠成链，一举成为特色鲜明的主导产业。由于错失了转向乘用车赛道的最佳时机，溧水新能源产业虽然起步早，拥有 5 家整车企业和 200 多家核心零部件企业，却没有在新一片蓝海中占得先机。2021 年，比亚迪工厂将整车制造的产能转移至合肥，溧水更加丧失了龙头企业的引领带动，缺乏绝对主流的新能源整车品牌。2022 年，溧水长安汽车整车生产 8 万辆，开沃整车生产 1.5 万辆，零部件龙头企业也是普遍缺乏，对下游产业链的需求带动影响不足。

2. 集群初具雏形，但内部关联不紧密，产业链条存在“咬合不紧”的风险

引领市场的“链主”企业，跟随配套的小微企业，一条链一串企业共同创造风口产业价值最大化。溧水区风口产业发展中存在两个问题：一方面，产业链存在缺口。产业链在本地的根植性不强。比如在新能源汽车核心零部件研发和生产上，缺少拥有电机、电控领域核心技术的领军企业，与国际先进水平存在较大差距；整车研发方面，目前仅有金龙一家集整车研发生产为一体的总部企业，其他整车企业多数为国内集团全国布点的生产基地，缺少整车研发能力和研发环节。这导致产

业链整体抗风险能力不足，如何将风口产业的产业链的优势转化为稳定的价值链，是今后需要思考和解决的问题。另一方面，链条协调发展不足。目前，溧水新能源汽车产业链共拥有规上企业 177 家。以长安、开沃两家整车企业采购的核心部件为例：长安 A158 采购厦门宁德、南京国轩、常州中航的电池，浙江双林的电机，珠海英博尔的电控；长安 C673 采购厦门宁德的电池，常州中航的电芯、重庆长安的电机和电控；创维汽车采购赣州孚能的电池、深圳比亚迪的电机、深圳威迈斯的电控。各大企业均处于独立发展状态，从整装到零部件未能形成相互促进循环发展的正向产业生态，致使全区新能源产业发展整合度、关联度不高，发展质量未形成质的飞跃。

3. *政府资本主导，但投融成效不显著，项目培育存在"动力不足"的风险*

金融是支撑实体经济的源头活水，目前溧水产业投融资主要存在三方面问题。一是政府基金投资规模偏小。金坛、溧阳政府产业投资母基金都在 100 亿元左右，其中溧阳市政府基金投资总额已达 87.6 亿元。2019 年 1 月，溧水区设立区级产业发展引导基金、规模 10 亿元，委托南京溧水高新技术产业投资有限公司实体化运作，目前投资区内企业仅为 3 家，投资额 0.6 亿元，投资区外企业 42 家，投资额 7.75 亿元。无论是基金大盘规模和还是企业投资规模都较小，相对动辄投资上百亿的新能源企业来讲吸引力不大，对产业发展撬动作用有限。二是对本土风口产业扶持力度不足。找准产业链关键环节，细分领域集中投入是产业投资的关键。溧阳市政府投资基金深耕新能源领域，投资蓝固新能源、复阳固态等相关产业项目 161 个。目前，溧水产业发展基金主要投资方向集中在人工智能、半导体、新材料、高端智能制造等领域，投资领域分散，且与主导产业方向并不十分一致，专注产业链投资的意图不明显，极易造成新能源等风口产业发展空间不足。三是社会投资不足。合肥充分发挥国有资本杠杆作用，形成总规模超过 1 千亿元的基金丛林，带动社会投资近 4 千亿元。金坛全力引进各类基金上市公司持股平台，2021 年共吸引创投企业 150 多家，管理资金规模超 150 亿元，全年新增股权融资达 339 亿元。相比之下，溧水主要依靠政府基金引导，在股权投资领域撬动社会资本仅 5 亿元左右，社会投资尤其是针对风口产业的优质产业基金投入不足，既影响了产业发展的总体活力，又易造成企业融资成本大量转嫁到政府身上，形成债务负担。

4. *主导方向明晰，但支撑政策仍缺乏，发展前景存在"滑坡退位"的风险*

风口产业大多属于高新技术企业、高成长性企业，成长过程中往往面临市场形势波动，需要政府从资金、用地、用能等方面给予更大支持。今年以来，特斯拉、比亚迪等新能源汽车头部企业带头降价，其他造车新势力企业面临极大压力；电池领域，宁德时代、LG、中创新航、国轩高科等前几年加速布局的电池厂，目前也迎来产业释放期，价格战加剧形成。为继续抓牢产业风口，今年初常州市出台《常州市推进新能源之都建设政策措施》，提出“到 2025 年新能源产业规模、资本市场市值均超万亿元”的目标，对 500 强新能源领域企业给予最高 3000 万元奖励，对获得立项的重大产业平台给予最高配套支持 1 亿元，政策扶持力度空前。西安市在连续出台《西安市汽车产业链发展推进方案》《关于加快推动新能源汽车产业高质量发展的实施意见》《西安市乘用车(新能源)产业链提升方案》等系列政策后，今年初又出台《西安市支持新能源汽车扩大生产促进消费若干措施》，从生产支持、消费支持等多方面给予政策优惠。2023 年 6 月 2 日，国务院常务会议研究促进新能源汽车产业高质量发展的政策措施，为新能源汽车下一阶段发展指明了方向。对溧水而言，虽然一直以全区之力重点推动新能源汽车产业发展，把打造新能源汽车这个千亿级产业作为全区“1＋3”先进制造业集群之首，但近年始终未出台专门支持新能源产业的综合性政策文件。特别是在目前新能源汽车市场预期面临较大波动的时期，如果没有强有力的支持政策出台，为南京、溧水的新能源企业注入强心针，未来新能源产业发展与常州、西安等地区差距可能会进一步拉大。

四、 对溧水培育发展风口产业的建议

面对新一轮区域经济版图重构，传统产业转型发展势在必行，只有抢抓产业发展风口，做大做强风口产业，才能在区域竞争中赢得主动。溧水发展风口产业，要坚持把抢抓风口与夯实现有产业基础相结合，精准制定产业政策，让新兴的风口产业进得来，让冒尖的风口产业立得稳，让传统产业在“迎风”转型中长得快。

（一）聚焦本地欠缺、未来急需的风口产业，积极创造条件，推动“无中生有”

新的产业风口不断涌现，敏锐抓住最新产业机遇才是应对未来竞争的制胜招数。对内而言，溧水需进一步明确未来产业发展方向，营造更加坚定的“四敢”氛围；对外而言，溧水需要以最优的营商环境，赢得市场主体的主动响应。

1. 加快布局产业新赛道

结合全市对未来产业发展的总体布局，建议溧水在当前新能源汽车产业发展基础上，瞄准氢能、储能、智能网联三大方向，加速布局新能源产业大生态，在招商引资时密切跟踪行业发展态势和相关企业、项目。氢能方面，近年来，欧洲和日本在氢能领域发展迅猛，全面推动氢能利用系统转型。锂电池发展终将面临资源天花板，氢能汽车产业面临巨大发展空间，目前，溧水在制氢、氢燃料电池、整车应用等方面都有一定基础。应加快步伐，积极支持相关企业入驻，促进氢能燃料电池技

术链、氢燃料电池汽车产业链等发展，加速发展绿氢制取、储运和应用等氢能产业链技术装备，完善氢能的产储运基础设施。储能方面，新型储能是催生能源工业新业态的突破口，特斯拉储能超级工厂今年落户上海，广东今年也出台推动新型储能产品发展的政策文件，拟将新型储能打造成为“制造业当家”的战略性支柱产业。溧水可以重点在开发安全高效的储能集成系统上寻求突破，积极引入新兴储能企业，前瞻布局储能产业。智能网联方面，南京是国家智慧城市基础设施与智能网联汽车协同发展试点城市，溧水可以把智能网联技术作为“超车赛道”发力突破，鼓励开沃、比亚迪、长安等龙头企业在溧水拓展智能化、网联化发展方向，增强 L4 级以上无人驾驶技术研发。同时，围绕新一代电子电气架构、域控制器、大算力计算芯片、激光雷达等领域前瞻布局头部产业链企业，提升未来竞争力。

2. 实现营商环境新突破

保持“凡是符合高质量发展方向的，再好的资源都舍得倾情投入；凡是期待与溧水共同成长的，再久的时间都愿意长情陪伴”的心态导向。推动放权更加到位。近年来溧水深化“放管服”改革成效显著，但仍有企业反映，办事过程中存在没有写进文件里的、模糊性的隐形壁垒。应最大限度减少行政手段干预，降低政策流程的不清晰，让企业明明白白办事。推动流程更加精简。坚持用户思维、集成思维，推进流程再造，更大力度减环节、减材料、减时间。聚焦提升“1120”“一件事一次办”等领域，对部分高频事项加快实现“秒批”，实现全市通办、全省通办、跨省通办的事项，在溧水都能办。推动更多“带方案挂牌”出让项目，实现“拿地即开工、投产即达效”。推动监管更加精准。注重综合监管的协同性、协调性，通过数字化手段，推动部门之间系统集成、资源共享、业务协同，实现监管的信息共享、流程衔接、结果互认，避免多头监管、重复监管、监管盲区等问题。推动服务更加专业。合肥提出“打造政府合伙人计划”广受好评，依靠政府人员专业化服务能力，以及对行业现状、趋势、愿景具备的精准了解，为企业发展提出好的意见建议。溧水应努力学习经验，当好企业的“金牌店小二”，做到“无事不扰、有求必应”，同时用好第三方专业性服务机构，打造高质量的产业服务体系。

3. 推动干部能力新提升

提升“抢机遇”的意识。新一轮科技和产业变革对领导干部抢抓机遇的能力提出了更高要求。溧水应积极抢抓国家战略叠加实施的机遇，把一批重大项目、重大工程、重大平台纳入长三角一体化、沿沪宁产业创新带、宁杭生态经济带等战略中。抢抓临空经济示范区建设国际开放枢纽的机遇，做强大智造、大会展、大消费，共试共享一批创新成果。提升“争项目”的劲头。针对优质风口项目增强招引，做到“项目到南京，首选到溧水”，特别是对投资规模大、产业层次高、创新能力强、带动潜力足的旗舰型项目，保持“不达目的不罢休”的韧劲。提升招商对接能力，深入了解产业链条、政策法规，搞清企业的市场取向、资源取向、产业生态取向，善于用专业话语体系、谈判技巧与招引对象有效沟通，不断提升招商引资精准度。提升“敢担当”的魄力。建议溧水大力弘扬、深入落实“四敢”精神，政府部门增加在产业、金融、科技、企业经营等多方面的专业知识，把准产业发展的客观规律、主攻方向和关键抓手。要通过鲜明的用人导向、科学的激励导向、正确的执纪导向，营造干事创业的良好氛围，建立容错纠错免责机制和追责问责机制，将改革创新中的失误、错误与明知故犯的违纪违法行为区别对待。

（二）聚焦有一定基础、前景广阔的风口产业，加大扶持力度，推动“有中培优”

优质市场主体是发展风口产业的基石，溧水必须加快完善市场主体梯次培育机制，特别是做大做强高成长、潜力型后备企业力量集群，厚植新赛道培育优势。

1. 抓好政策支持，壮大市场主体

健全孵化育成体系。加强中小企业育苗，按产业链组织中小企业与大企业对接，引导大企业向中小企业开放品牌、设计研发能力、仪器设备、试验场地等各类资源要素，助力中小企业融入产业链。完善高新技术企业库，实行建库培育、对标培育、有效培育，推进“小升高”“规升高”。深入实施企业上市“宁航行动”计划，发挥平台机构作用开展“多对一”上市精准服务，推动科技型高成长企业上市融资，形成高成长、潜力型后备企业力量集群。引导产权制度改革。鼓励和引导民营企业积极推进多元产权制度改革、现代法人治理机制改革、经营管理制度改革，建立健全现代企业制度。深化国有企业混合所有制改革，围绕壮大风口产业，强化与民营企业的股权投资合作，以股权融资、租赁融资等方式引入外部资本。加大重视优秀民营企业家的培育，大力宣传获奖企业家的典型事迹，弘扬企业家精神。陪伴企业共同成长。2007 年，合肥拿出全市 1/3 的财政收入投资行业发展并不明晰的京东方，2019 年，拿出 100 亿元投资风雨飘摇的蔚来汽车……合肥领跑新赛道的发展模式，靠的是政府陪伴企业共同进退的决心。加快构建亲清统一的新型政商关系，建立完善重大产业项目从签约到达产的全流程服务机制，主动作为、靠前服务。在企业发展顺风顺水时，当好服务保障的“店小二”；当企业爬坡过坎、经营有难时，坚定信念上下一心、雪中送炭。

2. 抓好资本运作，助力无忧成长

建议溧水充分发挥财政资金引导和杠杆作用，找准产业风口、把握投资机会、优化投资决策制度、打通服务通道，助力产业集群式、规模式发展。完善政府资金引领投资的机制。突出专业管理和市场运作，着力打造懂产业、通政策、熟悉市场、擅长谈判、精于资本运作的“政府投行队伍”。同时，积极引入市场化专业机构共同组建基金管理团队，创新竞争性和规范化的基金管理机制，提高资金使用效率。突出溧水产业发展引导基金“以投带引”的作用，尤其对高成长性企业，增强政府资金在相对较长的时间内陪伴企业成长的定力。建立国资市场化安全退出和监管机制。完善社会资本撬动产业发展的机制。发挥好政府资金的杠杆作用，加强与市场化投融资机构合作，积极引进社会资本参与项目建设。根据风口企业不同发展阶段的融资需求，通过“引导基金＋天使基金”扶持初创期企业，通过“引导基金＋市场化基金＋投贷联动”扶持快速成长期企业，通过发行企业债券、推动上市融资扶持成熟壮大期企业。完善投融资科学决策的机制。组建产业发展协会，加强对溧水产业发展的整体统筹，研究确定产业发展投资方向等战略规划，建立健全重点产业链链长制、产业扶持政策体系、政府资金投入管理办法、人才培育计划等一揽子政策措施和尽可能细化的操作程序。着力构建政府、专家、市场共同参与的投资项目论证和决策机制。完善重点项目跟进机制，定期开展项目评估和绩效评价。

3. 抓好人才集聚，增强发展动力

激发“高、海、苏、军”人才活力。充分挖掘南京“高、海、苏、军”四类人才资源。发挥高校和大院大所对高端人才牵引作用，深入实施“百校对接”计划，探索“校友经济”在溧水的实践方式。深化实施海外高层次人才及项目引进计划。弘扬新时代“苏商”精神，激励企业家创新创造，为溧水发展建言献策。支持军工单位与溧水新研机构、企业等开展技术协同攻关和成果转化。活化多元引才渠道。学习深圳市面向中央金融机构“海选”人才任行政区金融副区长、合肥市聘请知名企业家招商等城市经验，在目前“科技镇长团”等工作基础上，扩展领域、扩宽对象，通过面向全国引进聘任制公务员、高层次人才、企业家等形式，为各街镇、开发区配备懂科创、产业、金融运作的工作成员，提升产业招商和资本运作能力。优化宜居宜业环境。针对企业反映溧水综合配套不足，留不住人才的问题，大力推动产城融合，统筹布局蓝领公寓、购物中心、文化休闲中心等生活配套服务，提升人口集聚服务能力。分阶段、分区域推进现有道路基础设施改造，重点推进园区道路提升和危化品集中存储库、工业污水处理厂建设，进一步提高园区承载力。

（三）聚焦基础坚实、符合方向的风口产业，加快集链成群，推动“由优转强”

产业高质量发展，打造创新型产业集群尤为重要。溧水区当前的主导产业中，新能源汽车、智能装备、新医药产业都是前景广阔的风口产业，需要延长链条，做出特色。同时，机车配件、机电制造等传统产业也具有转型升级的巨大空间。

1. 促进传统产业"迎风"转型升级

20 世纪 80 年代，溧水农用车、活塞环、日光灯、碳酸锶、苎麻制品"五朵金花"产业享誉大江南北。当下，溧水传统产业仍大有可为，应重点延长产业链、提升产品附加值，打造"新时代金花"。装备制造方面，聚焦信息化、集成化、智能化方向，依托传仕重工、高崎、川钿等机电企业，在高端电机、模具设计制造、电气控制系统等领域加强技术研发，推动传统机床制造向数控机床高端零部件和整机制造转型。机车配件方面，不但着重考虑新能源汽车在区内的产业链配套发展，还要依托中兴轨道、中盛铁路等轨道交通企业，瞄准车辆转向系统、制动系统、信号系统、电气系统等关键零部件领域，加快重大技术装备创新，向高附加值核心环节延伸。消费电子方面，在传统家用电子产品生产基础上，对标小米生态链和阿里智能等互联网家电平台，加快产品智能化升级和智能设备应用场景建设，着力提升智能感知、智能响应等技术的融合应用，满足消费群体的个性化需求。健康食品制造方面，升级农产品生产、初加工等低端产业，依托国家级农高区，做强健康食品应用创新，聚焦食品营养与健康调控、食品新资源生物合成、食品增材制造与装备等方向，着力发展智慧化健康中央工业厨房、特殊需求健康食品加工、食品智慧加工等业态。

2. 推动创新资源向风口产业集聚

大范围鼓励企业创新。区级层面，鼓励企业建设"三站三中心"(博士后科研工作站、院士工作站、研究生工作站、工程技术研究中心、企业技术中心、工程研究中心)建设。对既有风口产业，支持相关企业与科研机构、高等院校共建新型研发机构，支持龙头企业提升全产业链专业化协作和配套水平，将区内有条件的科技型中小企业纳入供应链管理。强力度突破核心技术。新能源汽车领域，全力在"三电"技术上寻求突破，持续提升车辆管理系统(VMS)、发动机控制系统(EMS)、动力电池管理系统(BMS)电控技术，注重供应链本地化。智能家居领域，重点突破传感器、新型显示等核心技术，积极向语音识别、语音理解、动作识别，甚至脑电波识别等新领域拓展。新医药领域，重点突破抗体药物、重组蛋白质药物、生物疫苗等生物药，加快发展远程医疗系统和健康管理信息系统。深层次健全创新机制。以市级层面为主体，努力深化科技体制改革，打通科技体制机制"梗阻"、补齐科技政策制度短板。围绕进一步发挥高校和科研院所创新积极性，支持高校院所深化运行管理、科研管理和人事薪酬管理机制改革，与企业、协会合作建设新型研发机构，引进专业化技术转移机构，加速科技成果就地就近转化。围绕调动创新人才创新积极性，深化科技成果所有权、处置权和收益权"三权分置"改革，让创新人才得到更多真金白银的回报。

3. 发挥产业园区集约发展优势

强化产业运营合作。新时代的园区发展正逐渐步入“运营为王”的时代，上海、深圳、武汉、郑州等城市纷纷深化政府与产业运营商的合作，持续增强产业投资孵化能力。溧水可以主动改变由政府建设产业园区、直接面向企业招商引资的传统模式，推广引入产业运营商，在做好产业园区硬件建设和配套服务的基础上，推动产业运营商制定风口产业发展规划和实施方案，紧盯产业链发展图谱对接引进产业发展资源，为企业提供优质专业服务，共同助推风口产业发展。强化补链引链升级。依托溧水经开区做大做强新能源产业，重点围绕长安的核心零部件、金龙的智能网联布局、比亚迪弗迪动力板块产业的招引、龙蟠的氢能源布局等方向补链强链延链。建立以新能源汽车中下游产业链系统集成供应商为核心，带动上游中小型供应商技术创新，促进整车和零部件企业专业化生产。强化发展要素保障。针对调研过程中企业普遍反映的空间发展资源不足、生活配套不足等问题，加大保障力度。建议从市级层面统筹土地指标，优先保障大项目、好项目。大力度逐宗推进低效存量用地、闲置厂房的盘活，在建设用地上多做留白，进一步释放优质产业发展空间，同时也为招引百亿工厂、“超级工厂”储备空间。加强能耗总量弹性调控，优先满足国家级集群重大产业项目环境容量指标需求，强化高能效优质项目能耗要素保障。

作者：赵晨　晁先锋　秦颖　施渊　鞠鹏　徐荣荣（南京市发展和改革委员会）

从空间协同规划迈向国土空间规划：南京都市圈规划实践探索

培育发展现代化都市圈是深入落实党的二十大报告提出的区域协调发展战略、新型城镇化战略的重要举措。《全国国土空间规划纲要（2021—2035 年）》提出，加强空间资源统筹协调，推进城市群、都市圈一体化布局。2024 年 1 月，自然资源部正式启动《长三角国土空间规划》编制工作，提出构建“1＋（1＋N）＋X”（1 个长三角国土空间规划、1 个上海大都市圈国土空间规划、N 个都市圈国土空间规划、X 个重点地区或重点行动）国土空间规划成果体系。在此背景下，落实区域协调发展战略和长三角高质量一体化发展战略，抓住《长三角国土空间规划》和“十五五”规划编制契机，以南京都市圈各城市国土空间总体规划为基础，以《南京都市圈国土空间规划》编制为切入点，总结既行规划协同成效，剖析存在的问题，明晰规划思路，围绕重点领域和关键环节提出相应的对策建议，进一步提升南京都市圈在长三角国土空间格局中的地位，进一步凸显其在长三角高质量一体化发展中的先行示范作用。

一、 南京都市圈协同发展现状概况

（一）协同历程

南京都市圈地处长三角中心区域，横跨苏皖两省，总面积约 6.6 万平方千米，涵盖 60 个县级行政单元，山水人文凸显、多元文化交融。南京都市圈的协同发展历程可以追溯至改革开放初期，是全国最早提出的都市圈之一。20 世纪 80 年代，南京都市圈与厦漳泉（闽南金三角）、徐州都市圈（淮海经济区）等同期开展跨区域协调；2002 年，指导南京都市圈协同发展的首个规划——《南京都市圈规划（2002—2020）》获江苏省人民政府批复实施，展开了南京都市圈协同规划建设的宏大蓝图；2015 年，《南京都市圈城乡空间协同规划》（以下简称“《协同规划》”）获都市圈八市人民政府共同批复实施，在规划工作机制创新、规划体系优化、区域协同路径探索等方面取得显著成效；2021 年，《南京都市圈发展规划》获国家发改委批复实施，明确了都市圈的定位目标、空间格局；2023 年，开展《南京都市圈空间协同规划研究》，对《协同规划》实施情况进行评估，并继续探索在国家区域战略要求和国土空间规划体系框架下的区域层面的国土空间规划新路径、新方法，为编制有用、好用、管用的《南京都市圈国土空间规划》（以下简称“《空间规划》”）奠定基础。

（二）协同成效

2023 年，通过对都市圈协同发展情况展开现状调研，摸清了各城市协同现状特征和协同发展诉求，进而开展《协同规划》实施评估工作，总结协同成效。

1. 创新区域协调工作机制

都市圈各城市自下而上、自发联合成立了“南京都市圈城市发展联盟”，构建“决策、协调、执行”三级运作机制，在执行层设城乡规划专业协调委员会，协调都市圈空间规划协同日常事务。都市圈各城市成立若干跨界地区规划专业协调小组，负责相关跨界地区的规划协调工作，推进规划实施和区域共治。此外，南京都市圈还创新建立了多层次联席会议制度，在区域跨界生态空间联防联治及公共服务、基础设施和产业园区共建共享等方面探索提出多项创新举措，不断加强都市圈协同发展的机制体制创新。

2. 完善都市圈规划体系

《协同规划》在城乡规划的大背景下，充分对接、协调各城市总体规划为协同基础，构建了“1＋1＋2＋X”的空间规划成果体系（“1”为空间协同规划，“1”为区域空间协调技术准则，“2”为综合交通协调、城乡空间协调 2 个空间对接规划，“X”为跨界地区发展协调规划），成为指导区域协调发展和相邻城市规划协同的重要依据。其中，跨界地区发展协调规划有效地指导了各跨界地区控制性详细规划的编制，在生态共保、设施共建共享等领域充分发挥了协调作用。

3. 探索区域协同发展路径

《协同规划》提出了都市圈各区县开发强度控制要求，90％以上的区县未超出控制引导上限，土地资源实现节约集约利用；引导了各地区用地结构优化，各类引

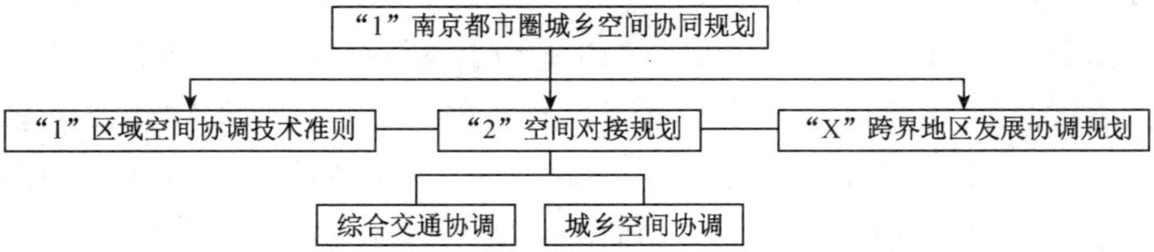

图1 《协同规划》成果体系示意图

导要求实施率达到84%，居住、制造业、服务业等各类用地得到合理配置；加强了区域结构性生态空间保护和治理，跨区域生态空间共保联治取得初步成效，例如，长江沿江各城市结合岸线整治进行生态复绿补绿增绿，沿江湿地资源保护修复和自然保护地建设力度不断加强，长江区域生态廊道协同保护成效显著；推进了跨区域供水、供电、污水和垃圾处理等基础设施的共建共享，例如，扬镇毗邻地区深入合作，保障镇江市新民洲、高桥镇生活用水和新民洲用电、供气及污水处理、生活垃圾处置等需求；加快推动了交通一体化建设，宁句城际已建成通车，宁马城际、宁滁城际等正在加快推进，“轨道上的都市圈”初见雏形；深入推进了“宁镇扬”“宁马滁”同城化片区对接与协调及跨界一体化示范区规划研究工作。目前，南京都市圈初步呈现“北部粮仓、南部林网、中部城镇”特色空间格局。

（三）存在问题

国家区域发展战略已作出深刻调整，国土空间规划体系也发生重大变革，《协同规划》部分内容与新战略、新要求存在不适应、不衔接的问题。同时，受制于行政壁垒的客观存在，区域空间协同发展也逐步凸显出一些亟待解决的现实问题。

1. 规划内容不契合国土空间规划体系

一是空间功能分区不匹配。在主体功能区战略融入国土空间规划体系的背景下，都市圈国土空间规划需要落实并细化国家及相关省（市）主体功能区相关要求，在区域层面划定主体功能定位，进而划分政策分区，确定协调与管控的导向，《协同规划》确定的空间功能分区策略与新要求不匹配。二是边界管制要求不衔接。当前各城市国土空间规划已在各自行政区范围内划定“三区三线”[①]，对区域空间进行合理管控，《协同规划》提出用开发强度作为区域空间功能管控指标，且除了生态红线以外，未考虑其他控制线的管控要求，与国土空间规划体系要求不相适应。三是空间布局引导不健全。都市圈国土空间规划需要综合考虑人口分布、经济布局、

① “三区”是指城镇空间、农业空间、生态空间三种类型的国土空间；“三线”分别对应在城镇空间、农业空间、生态空间划定的城镇开发边界、永久基本农田、生态保护红线三条控制线。

国土利用、生态环境保护等因素，科学布局“生产空间、生活空间、生态空间”，促进区域协调和城乡融合发展。《协同规划》在产业空间布局、乡村空间布局引导方面的引导不健全，与国土空间规划强调全域全要素统筹治理的理念不相符。

2. 跨区域生态空间共保联治障碍凸显

一是部分跨界生态空间的保护类型、级别不一致。例如，由于苏皖两省在管控要求和政策支持等众多方面存在差异，地方层面的协调力度布局，石臼湖南京片划定为省级湿地公园，而马鞍山片则划定为省级自然保护区，致使湖体水质跨省协调较为困难。二是部分跨界水体保护标准不统筹。例如，天目湖流域在安徽境内排放标准为Ⅲ、Ⅳ类水，江苏境内排放标准则为Ⅱ、Ⅲ类水，造成江苏部分城市需要增加额外的治理成本；南京境内九乡河、七乡河等入江支流水质达标，但镇江便民河、高资河等跨界河流尚存在轻度污染。三是部分跨界生态空间管制要求及开发利用诉求存在较大差异。例如，白马湖淮安片区已建设环湖道路且在临湖区域发展生态产业，白马湖扬州宝应片区的环湖道路尚未修建且在临湖区域发展电力等工业产业，对片区生态环境保护造成一定的负面影响。

3. 跨区域综合交通体系尚不完善

一是轨道交通建设有待协同。部分方向的城际交通供给失衡，例如，宁镇之间高铁运力不足且缺少城际快速交通，难以满足出行需求；部分城际交通建设时序不一致，例如，宁滁城际线滁州段已建成，南京段由于对接不充分尚未开建。二是道路交通网络有待完善。部分跨界地区存在“瓶颈路”“断头路”，例如，受建设用地指标和用地征迁等因素影响，宁镇间跨界道路经天路与狮子山路、广志路与牡丹路尚未连通（见图 2）；部分跨界道路建设对接不充分、时序不一致，例如，宁滁南浦公路滁州段已进入实施阶段，而南京段因跨越永久基本农田难以推进。三是区域航道等级标准缺乏统筹。例如，水阳江航道安徽段已按照三级航道标准全线贯通，江苏段仍为六级航道，两地标准不一，易造成航运拥堵，对货物运输有较大影响。

4. 跨区域设施共建共享有待加强

一是在公共服务方面，受制于行政壁垒的客观存在，跨区域办学、医疗资源共享等推进阻力较大。例如，由于国家和省级层面高位协调不足，南京工业职业技术学院在镇江建设分院的愿景难以实施；医疗卫生资源共享以设立分院、结对帮扶为主，区域内电子病历尚不互通，远程医疗资源共享机制尚未形成。二是在基础设施方面，仍以各城市地方政府为独立的供应主体，自成体系，没有从区域层面统筹考虑，难以实现跨区域均衡布局。此外，由于周边区域居民利益的诉求通道不畅通，部分存在负外部效应的基础设施（邻避设施）存在一定的运营风险，例如，位于宁镇

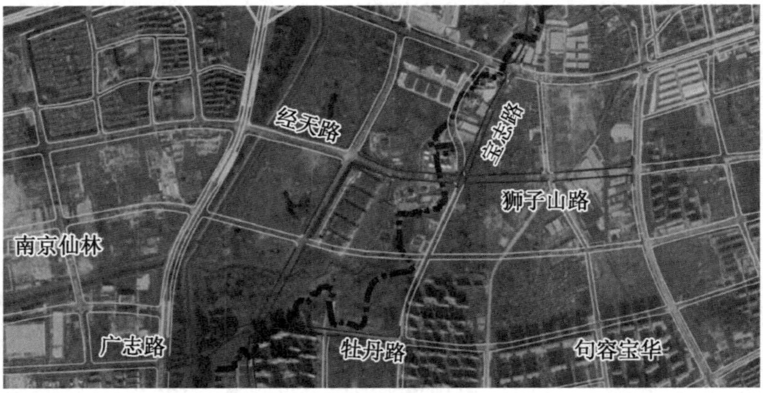

图 2　宁镇跨界地区部分断头路(经天路—狮子山路、广志路—牡丹路)示意图

跨界区域的句容垃圾焚烧厂就存在群众上访等潜在风险。

5. 跨区域产业园区共建水平不足

一是区域产业合作园区布局不均衡,以南京与淮安、滁州、马鞍山等城市合作共建为主,宁镇、宁扬等仍缺乏共建园区或项目。二是区域城市间同质产业资源竞争加剧,例如,宁马滁芜等城市产业发展方向均锚定高端智能装备、新能源、生物医药、新材料等新兴产业,难以形成跨区域错位互补的产业体系,且马鞍山、滁州等产业园区仅简单承接南京产业外溢,产业分工协作效应尚未形成。三是政府主导的产业合作园区协同难度较大,区域产业协同的市场化动力和产业经济活力不足。例如,南浦(南谯—浦口)合作产业园成立开发公司,双方按照 8∶2 出资、7∶3 收益分成,初步探索了出资、收益分成等方面的合作,但由于涉及税收分享、GDP 统计归属等实际问题,尚未有实际的实施成效,难以形成可复制推广的成功经验,产业跨区域合作未建立有效的利税分成、利益平衡机制。

6. 跨界地区协同发展力度不足

一是协同发展需求弱。由于跨界地区所涉双边或多边均基于自身发展诉求,未能从区域协同的高度来统筹协同发展,没有形成统一的发展共识,同质化竞争明显。特别是宁镇扬、宁马滁同城化片区以外的跨界区域,如宣城—芜湖、涧溪—河桥、天长—金湖、淮安—宝应等跨界地区,协同需求较弱,跨界地区协同一体化发展难以有效推动。二是实施时序不协调。跨界地区的协调发展主要集中在南京周边地区,仙林—宝华等部分跨界地区协同实施效果明显,其基础设施已部分实现一体化,仙林部分的商业中心可辐射宝华地区。但更多跨界地区实施效果不佳,例如六合—仪征、湖熟—郭庄等跨界地区不在南京近期发展重点区域,规划实施时序相对靠后，且主要集中在城市边缘地区，受到成片布局永久基本农田、生态空间的约束较大。三是缺乏示范引领。《长江三角洲区域一体化发展规划纲要》提出的顶山—汊河、浦口—南谯、江宁—博望等3个省际毗邻区域（跨界一体化示范区）协同工作面临用地不协调等诸多问题，没有形成示范效应，都市圈层面的跨界一体化示范区体系尚未建立，难以有效引领区域内跨界地区协同发展。

7. 跨区域协作体制机制尚未健全

一是区域层面的主体功能定位缺位。各城市的国土空间总体规划在划定主体功能定位时，缺乏上位指导，导致跨区域主体功能定位和用地布局打架。例如，宁镇两市的国土空间规划对龙潭—下蜀跨界地区的主导功能定位不协同，龙潭（南京）部分主要为城镇发展区，而下蜀（镇江）部分主要为农田保护区（见图3），导致宁镇共建产业园区难以落地，亟须在都市圈层面探索制定主体功能区优化方案及实施配套政策。二是土地要素流转不畅。南京都市圈南北地形差异大，耕地、林地、建设用地等分布不均，部分城市的耕保目标存在缺口，亟须加快推进土地要素市场化配置改革，推动建设用地指标统筹、流转，推广宁淮耕地异地代保经验，促进土地要素在区域内有效流动。三是区域生态补偿途径单一。目前区域内的跨区域生态补偿主要以政府主导的单一资金补偿为主，亟须建立市场化、多元化的跨区域综合生态补偿和生态环境损害赔偿机制，引导跨省级行政区的生态受益地区与保护地区之间开展多元化生态补偿。

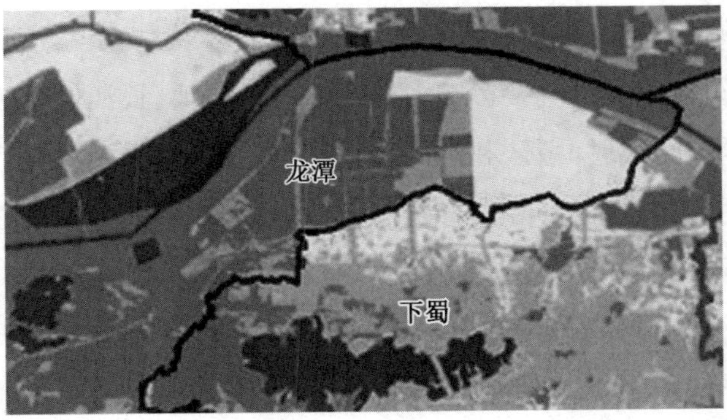

图3　宁镇两市国土空间总体规划规划分区拼合图（龙潭—下蜀跨界地区）

二、都市圈国土空间规划的编制思路

（一）工作原则

一是聚焦空间。落实《南京都市圈发展规划》要求，结合苏皖两省及南京都市圈“8＋2”城市国土空间规划，聚焦跨行政区空间协同发展，体现战略性、协调性和

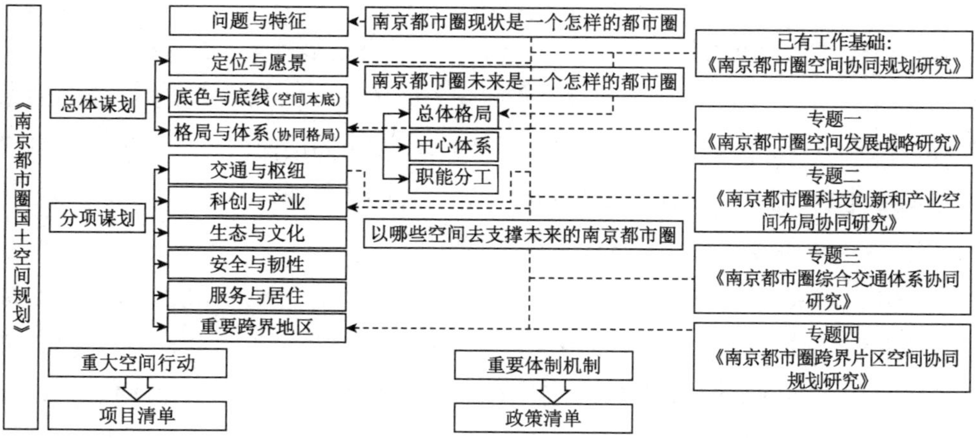

图 4　南京都市圈国土空间规划技术框架

实用性。二是尊重规律。认清都市圈整体发展特征，考虑南京都市圈内各城市发展阶段和条件的差异性，明晰目标、聚焦重点，编制有用、好用、管用的规划。三是凝聚共识。落实国家和区域重大战略要求，立足南京都市圈整合提升，明确各城市在都市圈中的目标定位和分工协作，加强战略引领和底线管控，创新工作组织方式，凝聚区域发展共识。四是发展共赢。立足南京都市圈整体发展和长远利益，深化区域协调与合作，创新跨行政区资源要素统筹配置机制，促进多方共赢。

（二）工作任务

一是坚持目标导向。落实长三角更高质量一体化和南京都市圈发展规划要求，将都市圈打造成为具有重要影响力的产业创新高地、长江经济带重要的资源配置中心、全国同城化发展样板区和高品质宜居生活圈，在中国式现代化中更好地发挥引领示范作用。二是坚持问题导向。尊重地方行政区独立发展权和市场经济发展规律，聚焦区域跨界河湖上游污染下游、邻接区域空间功能相互冲突、通道不衔接不互联互通、公共服务不共建不共享、制度体系相互分割等要素错配、各级行政区发展不协同等问题的解决，将都市圈建设成为更有竞争力、更具魅力、更加宜居的城乡协同发展区域。三是坚持协同导向。突出跨行政区空间规划协同和要素配置，聚焦都市圈空间规划体系完善、生态共保共兴、交通互联互通、设施共建共享、产业强链补链、区域协调制度完善等重点内容的协同。四是坚持需求导向。推动都市圈国土空间规划由蓝图式规划转向治理型规划，强调以跨界利益协调和区域公平为核心，突出政府与市场相结合、“自上而下”与“自下而上”共同发力，多元参与、共同规划，实现区域共建共享共治共赢。

（三）工作重点

一是明确工作定位。《空间规划》作为针对特定区域的国土空间保护开发利用和修复作出专门安排的专项规划，应以都市圈为空间单元，聚焦空间要素而非全要素管控，跨行政区进行底线统筹和空间协同时，厘清上下级政府事权，衔接各层次国土空间规划，健全规划实施传导机制。二是突出重点内容。在识别都市圈国土空间现状特征与问题的基础上，应聚焦都市圈目标战略和空间格局、科创与产业空间、生态空间、自然与文化资源、公共服务、综合交通、安全韧性基础设施、跨界空间协同、体制机制及实施行动等重点内容，强调跨区域协同和要素资源统筹配置。三是关注重点空间。应进一步推动宁镇扬、宁马滁两个同城化片区在基础设施、公共服务、产业体系、生态环境等领域的共建共享，强化同城示范引领作用，并聚焦顶山—汊河、浦口—南谯、江宁—博望等省际毗邻区域和一批可形成协同发展示范的跨界片区，强化跨界片区在规划编制、项目建设等方面的跨区域协同和有机衔接。

三、编制都市圈国土空间规划的对策建议

深入贯彻落实国家区域重大战略和长三角高质量一体化发展战略，总结协同成效和经验，梳理存在的问题，遵循规划编制思路，优化完善都市圈空间规划体系，围绕都市圈空间发展战略、科技创新和产业空间布局协同、综合交通体系协同、跨界片区空间协同、协同工作机制等重点领域和关键环节，开展规划编制，推动南京都市圈高质量一体化发展。

（一）优化完善都市圈空间规划体系

以助推南京都市圈高质量一体化发展为目标，结合各城市实际情况，构建《空间规划》“1＋4＋X”成果体系。“1”是指《空间规划》总报告，重点聚焦都市圈现状特征与问题识别、目标定位和空间格局，科技创新与产业空间、生态空间、文旅空间、宜居空间、综合交通体系、跨界片区等协同以及体制机制创新等核心内容；“4”是指围绕核心重点内容设置 4 个专题研究，包括《南京都市圈空间发展战略研究》《南京都市圈科技创新和产业空间布局协同研究》《南京都市圈综合交通体系协同研究》《南京都市圈跨界片区空间协同规划研究》；“X”是指若干个跨界片区空间协同研究工作，主要根据跨界片区协同发展需要，以问题为导向，明确跨界片区生态共保、交通共通、空间共融、设施共享、产业共兴、市场共建等区域协调发展策略及规划协调要点。

（二）聚焦底线管控和战略协同，深化完善都市圈空间规划重点内容

一是要加强国土空间现状特征与问题识别。梳理南京都市圈区域内的自然地

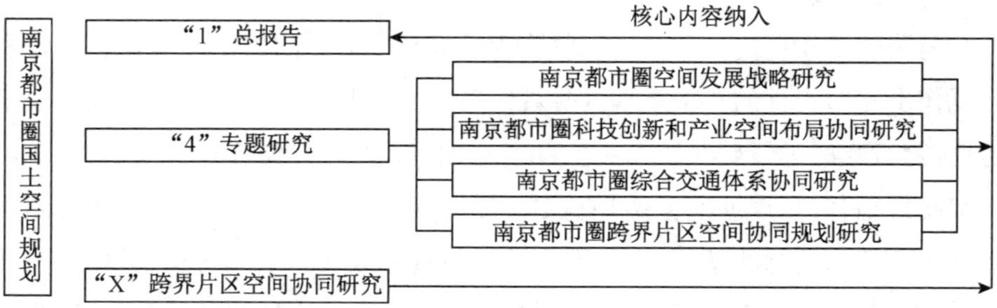

图5　南京都市圈国土空间规划成果体系示意图

理、经济社会、城乡发展、文化与自然景观资源条件，并与长三角区域内的其他都市圈进行协同情况分析，综合识别都市圈的区域特征、地位特征、意义特征等现状特征。全面分析都市圈在基础设施、公共服务、生态保护、产业协同、跨界空间协同中存在的问题。

二是要明确都市圈发展目标、定位与空间格局。结合《南京都市圈发展规划》等上位规划要求，横向比较其他都市圈目标定位，衔接苏皖两省及都市圈各城市国土空间规划，明确都市圈国土空间发展目标、战略定位及愿景；综合确定都市圈中心城市，识别国土空间重点规划单元，进而确定都市圈空间格局，提出空间战略引导要求。

三是要聚焦跨区域协同的科创与产业空间。承接国家与区域重大战略，提出产业总体协同发展策略。分析都市圈产业结构特征，围绕共建高质量创新链，提出科创协同发展策略，建构都市圈创新空间格局。依托都市圈内沪宁合创新服务中枢发展带等区域创新走廊，协同推进创新基地平台建设，优化产业园区共建合作机制。

四是要聚焦区域共保联治的生态空间。加强跨区域生态廊道衔接，强化生态空间的连通性与结构完整性，构建整体生态安全格局。落实国家生态保护红线，明确区域重要生态管控区，确定刚性管控和弹性引导要求，构建分级保护、分层管理的生态空间管控体系。明确跨区域生态修复工程和重点项目布局，提出重点生态空间、重要生态屏障和生态廊道的协同保护要求和跨界片区生态环境共保联治举措。

五是要聚焦协同共融的文化魅力空间。梳理都市圈内文化与自然景观资源分布情况，推进区域文化共同体建设。加强区域性文化项目的协同与共同文化品牌的塑造，形成区域文旅品牌。以区域内的国家历史文化名城为依托，统筹博物馆、纪念馆等人文特色空间单元布局；依托大运河国家文化公园、长江国家文化公园等建设契机，推进区域文化旅游和自然景观资源协同保护和利用。

六是要聚焦跨区域高品质的宜居空间。结合都市圈人口分布和流动特征、城乡空间布局，提出教育、医疗、文化、体育等公共服务设施布局和共建共享要求；对公共设施配置水平存在短板的跨界地区提出配置要求及空间布局指引，促进跨区域公共设施与居住空间的协同建设。分析区域内居住与就业功能空间分布特征，重点优化公共交通枢纽和站点周边公共服务设施布局。

七是要打造便捷高效的综合交通体系。推进区域机场群、港口群、铁路网、公路网统筹衔接，推进综合交通枢纽多层次协作布局。明确干线铁路、城际铁路、市域（郊）铁路、城市轨道交通等交通网络布局优化方案及区域交通通勤质量提升策略，提出跨界片区道路网络对接指引，统筹区域绿道、风景道等特色交通系统布局。

八是要聚焦安全联通的基础设施空间。研究防范、化解重大安全风险的措施，推进区域安全韧性共同体建设；研究存在安全威胁的跨界水生态环境、洪涝风险等问题，提出区域重大引调水工程、骨干能源通道等重大基础设施廊道预留及布局方案；统筹区域内供水、供电、供气、供热等公用设施及新能源汽车充电桩等新型基础设施布局和联通；提出跨界片区环卫、殡葬等邻避设施的协同布局要求。

九是要聚焦深度协同发展的跨界空间。分析各跨界片区在协同发展中的矛盾与问题；梳理既有及存在协同发展需求的跨界空间，分为城镇跨界、郊野跨界、生态跨界三类并提出差异化引导要求；识别重点跨界片区，建立跨界一体化示范区体系，提出近期重点项目计划；结合各跨界一体化示范区的协同现状及规划衔接情况，立足跨界主体发展诉求，提出协同重点及协同对策。

十是要完善跨区域协同治理的体制机制。探索都市圈内各类自然资源要素和土地指标统筹配置机制；完善区域共建园区的成本共担、利益共享机制；健全区域市政和公共服务设施建设标准衔接及风险共担机制；完善区域综合生态补偿及生态产品价值实现机制；建立区域项目管理清单制度；制定示范引领行动计划，支撑推动区域财政、产业、环境、生态、人口、土地、规划等一体协同。

（三）围绕都市圈协同重点和难点深入开展专题研究

一是开展南京都市圈空间发展战略研究。坚持目标导向与问题导向相结合，深入研究南京都市圈整体的空间特征、布局现状、职能分工、协同格局等以及都市圈内各城市在区域中承担的重要功能和高质量发展路径，对标世界级城市群、都市圈发展方向，谋划南京都市圈空间愿景与定位目标，确定空间发展战略，明确都市圈内城市中心体系和职能体系，在守好空间底线、尊重空间底色的基础上，提出空间协同总体格局，促进整个都市圈的空间资源优化配置和城市协同发展。

二是开展南京都市圈科技创新和产业空间布局协同研究。深入贯彻落实国家关于高质量发展以及长三角更好发挥先行探路、引领示范、辐射带动作用的宏观要求，研判都市圈科技创新和产业协同水平，找出面临的关键问题和重点挑战，坚持目标导向与问题导向相结合，谋划南京都市圈产业总体协同策略及格局、科技创新协同策略及格局、制造业协同策略及格局、服务业协同策略及格局等。

三是开展南京都市圈综合交通体系协同研究。结合南京都市圈综合交通协同发展现状，分析系统需求、研判发展形势，提出南京都市圈综合交通战略目标及战略任务；加强都市圈交通、空间、产业协同研究，探索支撑各类空间的系统集约的交通设施布局；开展都市圈重大交通基础设施方案协同研究，谋划共融海陆空港枢纽群、共筑综合立体交通网、共建“轨道上的都市圈”；加强跨界片区轨道交通、公共交通、道路交通网络等协同规划方案研究；设计都市圈综合交通协同制度框架设计，探索形成重大交通设施协同决策和建设机制。

四是开展南京都市圈跨界片区空间协同规划研究。开展跨界片区发展协调规划实施评估，总结协同发展成效经验，分析协同不足的原因；强化跨界片区在生态保护、空间功能、公共设施、道路交通、基础设施、产业布局等方面的协同；探索建立跨界一体化示范区国土空间规划体系，按照城镇、郊野、生态等类型分类编制，提出差异化引导要求及规划协同路径和对策。其中，城镇跨界片区应重点统筹居住、产业、公共设施等用地布局；郊野跨界片区注重共同保护山水资源，促进乡村振兴，提升郊野空间魅力；生态跨界片区应共同设置生态管控区域，制定生态保护修复要求等。

（四）凝聚区域发展共识，创新都市圈共同规划组织模式

规划要着力加强都市圈内各城市深度合作与组织协调，着力搭建起“政府部门＋技术团队＋工作营”的工作组织架构，打造都市圈空间规划协同的平台。一是政府部门。各城市自然资源行政主管部门要在城乡规划专业协调委员会的统筹指导下，联合组织规划编制工作。其中南京市规划和自然资源局负责《空间规划》总报告和专题研究报告的编制组织工作；其他城市自然资源行政主管部门负责组织开展相应跨界片区的空间协同工作（确有需要的，可组织编制跨界片区空间协同规划），提出空间协同存在的问题、对策和建议，也可在上述 4 个专题研究的基础上，根据需求新设专题研究。二是技术团队。规划要充分集聚都市圈范围内的规划智囊力量，组建“1＋N”联合编制技术团队，共同商编《空间规划》。其中“1”为主编单位，负责《空间规划》总报告和 4 个专题研究工作；“N”为各成员城市自然资源行政主管部门确定的技术支撑单位，负责提供《空间规划》所需的相关支撑性内容。三是工作营。建议由各城市自然资源行政主管部门、技术团队、专家等共同组成工作营，择机对南京都市圈发展目标定位与空间格局、综合交通体系、市政基础设施、生态共保联治、文化魅力空间、跨界空间协同发展、协同治理体制机制等《空间规划》的技术难点、堵点和重点进行研讨，达成共识，以提高规划编制的前瞻性、科学性和可操作性。

作者：官卫华　宋佳（南京市城市规划编制研究中心）　罗小龙（南京大学建筑与城市规划学院）

他山之石

上海打造人民城市最佳实践地的创新探索

自党的十八大以来，习近平总书记围绕城市工作发表了一系列重要论述，提出人民城市理念。2019 年考察上海时，习近平总书记强调："城市是人民的城市，人民城市为人民。"《在浦东开发开放 30 周年庆祝大会上的讲话》中，习近平总书记提出，"人民城市人民建、人民城市为人民"。2023 年考察上海时，习近平总书记再次强调，"要全面践行人民城市理念""努力走出一条中国特色超大城市治理现代化的新路"。习近平总书记提出的人民城市理念和相关重要论断，为新时代中国城市工作指明了前进方向，提供了根本遵循。

围绕习近平总书记的讲话，过去五年来上海学思践悟、统筹谋划，坚持人民至上初心使命、深入领会人民城市理念核心要义，以高瞻远瞩的战略眼光打造人民城市最佳实践地，在改革开放、科技创新等领域做"开路先锋"，在城市治理、民生福祉等领域打造实践样板，在凸显城市人本价值上成为榜样，走出一条独具特色、成绩斐然的发展之路。在新的历史起点上，上海需要胸怀"两个大局"、坚持"四个放在"，以更加坚定的信念、更加昂扬的斗志以及更加务实的行动，在提高人民生活品质上下更大功夫，在人民城市建设征程上砥砺前行，打造人民城市最佳实践地。

一、人民城市理念的重要理论特质

中国特色社会主义进入新时代，围绕城市工作面临的新形势新任务，习近平总书记提出的“人民城市人民建、人民城市为人民”人民城市理念，科学揭示了“城市建设依靠谁、为了谁”“建设什么样的城市、怎样建设城市”等根本问题，表现出与西方传统城市理论截然不同的理论特质，包括人民性、系统性、整体性和实践性，这“四性”蕴含着丰厚中华传统文化理念和人类普遍价值观念。

一是坚持“以人民为中心”的思想，具有以发展为底色的人民性。以人民为中心贯穿人民城市理念，明确城市发展为了人民，治理依靠人民、成果属于人民，是人民城市理念的价值指引和根本方法论。要求城市建设推动高质量发展，满足人民日益增长的美好生活需要；创造高品质生活，全面提升城市品质和宜居度，打造宜居且具有韧性、智慧的城市；实现高效能治理，确保人民群众在更好发展环境中获得更多福祉；深化高层次协同，推动各类要素在高效集聚、优化配置中更好地造福人民。

二是确立“五个统筹”的发展要求，具有全面发展的系统性。2015 年习近平总书记在中央城市工作会议上明确提出“五个统筹”的城市发展要求，即统筹空间、规模、产业三大结构；统筹规划、建设、管理三大环节；统筹改革、科技、文化三大动力；统筹生产、生活、生态三大布局；统筹政府、社会、市民三大主体，不断提高城市工作的全局性与持续性。这充分体现习近平总书记从顶层设计整体谋划推进人民城市建设的方法论，强调抓住工作重点、注重规划先行，充分凸显人民城市理念蕴含的系统思维、全局视野和战略运思。

三是内蕴“生命体、有机体”的发展观念，具有融合发展的整体性。城市是生命体、有机体，体现在城市是“共建共治共享”的共同体。党的二十大报告强调，要“健全共建共治共享的社会治理制度，提升社会治理效能”，建设人民普遍参与、充分享有的人民城市，体现在城市是人与自然和谐共生的共同体，视人民生命安全和身体健康为城市发展基础目标，强调使城市更健康、安全、宜居；体现在城市是人的发展与文化建设同频共振的共同体，城市规划和建设要高度重视历史文化保护，让城市留下记忆，让人们记住乡愁，人民城市理念强调塑造人文精神，供给高质量文化产品、文化服务、文化设施，不断满足人民群众多元文化需求。

四是蕴含城市治理的根本路径，具有不断发展的实践性。人民城市理念强调党建引领城市治理的整体格局，发挥党组织先锋模范作用，探索构建“横向到边、纵向到底”的党的全方位领导体系，促进治理决策科学化和民主化，贯彻群众路线，激活治理效能，统筹凝聚各方力量，推进协同善治。强调加强全过程人民民主，建设具有最“广泛、真实、管用”民主的人民城市，明确通过人民群众的“广泛参与、广泛商量”实现人民当家作主，尤其注重把民主与民生结合起来，把人民幸福生活作为民主的最高追求。强调建设智慧城市，要加快城市数字化转型，努力走出一条中国特色超大城市治理现代化的新路，更好地满足人民需求、调动人民积极性。强调和运用法治思维和法治方式，习近平总书记曾深刻指出："要强化依法治理，善于运用法治思维和法治方式解决城市治理顽症难题，让法治成为社会共识和基本准则。""要坚持依靠居民、依法有序组织居民群众参与社区治理。"法治思维和法治方式是解决城市工作中群众矛盾与问题的根本性手段，并能够不断提升城市治理体系和治理能力的现代化。

二、上海建设新时代人民城市主要做法及成效

"人民城市人民建，人民城市为人民"重要理念，深刻揭示了中国特色社会主义城市的人民性，并赋予了上海建设新时代人民城市的重要使命。遵循习近平总书记的谆谆教导和殷切期望，从 2019 年开始，上海围绕打造人民城市典范，推出诸多政策方案、落实更多生动实践和讲好上海精彩故事。

（一）以高水平城市规划建设推进民心工程

上海市委、上海市人民政府就旧区旧改、"两旧一村"改造、既有多层住宅加装电梯、保障性租赁住房、新时代城市建设者管理者之家、"15 分钟社区生活圈"、美丽家园等众多工作做出决策部署，开展了一系列探索，取得了一系列成效，积累了一系列经验。

第一，重视制度创新。2019—2022 年成片旧改攻坚期，上海成立市旧改专班，抽调业务骨干集中办公，高效研究政策措施，统筹协调手续办理。成立了市城市更新中心，具体推进旧区改造、旧住房改造、城中村改造及其它更新改造项目，有关职能部门为其赋能。创新"政企合作、市区联手、以区为主"新模式，打通功能性国企参与旧改的方式和途径，成立城市更新平台公司，与相关各区合作实施旧改。形成"1＋15"政策体系，从规划、土地、资金、房源、征收等方面有力支持旧改。创建行政司法沟通协商平台、协商推进国企签约平台等一系列工作协同新机制，加快旧改毛地处置和征收收尾。

第二，鼓励模式创新。自大力推进城市更新以来，探索新模式是新时期城市更新主题调研和行动实践的一条主线。结合可持续城市更新模式创新主题教育调研，上海通过试点申请式腾退、新老共生、原拆原建等新模式，产生了一系列积极效果，涌现了一大批具有创新性的经典案例：静安区蕃瓜弄试点发行政府专项债券，建立多渠道筹集、跨周期平衡的长效机制；虹口区瑞康里试点探索置换腾退、异地安置、原地回购、原地回租等多样选择，实现资金平衡、新老共生；徐汇区康健路

341弄争取产权主体支持，打通系统公房改造路径等。

第三，开展路径创新。上海城市更新工作在算好总量账、人口账、结构账的基础上，积极探索“三师联创”“三跨平衡”“四资贯通”等新机制。2023年以来，上海组织开展“三师”联创，强调让专业的人干专业的事，通过前瞻性谋划、专业性策划、合理性评估、陪伴式服务，贯穿策划、规划、建设、管理的全过程。通过在10个重点更新单元试方案、试模式、试制度，充分发挥责任规划师在城市更新谋划、协调、统筹中的重要作用，责任建筑师在强化设计赋能、破解技术瓶颈中的主导作用，责任评估师在城市更新“强资信、明期权、可持续”模式中的支撑下，实现资源、资信、资产、资金贯通作用，推动实现城市更新的综合成本平衡、区域发展平衡、近远衔接平衡。

（二）以大民生建设增进人民群众社会福祉

为深入贯彻落实习近平总书记重要讲话精神，近五年来，上海坚持“以大民生建设增进人民群众社会福祉”，扎实推进幼有善育、学有优教、劳有厚得、病有良医、老有颐养、住有所居、弱有众扶等民生工程，推动人民生活迈向更高品质。

第一，稳就业基础上实现多元就业、高质量就业。五年来，上海着力保底线、扩就业、强供给、促匹配、防失业“五大体系”建设，将高校毕业生、失业人员、就业困难人员等重点群体就业扶持和基本保障作为重中之重，公共就业创业服务体系覆盖各类劳动群体。先后出台《关于做好本市当前和今后一个时期稳就业工作的意见》等10多个纲领性文件，制发80余个规范性文件。2023年城镇调查失业率4.5%，高校毕业生就业率全国领先，离校未就业高校毕业生帮扶就业率达93.5%。2019以来帮扶32.82万就业困难群众实现就业，帮助长期失业青年就业创业5.12万人，补贴性职业技能培训惠及669.47万人次，支持企业开展新型学徒制培训3.77万人，新增取得高级工及以上技能评价证书8.7万人次。

第二，持续提升标准和深化改革、推动教育均衡发展。2021—2023年，连续三年更新《上海市基本公共服务实施标准》，不断提升基本公共义务标准化、均等化水平。为了推动义务教育城乡均衡发展，2021年起上海启动“双特”流动计划，2022年启动第二轮“城乡学校携手共进计划”。为推进义务教育校际均衡发展，2019年起重点推进义务教育学区化、集团化办学向紧密型发展，推动师资、管理等优质资源互通互融、共建共享，目前已覆盖75%以上义务教育学校。

第三，推进优质医疗资源下沉，市民健康素养显著提高。从2019年起，上海持续推进优质医疗资源区域均衡和扩容下沉，目前全市55个医联体已实现了网络化全覆盖。2021年起通过功能社区签约服务试点、“全专结合”特色门诊和联合病床建设、社区与上级医院用药衔接及配药、报销、挂号优先优惠等“组合拳”，持续提升签约覆盖面和签约服务体验。至目前全市签约1100余万人，重点人群签约率达到84%。近年来上海市民健康素养显著提高，健康水平达到国际领先。市民健康素养水平达到40.46%，经常参与体育锻炼市民超半成，成人吸烟率降至19.2%，为全国最低水平。

第四，深化“9073”养老格局、完善社区居家养老服务体系。上海持续推动社区居家养老服务综合体系完善，全方位满足生活照料、康复护理、精神慰藉、社会参与等养老需求。近些年来，启动老年认知障碍友好社区建设，市民政局印发《上海市社区嵌入式养老服务工作指引》，打造“15分钟养老服务圈”，全面推行长期护理保险试点。截至2023年底，内设医疗机构的养老机构达330家，占总数47.1%，建设家庭病床8.87万张、老年医疗机构（老年医院、老年护理院）103所，老年护理院床位达2.91万张；65岁及以上人口健康管理人数达356.06万，占同年龄组人口81.3%。

第五，“三个一体化”推动托育服务和学前教育取得显著成效。探索托育服务高标准规划、高品质建设、高质量内涵发展一体化，严格落实小区配套幼儿园建设，原则上都要开设托班，配套调整学前教育财政投入体系，将“学前儿童善育”列入为民办实事项目。将科学育儿指导服务对象从“0—3岁”扩至“孕期—8岁”儿童家庭，升级“五进”模式。至2023年底，全市托幼一体幼儿园有1227所，占比达75%；全市公办幼儿园在园幼儿占比达80%，普惠性幼儿园覆盖率达到93%，学前三年毛入园率达到99%；各类托育机构1500个，是2019年的3.6倍，提供托额6.6万个，普惠性托育服务资源占比近70%。

第六，强化社会保障体系建设，推动公共服务更加普惠便捷。上海持续稳妥提升居民社保待遇水平，全面放开灵活就业人员参保限制，率先开展新就业形态职业保障试点定制专享保障。2024年6月，新就业形态就业人员职业伤害保障试点覆盖113.09万人，社会保险基本实现“应保尽保”。

（三）以城市治理共同体汇聚人民群众智慧和力量

上海作为全过程人民民主的“首提地”和“最佳实践地”，正是理解全过程人民民主现实逻辑的典型案例和最佳场域之一。近些年来，上海在全过程人民民主的探索和实践中，在体现为基层治理、城市治理和人民城市建设的执政过程、行政过程、立法过程和其他各种政治过程中，尊重、保障和实现作为不同阶层、群体、身份的人民的知情权、表达权、选举权、管理权、监督权等。

第一，以问题和需求为导向，不断畅通听民意、察民情、聚民智“直通车”。上海推进全过程人民民主的实践是现实的，解决治理问题、满足治理需求的，在实践探索中，建成36个人大基层立法联系点、5700个人大代表“家站点”、1280多个政协委员“站室点”、1100个人民建议征集点，累计收到群众建议35万件。更好回应群众诉求，打造“12345”市民服务热线总客服，推动“有诉必应、接诉即办”，从“解决一件事”到“解决一类事”，每年受理900多万件，五年解决群众诉求4000多万个。

第二，依托党、政府、市场和社会力量，实现全链条、全方位、全覆盖。上海将全过程人民民主与加快建成社会主义现代化国际大都市的目标结合起来，城市发展与城市治理依靠党组织、政府、市场、社会的通力协作，依靠中央支持和上海人民群策群力，以民主的方式解决民生的问题、用协商的办法解决治理的难题，确定和推进每轮民心工程、每年民生实事项目、每个城市更新项目、每个涉及百姓切身利益的事项，坚持从群众中来、由群众去定、让群众来评，不断激发广大市民的主人翁意识。

第三，注重全过程人民民主鲜明理性设计。从中共中央指导到中共上海市委的统一部署，从市、区到街镇、社区，从党组织到人大、政府、政协、群团组织、社会组织，从参与式民主到协商民主，从线下到线上，从实践探索到建章立制的法治保障，上海全过程人民民主和城市治理共同体建设具有全局、全域、全程、全结构、全层次的整体性特征。

（四）以精细化管理提升城市整体品质

在中共上海市委、上海市人民政府的领导下，抓住城市精细化管理特色，努力探索中国特色超大城市治理现代化的新路，并形成诸多工作亮点和特色。先后出台了《中共上海市委、上海市人民政府关于加强本市城市管理精细化工作的实施意见》《上海城市管理精细化三年行动计划》，全面提高城市治理的现代化水平，持续提升城市整体品质。

第一，强化智能化应用。2020年中共上海市委、上海市人民政府印发《关于全面推进上海城市数字化转型的意见》，专门提出治理数字化转型的目标。2021年，国内首个“城市运行数字体征系统”上线。目前上海打造形成“一网统管”28个“高效处置一件事”标杆场景，基本实现城市各类风险和突发事件早发现、早预警、早研判、早处置。“一网统管”推出国内首个“城市运行数字体征系统”，接入82个部门单位、1515个应用，有效提高对各类风险及时感知、快速反应、协同处置的能力；“一网通办”个人实名用户、法人用户累计分别达到8367.96万人、380万户，上线“高效办成一件事”50个、“免申即享”服务事项358个，开通长三角跨省通办服务173项。

第二，注重标准化管理。完善“市—区—街镇”三级＋各部门条线的城市精细化管理标准。在全市层面，出台了两轮《上海城市管理精细化三年行动计划》，明确相关标准，精心绘好超大城市治理的“工笔画”。近年来，上海以构建精准、精细、常态、长效的城市管理体系为目标，从城市市政公共管理、市容环卫管理、园林绿化管理等方面入手，整合各类标准，查漏补缺，分级分类。聚焦垃圾分类、“光盘行动”等“关键小事”，广泛动员群众参与，市民自觉履行垃圾分类义务比例达到 97%。着力破解城市治理难题，加强污水收集处理“厂站网”一体化建设和运维，开展架空线入地和杆箱合杆整治，消除城市上空“蛛网”，累计完成 900 多公里。

第三，创新市场化运作。通过政府购买公共服务补充城市精细化管理专业化的不足。如静安区建立了城市精细化管理从建设、运营到评估的政府购买公共服务运作模式。一是在智能化建设中引入市场力量，如静安区政府会同上海信投，组建上海联数物联网有限公司，专门开展相关的智能化平台建设。二是通过政府购买人员服务的方式，充实城市精细化管理的巡查队伍，如道路管理中的巡查员、河道管理中的专业管理公司队伍等。三是在城市精细化管理的评估监督中，通过政府购买公共服务，引入第三方专业评估公司，对道路管理、河道管理等进行专业测评，提升项目评估公信力。

第四，突出法治化保障。大城管综合执法守住城市管理秩序底线保障。闵行区构建管理与执法并重的大城管格局，针对城市基层治理中的各类顽疾，结合各街镇自身实际，探索形成了具有地方特色的做法和经验，使基层社会治理的精细化水平进一步提高。具体有三种特色的基层治理模式：包括以新虹街道为代表的“智能化城市综合运行管理＋片区分中心＋网格化管理”模式，以莘庄镇为代表的“镇级网格＋片区工作站＋居村网格化管理”模式和以马桥镇为代表的“1＋54 网格化管理集中办公”模式。① 奉贤区奉浦街道综合行政执法队通过下沉社区，打造“家门口”的管理执法平台，主动跨前，擦亮“为民服务”金字招牌，拓宽阵地，掀起“零距离”执法宣传热潮等行动，进一步推动管理执法力量下沉问题一线，探索主动、精准的服务方式以破解民生难题。

（五）以软实力提升彰显人民城市精神品格

近年来，上海在深入践行“人民城市人民建、人民城市为人民”重要理念，打造具有世界影响力的社会主义现代化国际大都市的过程中，凭借开拓进取的海派精神，牢牢把握社会主义先进文化前进方向，以软实力提升彰显人民城市精神品格，

① 彭辉：《闵行区执法（管理）力量下沉研究》，《政府法制研究》2020 年第 7 期。

形成了工作亮点和经验优势，全面服务于国家战略全局和上海发展大局。

第一，彰显人文特色。自开埠以来，近代上海在短时间内得以迅速发展，城市文化维度大幅拓展，呈现出多元性特征。其中，红色文化、江南文化和海派文化作为上海文化的最突出优势，代表了上海发展的不同面向。红色文化锻铸了上海文化的精神灵魂，江南文化在优秀传统文化的传承创新中积淀了上海文化的气韵品格，海派文化则充分彰显了上海文化的开放与包容。以三种文化融合发展为底蕴的上海城市发展历程就是实现中国式现代化的典型示范。特别是有效将弘扬伟大建党精神为重要内容的红色文化、以古典与雅致为重要内容的江南文化、以兼容并蓄为重要内容的海派文化相互融通，使上海文化具备鲜明的标识度和辨识度。

第二，塑造城市形象。习近平总书记亲自提炼和概括的上海城市精神、上海城市品格，为上海加快打造同具有世界影响力的社会主义现代化国际大都市相匹配的城市软实力指明了前进方向。上海充分利用自身拥有的丰富红色文化、江南文化和海派文化资源，注重"工程引领""高地建设"，注重"魂"(城市精神品格)与"形"(城市形象地标)打造传播，抓牢提升海派文化标识度的"四梁八柱"。

第三，提升市民素养。近年来，上海聚焦精神文明建设的理念创新和路径创新，将社会主义核心价值观践行贯穿于市民现代文明生活方式的培育之中，推进实施与人民群众美好生活需要相适应的市民文化内涵拓展、品质提升、氛围营造的战略。依托"15 分钟社区生活圈"，启动实施全面提升特色、品质和效能的"基层公共文化设施更新提升工程"等。上海市民文化节提质扩容、上海市民艺术夜校火爆出圈，回应了人民群众对美好生活的新需求。目前，全市注册志愿者超过 600 万，经常性参与志愿服务的有 100 万人，市民群众守望相助、自律互助、热忱奉献。

（六）以系统性防控守牢城市安全底线

近年来，上海以总体国家安全观为指引，把握超大城市的特点规律，围绕建设韧性安全城市进行了有益探索和改革创新，有效提升了城市化解和抵御灾害冲击的抵抗力、适应力和恢复力，切实保障了城市正常运行和人民生命财产安全。

第一，强化组织架构集中融合。上海构建了党委领导、政府负责、社会参与、协调联动的应急管理格局。通过深化应急管理体制改革，强化党委在应急中的领导核心作用，建立应急委员会，负责部署和决策突发事件的应急管理。城市运行管理中心作为应急管理中枢，依托"一网统管"平台，实现全市状态监测、应急联动和信息调度。针对自然灾害、事故灾难、公共卫生事件和社会安全事件，在市级层面设立专项议事协调机构，明确上海市水务局、上海市地震局等专业机构负责常态监测、预警和应急指挥。另外，上海应急管理体制注重平急状态的无缝衔接。在平时状态，市级专项议事协调机构根据部门职责，对专业事务进行监管和预防准备；在应急状态，市级专项议事协调机构则迅速转换为应急处置指挥部，启动专项预案，开展应对处置。

第二，推动工作机制协同联动。通过市级和区级联动机制，构建了高效的城市应急管理体系。在市级层面，依托"一网统管"平台，打造了城市安全管理的基础设施，通过实时在线数据和智能化手段，力求在最低层级、最早时间，以最小成本解决最突出的问题，实现最佳综合效益。应急联动指挥中心整合各类力量和社会资源，形成处置突发事件的合力，前端通过"110"综合管理平台进行先期处置，后端由专业部门负责应急响应与善后处理。在区级层面，则依托网格化管理，建立了日常管理与应急处置一体化的工作实体，形成多平台整合、多任务切换、多队伍协同、多信息汇总的高效应急管理格局。

第三，强化基础建设重心下移。上海采用市区两级政府三级管理和郊区三级政府三级管理模式，构建市、区、街镇、居村四级管理网络，深化城市网格化管理，以增强超大城市的精细化管理和应急响应能力。通过出台《关于进一步加强街镇基层应急管理工作的意见》，明确街镇应急管理的组织体系，确保突发事件的快速处置。加强街镇的应急能力建设，推动街镇网格化中心承担应急联动事务，整合治安、城管、志愿者等队伍并提升其社会化和专业化水平。应急管理向居村、网格和楼组延伸。广泛动员社会力量，建立市、区、街镇、居村和家庭五级物资储备体系，依托城市管理平台建成救灾和慈善物资管理中心，鼓励社区和家庭参与应急储备。

三、上海打造人民城市最佳实践地经验

经过五年的不懈努力，上海走出了一条独具特色的人民城市建设与发展之路。始终坚持党对人民城市建设的坚强领导，各级党组织深入基层，将党的政策与人民期望紧密结合，引领城市发展方向。以高质量发展夯实物质基础，为市民创造更多优质岗位。以城市治理共同体汇聚各方智慧和力量，居民、企业、社会组织共同发力，形成共建共治共享的良好局面。以精细化管理提升城市整体品质，优化环境与交通，打造人性化公共空间，提高市民生活舒适度。从城市的基础设施建设到公共服务完善提升，交通更加便捷，医疗、教育资源更加丰富。上海在人民城市建设道路上不断书写着新的篇章，也为其他城市提供了宝贵经验借鉴。

（一）始终坚持党对人民城市的坚强领导

上海人民城市建设所取得的成效，是习近平新时代中国特色社会主义思想指引下的生动实践，是中国共产党领导下广大人民群众共同行动的生动创造。深入

践行人民城市理念,必须始终坚持党的领导,包括:坚持党的领导是人民城市建设中维护公平正义的根本保证;坚持党的领导是抓好人民城市治理体系和治理能力现代化建设的关键所在;坚持党的领导有利于协调社会各界的不同利益关系,如平衡眼前利益与长远利益、个体利益和集体利益、普遍利益和特殊利益之间的关系,统筹各个社会系统有序参与人民城市建设。

充分发挥党的政治优势、组织优势和群众工作优势,增强党在城市工作中的政治领导力、思想引领力、群众组织力、社会号召力,形成党委统一领导、党政齐抓共管、全社会共同参与的工作格局。始终积极探索符合超大城市特点和规律的基层党建新思路,坚持以"实"字导向,坚持把解决实际问题、符合人民利益作为根本标准,坚持以党建为引领,全面提升党建效能凝聚力战斗力。要始终坚持以区域化党建为引领,着力打造多层次、扁平化、融合式组织平台,不断健全资源整合型党建工作模式,把区域内关系互不隶属、层级高低不同、领域多样的各类党组织联系起来。发挥党建引领力和穿透力,将更多资源、服务、管理力量下沉到"楼门口"。此外,将正风肃纪反腐向纵深持续推进,全面从严治党"四责协同"机制不断健全,"四风"顽症深化整治。统一战线发挥新型政党制度优势,凝聚各民主党派、工商联和无党派人士更好咨政建言。

(二)始终坚持将人民的利益作为根本目标

人民城市建设是通过切实解决群众反映强烈的突出问题,不断满足人民群众对于美好生活的期待,持续提升城市精细化管理水平,全面提升城市整体品质。因此要秉持人民至上的价值追求,面对"两难""多难"抉择,坚持立足人民整体利益、根本利益、长远利益,多算大账、民心账、政治账,把人民放在心中最高位置,真正以人民利益为重。坚定走好新时代党的群众路线,坚持把"一切为了人民"作为想问题、作决策、办事情的出发点和落脚点,更加注重"一切依靠人民",充分汇聚共建共治共享的强大合力。必须始终以改革创新精神破解瓶颈难题。坚持人民有所呼、改革有所应;始终以钉钉子精神狠抓落实,以实绩实效取信于民。

在城市经济中,注重高质量发展对于推动建设人民城市、满足人民日益增长的美好生活需要的重要支撑作用。立足于国家战略,推动城市发展高定位、高追求,着力提高各类规划编制、政策制定、产业发展、项目布局的国际化水平,不断提高国际竞争力,在全面落实党和国家赋予城市的光荣使命和艰巨任务中,进一步提高人民群众的获得感、幸福感。在城市治理中,注重在人民群众的服务感知上下功夫,以增强群众获得感为目标,在解决多样化的群众诉求方面做到"有诉求、有回应、有耐心、有温度",在纷繁的城市管理中找到群众满意的"最大公约数",还群众一个安全舒适的生活社区。在生态环保中，始终坚持把最好的资源留给人民，致力于为人民创造普惠性的生态福祉。推动机关、企事业单位附属绿地对外开放，让全民共享。在推进城市建设和民生工程过程中，针对旧区改造等民心工程，关注群众利益诉求、尊重群众主体地位，是做好群众工作的基本前提。

（三）注重顶层设计与基层延伸统筹推进

人民城市建设工作涵盖多个领域，每个领域的建设推进都需要在牢固树立以人民为中心的价值观基础上，对标成熟城市发展和治理全过程，积极创新思路和方法，在统筹机制设计、社会多元协同、科技赋能治理等方面形成一些可供推广的经验，最终实现规划设计到具体实施的协同推进。

在城市治理的过程中，深入贯彻中国共产党执政为民的要求，通过城市精细化管理体系探索和完善，构建系统完备、科学规范、运行有效的城市政府管理体系。注重将城市精细化管理的落脚点放在民生需求上面来，将发展的成果更多地惠及人民群众，将群众的操心事、烦心事、揪心事一件一件加以解决。在韧性安全城市建设中，通过构建统筹协调的应急组织体系、构建统一联动的应急处置工作机制、构建高效整合的应急专业队伍、构建共享协同的应急物资保障体系，进而形成组织、信息、队伍、资源统筹机制。在具体的实践中，推动应急管理重心向基层下移，形成了基层应急管理建设的创新模式，通过健全完善基层治理模式和长效机制，守牢风险防控和突发事件处置的第一防线。在规划建设中，将推进旧区改造、城市更新等民心工程与落实城市总体规划紧密结合起来，根据城市总体规划明确人口规模、建设用地总量和建筑面积规模等，有序推进城市更新，提升城市功能、优化人口分布、促进职住平衡以及推动均衡发展，统筹城市功能的整体布局和要素资源的配置联动。在具体实施中，坚持把人民宜居安居放在首位，切实做好旧区改造和城市更新的责任感和紧迫感。同时，从“民心”的角度，针对各项城市更新项目和民心工程，坚持用户思维、人本导向，以人民群众切身的获得感作为检验标尺，认真倾听群众需求，更好回应群众改善居住条件的向往。

（四）注重创新作为源动力的内生性作用

新时代以来，我国坚持把创新作为引领发展的第一动力，创新活力不断迸发。人民城市建设需要坚持以创新为动力，党和政府各部门作为创新领导者、组织者的角色，在人民城市理念实现理论创新的基础上，突出科技创新、制度创新对于人民城市建设的重要支撑。

坚定将科技创新发展作为推动城市高质量发展的必由之路，为城市提供持续的动力和竞争优势。稳步增加基础研究财政投入，通过税收优惠等多种方式激励企业加大投入，鼓励社会力量设立科学基金、科学捐赠等多元投入，建立完善竞争性支持和稳定支持结合的基础研究投入机制。同时融合城市科教资源，布局建设基础学科研究中心，超前部署新型科研信息化基础平台，形成强大基础研究骨干网络。坚持将制度创新作为探索实践全过程人民民主和治理共同体建设重要保障。注重数字技术赋能全过程人民民主、城市安全等重要领域。技术改变政治，新的民主程序、民主规则和民主技术及包括信息技术和数字技术等新技术因素是推进全过程人民民主、构建城市治理共同体的有力支撑。此外将大数据、云计算、物联网、人工智能、北斗卫星导航系统等新一代信息技术逐步应用到城市应急管理的事前预警、事中响应、日常防控等过程中。

（五）注重全局布局和重点突破协同兼顾

党的二十大报告提出“必须坚持系统观念”“为前瞻性思考、全局性谋划、整体性推进党和国家各项事业提供科学思想方法”。坚持系统观念，这是习近平新时代中国特色社会主义思想世界观和方法论的重要内容，也是在人民城市建设工作中的重要遵循。此外，在人民城市建设工作实践中还必须注重在系统性、全局性基础上强调重点突破，从辩证唯物的角度实现统一。

比如在全过程人民民主和治理共同体建设过程中既有全面布局一面，更有重点突破一面。全面布局指上海市委、市政府、人大、政协、群团组织等，楼宇、社区、乡镇和不同领域、行业、层级等参与全过程人民民主建设和治理共同体建设，形成全过程人民民主和治理共同体建设的总体布局。重点突破指以全过程为人民民主题眼，以人大系统基层立法联系点工作为突破，实现了人民代表大会制度在全过程人民民主和治理共同体建设中的重要制度载体功能。在城市更新工作中，要强调“要把技术逻辑、市场逻辑、治理逻辑有机统一起来，形成系统化、体系化方案设计”，如注重建构面向实操的行动体系、注重建构多元融汇的目标体系、注重建构系统性的政策体系。此外，在破解重点、难点、热点、堵点民生议题中，始终坚持试点先行，力争起到典型带动、示范引领的作用。

作者：李健（上海社会科学院）

未来乡村:新时代浙江乡村建设的创新发展模式

党的十九大提出的乡村振兴战略是中华民族伟大复兴的重要基础,也是国家"三农"工作的总体纲要,并能够落实国家生态文明转型,推动我国乡村建设迈入一个新时期。2018年中共中央、国务院出台了乡村振兴战略规划,并提出农村人居环境整治三年行动计划。2020年党和国家制定了"实施乡村建设行动",2021年国家"十四五"规划强调把乡村建设摆在社会主义现代化建设的重要位置,同年出台了《中华人民共和国乡村振兴促进法》。2022年中共中央一号文件提出扎实有序做好乡村发展、乡村建设、乡村治理重点工作,2022年5月,中共中央、国务院出台《乡村建设行动实施方案》,指出乡村建设行动的重点任务是"制定一个规划、实施八大工程、健全三个体系",并顺应数字化、信息化发展趋势,开展数字乡村试点。

作为东部沿海发达省份,2003年浙江省就开展了"千村示范、万村整治"工程,为浙江乡村建设奠定了坚实基础。① 2005年习近平在浙江首次谈到"绿水青山就是金山银山"理念,推动了"千村示范、万村整治"工程实施和美丽乡村建设,也逐步影响了全国其他省市区的乡村建设模式,②由此掀起了新一轮全国乡村建设热潮,

① 浙江省农业和农村工作办公室:《浙江省实施"千村示范万村整治"工程建设美丽乡村资料汇编(2003—2013)》,2013年。

② 武前波、俞霞颖、陈前虎:《新时期浙江省乡村建设的发展历程及其政策供给》,《城市规划学刊》2017年第6期。

显著提升了我国城乡居民的生活环境水平。2011 年以来浙江省逐步开展了美丽乡村、美丽县城、美丽城镇、城乡风貌整治提升以及未来社区、未来乡村建设等工程，形成了一系列"浙江经验"和丰富的样本案例。因此，基于改革开放以来浙江乡村建设的发展历程，总结梳理不同阶段浙江乡村建设的具体实践模式，探索分析以未来乡村为典型代表的新时代美丽乡村，以期为我国乡村发展、乡村建设与乡村治理提供相应的借鉴参考，进而推动乡村振兴战略与宜居宜业和美乡村建设的深入实施。

一、 从生产主义到多功能主义：改革开放以来浙江乡村建设的演变历程

回顾浙江 40 多年来的改革开放历程，浙江城乡发展经历了三个互相关联的发展阶段，即从"城乡裂变"到"城乡蝶变"再到"城乡聚变"的发展变化，实际上是一条从自发到自觉的统筹城乡发展的路子。① 在此背景下，浙江乡村建设的历程也具有典型的阶段性特征(图 1)，逐步由生产主义乡村走向后生产主义乡村和多功能主义乡村。② 从政策供给视角可将改革开放以来浙江省乡村建设历程划分为三大阶段，第一阶段为以家庭联产承包责任制为核心的社会主义新农村建设初期(1978—2002 年)，该阶段以经济发展为核心，乡镇企业蓬勃发展，属于农业农村生产主义时期，浙江乡村建设主要呈现自发性、小规模特点，村镇经济发达，但乡村人居环境建设相对滞后。

第二阶段为城乡统筹背景下的"千村示范、万村整治"工程及其深化阶段、美丽乡村建设时期(2003—2016 年)，该阶段主要解决浙江乡村经济粗放式发展与乡村环境"脏、乱、差、散"问题，实施了农村基础环境整治、人居环境提升、乡村全面建设等系列工程，并逐步进入到美丽乡村建设阶段，乡村生态消费经济开始兴起，农民收入来源渠道日益多元化，属于农业农村发展的后生产主义时期。

第三阶段为乡村振兴背景下高标准深化"千万工程"、高水平建设新时代美丽乡村时期(2017 年以来)，浙江以打造全国乡村振兴示范省和高质量建设共同富裕示范区为目标，全面深化"千万工程"，高水平建设美丽乡村，实施城乡风貌整治提升行动，乡村新社区、数字乡村、未来乡村成为乡村建设的新方向，致力于打造整体大美、浙江气质的现代版"富春山居图"。此阶段乡村发展不局限于传统农业生产功能，更具有提供各种休闲生态服务功能，乡村建设开始进入农业农村的多功能主

① 顾益康、邵峰等:《走向城乡发展一体化的浙江农村改革与发展》，浙江大学出版社，2019 年。

② 张京祥、申明锐、赵晨:《乡村复兴：生产主义和后生产主义下的中国乡村转型》，《国际城市规划》2014 年第 5 期。

义时期。

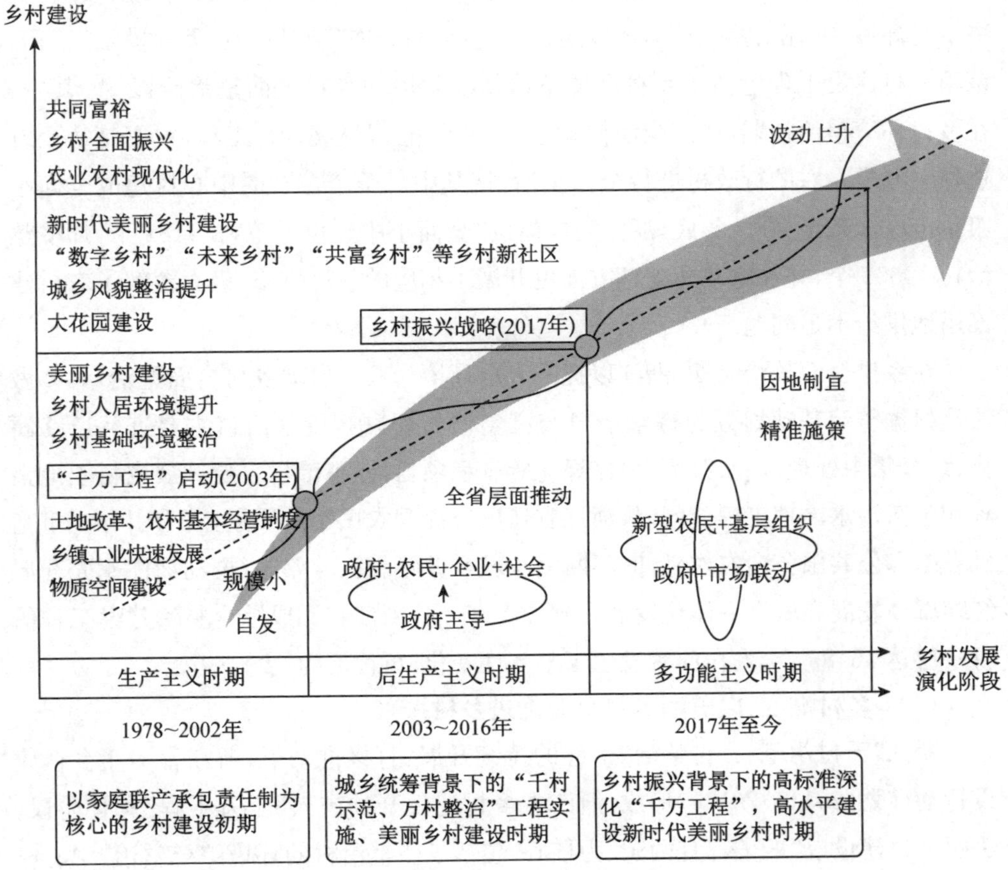

图1　改革开放以来浙江乡村建设的发展历程

二、从“千万工程”到未来乡村：新时代浙江乡村建设的迭代升级

（一）乡村蜕变：千村示范、万村整治

1978 年以来我国工业化、城镇化速度迅猛发展，使得乡村优质资源要素不断向工业领域和城市地区流动，虽然在大时代发展机遇中部分农民和乡村率先富裕了起来，然而更多的乡村出现了农业边缘化、农民老龄化、农村空心化等系列问题。[①] 同时，乡镇企业的蓬勃发展在促进经济增长的同时，带来了严重的资源消耗和环境污染，致使农村人居环境建设水平滞后，制约了城乡一体化发展。2002 年党和国家提出全面建成小康和统筹城乡发展战略，并做出了开展社会主义新农村

① 顾益康、邵峰等：《走向城乡发展一体化的浙江农村改革与发展》，浙江大学出版社，2019 年。

建设的决定，正式开启了“以工促农、以城带乡”政策导向的新型城乡关系。

2003年时任浙江省委书记习近平同志为转变浙江农村经济粗放发展模式，解决乡村环境“脏、乱、差、散”的环境问题，提出全面开展“千村示范、万村整治”工程。该项乡村建设工程包括了乡村环境整治初期阶段和乡村全面整治阶段。① 其中，在乡村环境整治初期，浙江全面推动了“千村示范、万村整治”工程，主要是从全省选择一万个左右的行政村进行全面整治，把其中一千个左右的中心村建成全面小康示范村。截至2007年底，浙江完成建设“全面小康建设示范村”1181个，环境整治村10303个，并在宅基地整理方面也开展了相应的整治措施，极大缓解了农村建设用地供给不足问题。

在乡村全面整治时期，浙江以提升人居环境为核心启动乡村全面整治，具体做法是根据整治基础划分为待整治村与已整治村，其中，待整治村主要进行道路硬化、垃圾集中处理、治水改厕、村庄绿化等工程项目，已整治村主要开展农村土地整理和生活污水治理工程。同时，浙江省还围绕提升农民生活质量，着力引导城市基础设施和公共服务向农村延伸，不断缩小城乡差距和区域差距，推动浙江率先开展统筹城乡发展和城乡一体化发展。到2010年底，浙江省完成综合整治建设工程的行政村达16486个，农村面貌发生了整体性变化，可称之为“乡村蜕变”。

（二）乡村蝶变：以美丽乡村全面推进乡村振兴

浙江“千村示范、万村整治”工程的持续开展，直接推动了《浙江省美丽乡村建设行动计划（2011—2015）》形成，浙江省乡村建设开始进入“千万工程”深化阶段。美丽乡村建设以“四美三宜两园”为核心，包括了待整治村的环境综合整治、中心村的培育建设以及历史文化村落保护及利用等重要内容。该时期美丽乡村建设行动以规划为导向，统筹考虑城乡一体化发展和村庄发展现状，注重差异化特色，科学编制村庄规划。同时，注重村庄的环境整治和人居环境改善，挖掘乡村优秀传统文化，壮大村集体经济，加强组织领导和创新体制机制等多维度的全面建设。在美丽乡村建设时期，浙江涌现了一批特色鲜明的乡村建设模式，如“安吉模式”“桐庐模式”“德清模式”等，村庄发展不再仅限于农业生产功能，而是更多地发挥生态休闲、自然体验、教育文化等功能，以满足都市区居民的消费需求，由此乡村发展开始进入农业农村后生产主义时期。后生产主义乡村的新功能包括极具地方感的乡村文化，兼具“三生”功能，乡村具有独特消费功能与价值且可能向城市反向输出等特

① 武前波、俞霞颖、陈前虎：《新时期浙江省乡村建设的发展历程及其政策供给》，《城市规划学刊》2017年第6期。

点。美丽乡村建设是新时期“千万工程”的深化版①,与初期的“千万工程”着重于道路改善、基础设施建造、村庄环境提升等相比,美丽乡村建设拓展到农房改造、历史文化村落保护、农村公共服务提升、乡村产业发展等多维方向,浙江乡村面貌由此发生了巨大变化,乡村开始进入“蝶变”时期。

经过美丽乡村初期建设,浙江省继续开展《浙江省深化美丽乡村建设行动计划(2016—2020年)》,并在国家乡村振兴战略指引下,浙江开启了高标准深化“千万工程”、高水平建设美丽乡村时期。浙江深入贯彻国家乡村振兴战略总要求,不断实施乡村地区“五大振兴”。在具体实践中,浙江省开展了万村景区化建设,即到2020年累计建成一万个A级景区村庄,3A级景区村庄达到一千个,并以“五万工程”为主抓手,全面实施乡村振兴战略五大行动(图2)。2018年浙江创建了美丽乡村先进县58个、示范县12个,形成美丽乡村风景线三百多条,美丽乡村特色精品村近三千个(图3、4)。美丽乡村建设向“全域美”发展,不断促进城乡融合发展。2018年浙江成为全国部省共建乡村振兴示范省,“千万工程”获得联合国最高环保荣誉——“地球卫士奖”。与此同时,浙江省出台了农业农村现代化、乡村振兴战略规划,强调深化“千万工程”,共建共享全域美丽大花园,以“两进两回”(即科技进乡村、资金进乡村,青年回农村、乡贤回农村)为重要抓手,强化以工补农、以城带乡,深化农村改革。至此,浙江乡村建设取得了巨大成效,浙江成为农业农村现代化进程最快、城乡区域差距最小的沿海发达地区省份之一。截至2021年底,浙江省已建成16802个新时代美丽乡村达标村、1835个特色精品村,实现了“乡村蝶变”。

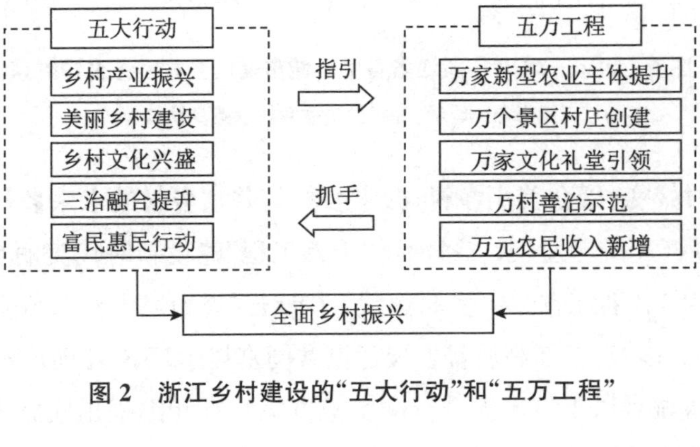

图2 浙江乡村建设的“五大行动”和“五万工程”

① 施德浩、陈前虎、陈浩:《生态文明的浙江实践:创建类规划的模式演进与治理创新》,《城市规划学刊》2021年第6期。

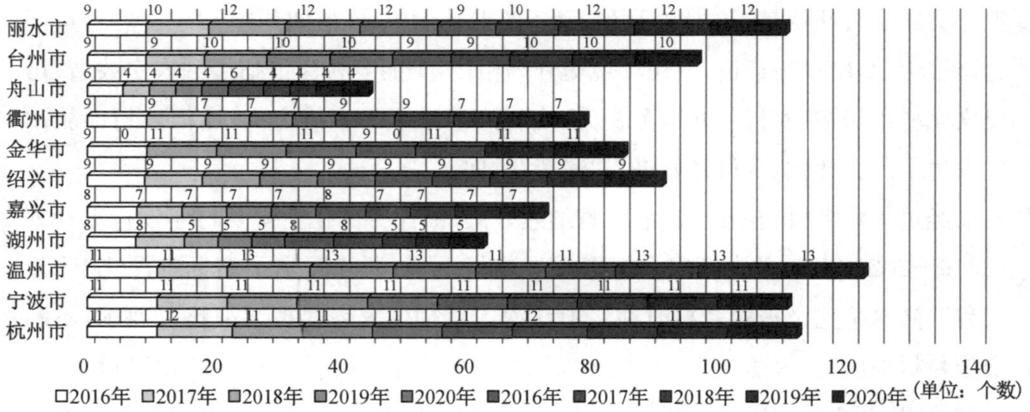

图 3　2016—2020 年浙江省各中心城市美丽乡村特色精品村数量

资料来源：浙江省各年份美丽乡村特色精品村名单

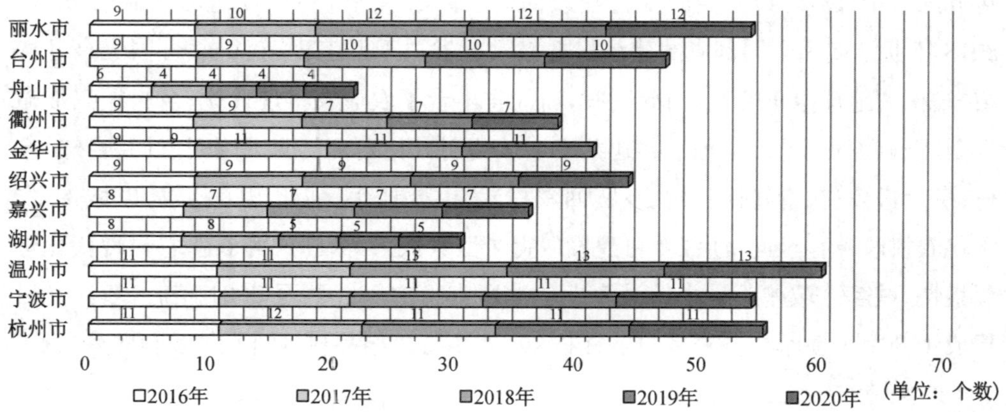

图 4　2016—2020 年浙江省各中心城市美丽乡村示范乡镇数量

资料来源：浙江省各年份美丽乡村示范乡镇名单

（三）乡村聚变：聚合美丽乡村、数字乡村与共富乡村的未来乡村

2021 年浙江相继印发《浙江省深化“千万工程”建设新时代美丽乡村行动计划(2021—2025 年)》《浙江省数字乡村建设“十四五”规划》《浙江省农业农村现代化“十四五”规划》，以及《浙江高质量发展建设共同富裕示范区实施方案（2021—2025年）》和《浙江省城乡风貌整治提升行动实施方案》，都相继提出实施未来乡村创建试点，与城市未来社区形成共同富裕现代化基本单元系统架构。浙江各地各市先行先试，积极探索未来乡村建设的目标和方向，制定未来乡村建设规范及地方标准，包括丽水市遂昌县、温州市、杭州市余杭区等地。2021 年杭州市发布《杭州市未来乡村建设工作方案（试行）》，以人本化、生态化、数智化、共享化、融合化五大价

值理念，打造乡村邻里、文化、健康、生态、创业、建筑、交通、数字、服务、治理十大场景，实现农民收入高、经济活力强、共富基础好、人居品质优、数智应用广、乡风民风清的未来乡村建设目标。与美丽乡村建设比较，未来乡村突出了数字化农村建设，彰显了美丽经济、美丽生态、美丽人文、美丽环境、美丽治理的内涵。2022 年浙江省人民政府办公厅发布的《关于开展未来乡村建设的指导意见》提出建设“人本化、生态化、数字化”为价值导向的未来乡村，达到乡村主导产业兴旺发达、乡村主体风貌美丽宜居、乡风文化繁荣兴盛的总体目标要求（图 5）。

未来乡村建设是新时代共同富裕示范区建设和城乡风貌整治提升的主要行动之一。从广义上看，未来乡村是千万工程和美丽乡村的迭代升级版，是美丽乡村、美丽经济、美丽环境之上叠加的新形态和新功能；从狭义上分析，未来乡村是指立足乡村资源禀赋、产业优势、人文特征和智慧系统等元素，打造产业突出、智慧互联、共同富裕的生态生产生活共同体，是新时期引领乡村发展和乡村建设的探索方向。未来乡村建设以人本化、生态化、数字化为核心，明确乡村建设主体的多元化，以乡土味、乡亲味、乡愁味为建设特色，通过创建产业、治理、风貌、文化、邻里、健康、低碳、交通、智慧等九大场景（图 5），建设“美丽乡村＋数字乡村＋共富乡村＋人文乡村＋善治乡村”的集成体，着力构建数字生活体验、呈现未来元素、彰显江南韵味的乡村新社区。2022 年浙江省确定了 100 个全省第一批未来乡村建设试点村，预计到 2025 年全省建设 1000 个以上未来乡村，逐步形成 10000 个共富乡村（新时代美丽乡村精品村），这标志着未来乡村建设正式成为新时期乡村建设的重要抓手，全省各地开启各具特色的未来乡村探索实践，不断丰富浙江省乡村建设模式，乡村地区由此开始发生聚变效应。

作为全国率先启动未来乡村建设试点的省份，如何践行未来乡村理念，已经成为当前浙江乡村振兴工作的一大重心。有学者认为未来乡村的基本类型可以是单一村庄或者多个乡村集聚，也可以是城乡融合的特色小镇。[①] 未来乡村的基本特征主要表现为宜居的生态空间、现代化的产业形态、富足的居民生活、包容的文明乡风，高效的公共服务、和谐的善治社会、融合的城乡关系。在明确未来乡村定义的基础上，浙江各地根据乡村发展实际开展未来乡村试点建设，涌现了一批具有特色的未来乡村实践案例。例如，位于杭州市余杭区的青山村探索了“自然教育＋社区营造＋生态扶贫”模式，在保护原生态环境的同时带领村民走上致富之路；拥有特色禅茶文化和生态旅游资源的余杭区径山镇，成立“村企共富联盟”建立乡村新

① 黄祖辉、胡伟斌、鄢贞：《以未来乡村建设推进共同富裕》，《农村工作通讯》2021 年第 19 期。

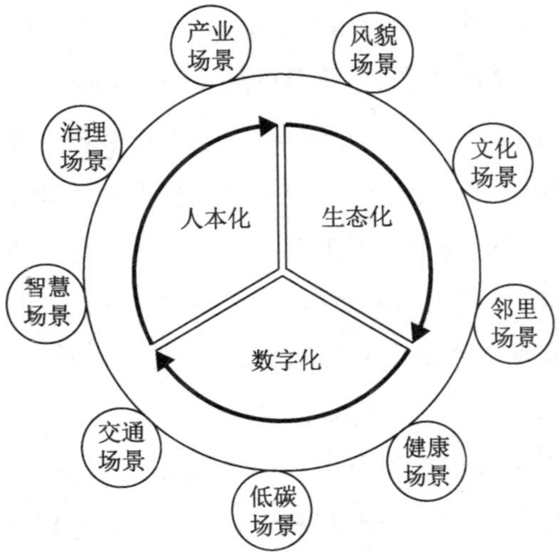

图 5　未来乡村建设的三大价值体系和九大场景

资料来源 参考《浙江省人民政府办公厅关于开展未来乡村建设的指导意见》

社区；位于杭州市远郊地带的淳安县下姜村成立乡村振兴联合体，抱团发展坚持走出乡村振兴新路子。此阶段的乡村建设是多元主体共同作用的结果，尤其是乡贤群体、创客等人才以其自身的技能和经验探索乡村发展新模式，融资渠道呈现多元化的特点，政府更多作为提供服务和社会保障的角色助力乡村发展，乡村发展具有显著的经营或运营特征。①

三、未来乡村：新时代浙江乡村建设的典范

当前我国正在逐步进入城乡融合发展时期，城镇化率已经超过 60%，城乡关系面临着重大转型，乡村地区价值日益显现，以生态文明为导向的城乡等值价值观逐步树立。② 一方面，在 21 世纪全球资本过剩的大趋势下，我国积极推进生态文明的历史性转型，乡村振兴是其关键，生态资源的稀缺性愈益明显，其价值化过程就会吸纳越多的资本深化的金融增量，从而实现乡村地区生态资源的价值化③，乡村的重要价值不断提升。另一方面，当前移动互联网与智能化技术正在重塑人类社会的"生产、生活、生态"空间，虚拟和实体的双重生产要素高效集聚且相互融合，形成城乡区域远距离分散的生产、生活方式，乡村可以在人类聚落低密度的发展场景中，实现生活或生产空间的分散而各类经济社会要素融合的高效发展，以数字乡

① 申明锐：《从乡村建设到乡村运营——政府项目市场托管的成效与困境》，《城市规划》2020 年第 7 期。
② 叶红、唐双、彭月洋等：《城乡等值：新时代背景下的乡村发展新路径》，《城市规划学刊》2021 年第 3 期。
③ 温铁军、唐正花、刘亚慧：《从农业 1.0 到农业 4.0：生态转型与农业可持续发展》，东方出版社，2021 年。

村为导向的未来乡村逐步崛起。

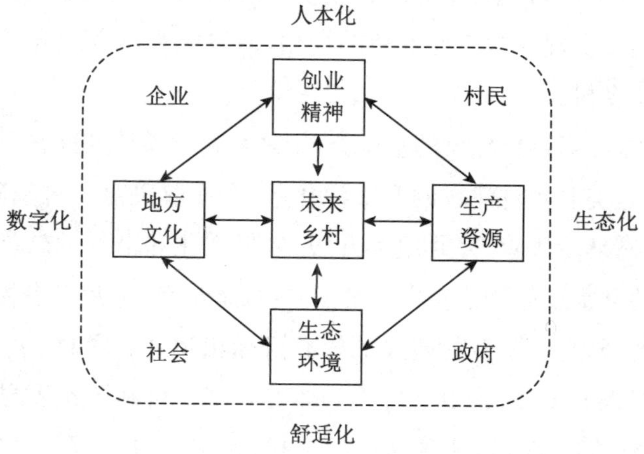

图 6　浙江未来乡村形成的动力机制

由此，我们提出浙江未来乡村形成的分析框架（图 6）。首先，从外部环境来看，人本化、生态化、数字化、舒适化是新时期推动乡村建设的主要动因，也是乡村发展水平不低于城市发展水平的重要体现。其次，从内在动因来看，政府、社会、企业、村民等构成了乡村建设的多元动力主体，能够充分发挥地方创业精神，不断挖掘乡村地区生态资源价值，塑造具有地方文化特色的低密度生活场景，提供具有乡野特色的优质产品和生态服务。其中，在外部因子中，生态化和数字化是新时代赋予乡村建设的重要命题，也是重现乡村价值的重要手段和途径；人本化和舒适化是城乡融合发展的重要表现，也是集聚城乡居民和实现城乡等值的基础条件。在内部因子中，生态环境、地方文化是乡村自身的天然禀赋，属于乡村生态资源的重要组成部分，创业精神、生产资源则是能够将生态资源转变为生态资产的动力源泉，进而实现乡村价值的重塑，这些都离不开政府、市场、村民及社会大众等多元动力主体的协同治理和建设运营。

（一）人本化：未来乡村是美丽乡村、数字乡村、共富乡村的聚合体

未来乡村是建立在美丽乡村基础之上，被赋予了数字乡村和共富乡村的重要内涵，成为集美丽乡村、数字乡村、共富乡村、人文乡村、善治乡村为一体的新型乡村功能单元。浙江乡村历经“千万工程”实施和美丽乡村建设，进而过渡到未来乡村创建，这是从发展型乡村走向共富型乡村的必然趋势。其中，美丽乡村建设目标是生态宜居、风貌和谐，未来乡村建设的最终目的是生活富裕、居民幸福，这是由美丽乡村向幸福乡村的逐步升华，也是从追求物的具象向人的体验的升华。因此，未来乡村基于美丽乡村和数字乡村建设，融共富乡村为一体，以城乡融合和共创共富为发展主线，以数字化和低碳化应用为技术标准，充分体现新时代乡村建设的“三生融合”特色，逐步实现乡村多元价值的挖掘，最终成为城乡融合、开放包容、共建共享共富的美丽乡村。①

由此可见，在美丽乡村建设的基础上，未来乡村被赋予共同富裕的内涵和未来数字前景应用，是美丽乡村建设的升级深化版，全面解决对乡村基础设施改造、人居舒适提升、生态环境改善、公共服务升级、邻里文化和谐等的软硬件需求。2022年浙江省开展的共富乡村创建集中了美丽乡村、未来乡村、数字乡村、文明乡村、善治乡村的重要特征，与未来乡村建设的核心目标相契合。同时，集美丽乡村、数字乡村、共富乡村、人文乡村、善治乡村为一体的未来乡村和国家乡村振兴战略的五大方面要求基本对应（图 7），实现从美丽乡村、数字乡村、共富乡村到未来乡村的聚合升级，让“传统”乡村成为“未来”生产发达、生态宜居、生活幸福的现代化乡村新社区，这也是新时代乡村振兴和乡村建设的重要使命。

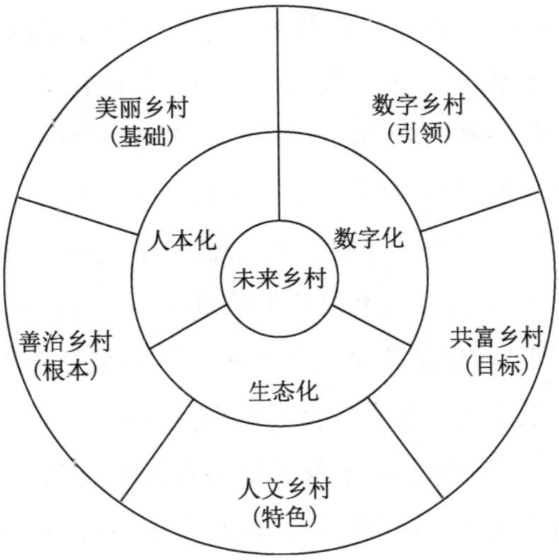

图 7　未来乡村概念内涵

（二）生态化：未来乡村是“两山理念”和生态文明具体实践的基本单元

长期以来，中国共产党人逐步形成了分三步走的战略思路：一是解决人民的温饱问题，二是人民生活达到小康水平，三是全国人民实现共同富裕。从我国乡村建设的发展阶段来看，在温饱社会时期，乡村建设首先要全面提供基础性的民生设

① 黄祖辉：《未来乡村建设是推进共同富裕的一大抓手》，《浙江经济》2022 年第 3 期。

施。到了小康社会时期，乡村建设要突出发展型的乡村特征，让乡村人居环境与乡村经济、生态、文化相结合，实现乡村多元价值功能的转化。其中，人居环境建设可称之为人工生态，绿水青山则属于自然生态。进入富裕社会时期，乡村建设就要以共同富裕为发展目标，形成共富乡村的发展模式，探索跨村镇联合共建共享的乡村基础设施、公共服务和人居环境建设，注重低碳技术、绿色建筑、可再生能源的应用，努力实现以生态文明为价值观的绿色发展、和谐发展和共富发展。①②

近年来中共中央、国务院专门发文总结推广浙江"千万工程"和美丽乡村建设经验，在全国广泛开展农村人居环境大整治，把生态宜居的美丽乡村建设作为乡村振兴战略的重点任务。回顾近20年浙江乡村建设的发展历程(表1)，从"千万工程"、美丽乡村到未来乡村，每个建设阶段都在秉承生态文明理念，将乡村作为"两山理念"和生态文明具体实践的基本单元。其中，早期浙江乡村实施的"千万工程"注重生态环境整治，包括农村垃圾分类、污水治理、厕所改造三大革命，显著提升了农村人居环境，在村庄尺度实现了人工生态建设。在美丽乡村建设时期，乡村发展以生态宜居作为重要目标，通过科学合理规划，将人工生态建设拓展至村域尺度，逐步缩小城乡建设差距。进入当前未来乡村建设时期，农业强、农村美、农民富成为发展目标，城乡融合格局逐步显现，人工生态与自然生态相互交织，全域大美的城乡风貌整治提升成为新时期落实"两山理念"和生态文明建设的重要手段，以乡村联合体或村镇复合体的形式，最终逐步完成对传统农村物质环境的提升、乡村多元化功能的完善和人的幸福感追求的跨越，大幅度缩减城乡发展差距。

表1 "千万工程"、美丽乡村、未来乡村的建设特征比较

类型	"千万工程"	美丽乡村	未来乡村
价值坐标	"两山理念"，统筹城乡	生态文明，美丽中国	乡村振兴，城乡融合
发展思路	千村示范、万村整治	千村精品、万村美丽	千村未来、万村共富
实现目标	农村人居环境提升	美丽乡村风貌塑造	农业强、农村美、农民富
建设重点	乡村环境:设施完善	乡村功能:生态宜居	乡村生活:共创共富
工作方法	生态环境整治	科学规划建设	数字技术赋能
空间尺度	村庄	村域	单一乡村或乡村联合体
作用机制	政府主导、村庄协作	政府主导、市场参与、村民协同	政府、企业、村民、社会联动

① 黄祖辉:《未来乡村建设是推进共同富裕的一大抓手》,《浙江经济》2022年第3期。
② 杨贵庆:《乡村振兴战略背景下高校参与乡村建设行动的优势与启示——以浙江省黄岩区乡村振兴实践为例》,《西部人居环境学刊》2021年第1期。

（三）数字化：未来乡村是新科技革命背景下城乡聚变的时代产物

著名社会学家亨利·列斐伏尔指出，当前人类社会已经进入都市时代，这意味着整个社会都变成了都市，这种逻辑关系改变了传统城邑与乡村的相互对立。① 曼纽尔·卡斯特则将当前社会称之为信息时代，他认为技术就是社会，网络构成了新的社会形态，社会、空间和时间在较大程度上是围绕着流的空间和无时间之时间而发生转变与重组②。当前以大数据、云计算、移动互联网和人工智能等新信息技术应用为主要特征的新科技革命正在加速，这些颠覆性技术正在对城市和乡村的生产、生活及生态空间产生重要影响，进而改变传统对立的城乡关系，各种经济要素流动不断加速，逐步缩减城乡区域发展的巨大鸿沟，以淘宝城、网红村等为代表的互联网乡村崛起，城乡融合发展格局逐步形成，从而使得人才、资本、信息、技术等生产要素能够自由循环流动，"流空间"已经形成，从而为传统乡村带来新的发展机遇。③④

人类社会历经农业文明、工业文明和都市文明或生态文明等不同时期。在传统农业文明时期，城乡聚落建造比较注重生存和安全问题，依托于自然生态空间的乡村或城镇是重要载体，形成了"天人合一"的城镇或乡村建设的原始自然观。在工业文明时期，随着乡村人口大量流入城镇地区，城镇社区建设满足了居民的社会存在需要，并产生了社会空间分异、城乡割裂等现象问题，融合乡村文明的田园城市成为工业社会的理想生活空间。在都市文明或信息社会时期，智能化、数字化现象无所不在，生态文明成为重要价值观，城市或乡村社区注重信息技术空间的构建，如智慧城市或数字乡村，以及发展快速便捷的交通工具，从而实现居民自由存在的日常生活需要，使之能够自由栖息在城乡网络之中，消除城乡二元对立的格局（表2）。因此，无论是浙江近期开展的未来社区建设，还是正在启动的未来乡村创建计划，两者都是新一轮科技革命背景下城乡聚变的时代产物，社区或乡村建设既要立足于人本化和生态化基准，也要突出智能化和数字化维度，致力于当前数字技术时代城乡建设对未来生活场景的发展探索。

表2　人类社会的城乡空间形态演变

类别	农业文明社会	工业文明社会	都市文明社会
存在形式	自然生存	社会生存	自由生存

---

① Lefebvre H. *The Production of Space*（*Translated by D. Nicholson Smith.*）. Oxford: Blackwell, 1991.

② Castells M. *The Rise of the Network Society*. *Cambridge*, MA: Blakwell, 1996.

③ 罗震东：《新兴田园城市：移动互联网时代的城镇化理论重构》，《城市规划》2020年第3期。

④ 武前波、郭豆豆、接栋正：《新科技革命下未来社区产生的逻辑及其内涵辨析》，《现代城市研究》2021年第10期。

续表

类别	农业文明社会	工业文明社会	都市文明社会
居住空间	传统城乡聚落	城市社区和传统乡村	未来社区和未来乡村
主要载体	自然生态空间	地方社会空间	信息技术空间
城乡关系	城乡统一	城乡对立	城乡融合
价值目标	天人合一的自然观	田园城市理想	生态文明建设

(四) 舒适化:未来乡村是城乡居民日常生活的理想场景

乡村舒适性(rural amenity)概念起源于西方发达国家对乡村重构和乡村复兴的讨论。当乡村建设进入后生产主义时期,乡村地区的传统生产功能开始弱化,而乡村的生态、生活、文化、美学等多元价值功能日益凸显,吸引着大都市居民不断迁居到生态宜居、环境优美、设施便利的乡村地区,乡村舒适性成为提升乡村竞争力的重要因素。[①] 乡村舒适性以优越的自然景观资源为重点,突出乡村式生活,能够满足城市或乡村居民对生活质量的高品质追求,这是留住本地居民、吸引外来人口、提升乡村发展水平和增强乡村活力的重要途径。乡村舒适性包括多个方面,如气候、自然、游憩、设施、环境等不同方面的舒适性,强调乡村自然景观、资源环境、文化遗产、基础设施、公共服务等方面产品的高品质供给,能够带动乡村旅游、乡村养老、乡村游憩、乡村康养、乡村教育等各类生态服务业发展,拓展乡村经济增长渠道,实现乡村多功能开发以及城乡发展差距缩小。

浙江乡村建设历经"千万工程"的基础设施改造阶段、美丽乡村的生态宜居提升阶段,已经开始进入到乡村生活的舒适性强化阶段。在未来乡村创建计划中,注重产业、风貌、文化、邻里、健康、低碳、交通、智慧、治理等九大场景塑造,与未来社区场景建设具有一定的共性,均是关注社区服务品质的提升,但前者在乡村风貌、乡村文化、乡村产业、乡村智慧方面又体现出自身的特色,与乡村舒适性的内涵特征相对一致。在城乡融合发展新格局下,未来乡村聚焦于人与自然、人与人、人与科技、人与社会的和谐共生,不断追求生态、人文、科技相互融合及共生共荣的生活场景,注重提升乡村地区社会文化设施的服务品质,以先天自然禀赋和后天地方品质塑造,增强乡村地区的舒适性、吸引力和竞争力。

四、 相关建议

当前浙江乡村建设正处于高标准深化"千万工程"、高水平建设新时代美丽乡

① 薛岚:《国外乡村舒适性研究综述与启示》,《地理科学进展》2020 年第 12 期。

村时期，浙江以高质量建设共同富裕示范区为目标，全面实施城乡风貌整治提升行动，开展未来社区和未来乡村建设，致力于打造整体大美、浙江气质的现代版“富春山居图”。在国家乡村振兴战略推动下，未来乡村成为浙江省新一轮乡村建设典范，也是“千万工程”、美丽乡村的升级深化版，属于浙江乡村建设的第三次飞跃。在未来乡村建设过程中，以美丽乡村、共富乡村和数字乡村为重要支撑，聚焦人本化、生态化、数字化的价值取向，以满足人民对美好生活的向往为建设目标，致力于“三化九场景”的愿景，建设基础设施和公共服务完善的乡村社区生活圈，充分满足人们对高品质生活的追求，为乡村地区发展注入新活力，以有利于推动城乡要素双向流动，逐步消除区域、城乡及收入差距，推动浙江乡村地区实现全面复兴。

同时，我们也要认识到未来乡村和传统乡村建设的重要区别，一是未来乡村空间规划建设已经逐步由传统村庄或村域，转变为乡村联合体或村镇复合体，这样更有利于教育、医疗、养老、文化、智能技术等高品质公共品的合理供给与统一安排，形成有竞争力的产业形态，并和县城建设及县域城镇化相结合，有序推进城乡融合发展格局的形成。二是未来乡村生态文明建设不但要着眼于“山水林田湖草”自然生态格局的塑造，也要结合绿色发展理念探索建设低碳社区或零碳社区，打造有机融合于大自然的乡村人工生态环境，提升乡村人居环境的天然魅力。三是未来乡村数字化建设要突出乡村新基建的理念，在传统平面二维度的乡村建设增添立体的技术维度，将乡村经济、乡村农业、乡村治理、乡村服务、乡村文化、乡村旅游等融入数字化平台，实现地方乡村和外部市场的充分融合与无缝衔接。四是未来乡村共同富裕建设要创新乡村集体经济发展思路与模式，通过引入市场和社会力量，推动乡村建设向乡村运营转变，不断培育乡村的创业精神，完善乡村治理体系，增强乡村发展的组织能力。①②

作者：武前波（浙江工业大学设计与建筑学院）　叶佳钰（浙江省德清县乾元镇人民政府）　周燕丽（浙江大学城乡规划设计研究院有限公司）　江一帆（浙江工业大学设计与建筑学院）

项目基金：浙江省哲学社会科学规划专项课题“推进农业农村现代化研究——以浙江为例”（22LLXC08YB）

① 张梁梁、李世强：《社会资本与乡村善治：基于“三治融合”的视角》，《城市发展研究》2021 年第 11 期。

② 黄祖辉、傅琳琳：《我国乡村建设的关键与浙江“千万工程”启示》，《华中农业大学学报（社会科学版）》2021 年第 3 期。